Schubert / Friedrichs
Das Klassenlehrer:innen-Buch für die Grundschule

Nele Schubert / Birte Friedrichs

Das Klassenlehrer:innen-Buch für die Grundschule

2. Auflage

BELTZ

Nele Schubert ist Klassenlehrerin und Mitglied der Lenkungsgruppe an einer Grundschule in Hamburg. Sie ist zertifizierte STEP-Elterntrainerin, Fachkraft für Begabtenförderung und Multiplikatorin für das Philosophieren mit Kindern. Als wissenschaftliche Mitarbeiterin war sie am Institut für Grundschulpädagogik der Universität Hamburg tätig. Sie hat langjährige Erfahrung in der Lehrer:innenfortbildung und als Autorin für pädagogische Fachzeitschriften.

Dr. Birte Friedrichs ist Gymnasiallehrerin für die Fächer Deutsch, evangelische Religion und Darstellendes Spiel. Sie arbeitet im Hessischen Kultusministerium im Projekt »Gewaltprävention und Demokratielernen« (GuD), in der Weiterbildung für das Fach ev. Religion und gibt Fortbildungen zu Themen wie Klassenrat, Klassenleitung, Unterrichtsstörungen und kreative Unterrichtsmethoden.

FSC www.fsc.org MIX Papier aus verantwortungsvollen Quellen FSC® C089473

Dieses Buch ist erhältlich als:
ISBN 978-3-407-63272-2 Print
ISBN 978-3-407-63276-0 E-Book (PDF)

2., erweiterte und überarbeitete Auflage 2023

in der Verlagsgruppe Beltz · Weinheim Basel
Werderstraße 10, 69469 Weinheim

Lektorat: Miriam Frank
Umschlaggestaltung: Michael Matl
Umschlagabbildung: © gettyimages/FatCamera

Herstellung: Jenny Pötzsch
Satz: Markus Schmitz, Büro für typographische Dienstleistungen, Altenberge
Druck und Bindung: Beltz Grafische Betriebe, Bad Langensalza
Beltz Grafische Betriebe ist ein klimaneutrales Unternehmen (ID 15985-2104-100).
Printed in Germany

Weitere Informationen zu unseren Autor:innen und Titeln finden Sie unter: www.beltz.de

Inhalt

Vorwort

Sechzig Jahre ist es her, da kehrte Eigil Pedersen als Lehrer an die Schule zurück, an der er zehn Jahre zuvor Schüler gewesen war. Eine Schule im Nordosten der USA in sozial deprivierter Lage. Die Zukunftsprognose der Kinder ist schlecht: Viele verlassen die Schule ohne Abschluss, viele brechen ihre Lehre ab.
Auf der Suche nach Gründen für dieses Problem macht Pedersen eine interessante Beobachtung: Alle Absolventen, die im Berufsleben verhältnismäßig erfolgreich waren, hatten während ihrer Schulzeit dieselbe Lehrerin, Miss A., gehabt. Kein einziger ihrer ehemaligen Schüler:innen hat im Leben versagt. Was, fragte sich Pedersen, mag das Geheimnis dieser Lehrerin sein? Ein Kollege gab zur Antwort: »Wie sie unterrichtete? Mit sehr viel Liebe!« (Mietzel 1989, S. 193). Diese Liebe besteht, so fand Pedersen heraus, in der Zuneigung zu jedem Kind, in dem großen Vertrauen, das Miss A. den Kindern entgegenbrachte, und in der Zuwendung, die an den Grenzen des Unterrichts nicht haltmachte, wenn Kinder Hilfe benötigten.

Im Fokus der gegenwärtigen schulpädagogischen Diskussion stehen Themen wie Digitalisierung, Methodenlernen, Vergleich- und Messbarkeit. Wichtige Themen, ohne Frage. Gleichzeitig aber darf – gerade in der Grundschule – die ganz reale pädagogische Beziehung nicht aus dem Blick geraten! Diese ist angesichts einer durch Pandemie, Umweltkatastrophen, Krieg und Flucht unsicherer gewordenen Lebenswelt – auch – der Kinder in den letzten Jahren noch wichtiger geworden. Die Frage nach dem Wie pädagogischer Identität und Interaktion ist heute von besonderer Bedeutung: Wie wird man als Klassenlehrerin[1] den vielfältigen Aufgaben *und* den einzelnen Kindern gerecht? Wie kann allen Kindern mit ihren unterschiedlichen Biografien Sicherheit vermittelt werden? Wie kann die Lernbereitschaft aller Kinder nachhaltig gefördert werden? Wie können Pädagog:innen dazu beitragen, dass Kinder selbstbewusst und zuversichtlich ins Leben gehen und ihrem Alltag gewachsen sind? Wie wird man, kurz gesagt, eine gute Klassenlehrerin?

Wir, die Autorinnen dieses Buches, leiten seit vielen Jahren Klassen in unterschiedlichen Schulformen, Jahrgängen und auch Einzugsgebieten und haben uns immer darum bemüht, *gute* Klassenlehrer:innen zu sein. Unserer Erfahrung nach kann die Bedeutung von Klassenlehrer:innen kaum überschätzt werden, gerade in der Grundschule. Ihre Haltung ist entscheidend, sie sind eine Art »Heimatbasis« (Garlichs 1987) für ihre Schüler:innen. Den Kindern Geborgenheit, Sicherheit und Zu-

1 Im Singular schreiben wir »Klassenlehrerin«, um die Lesbarkeit zu vereinfachen. Damit soll keine Wertung einhergehen.

wendung zu vermitteln, ist eine große Aufgabe. Sich darum zu bemühen, bedeutet Arbeit. Ein gutes »Management« und fundierte Fachkenntnisse erleichtern manches. Sie sind aber nicht ausreichend, um Kinder bei der Entwicklung ihrer Persönlichkeit, bei der Ausbildung einer motivierten und eigenständigen Lernhaltung, in kleinen und größeren Krisen hinreichend zu unterstützen. Auch ein gutes Klassenklima entsteht nicht von selbst. Wenn man sich aber dieser Aufgabe stellt, die Klasse als Lerngemeinschaft und jedes Kind auch individuell pädagogisch kompetent zu begleiten, dann zahlt es sich – so unsere Erfahrung – langfristig aus. Es wird für die Kinder selbstverständlich, Verantwortung zu übernehmen, sie können ein gutes Selbstbewusstsein entwickeln und freuen sich auf den Unterricht – und man kann mit der eigenen Klasse entspannt und effektiv arbeiten.

Aus dieser Überzeugung heraus haben wir uns dafür entschieden, ein Buch zu schreiben, das über die Vermittlung von »Techniken« der Klassenleitung deutlich hinausgeht. Konkrete Anregungen für die Praxis halten wir für wichtig und geben sie deshalb auch an vielen Stellen. Aber unser Buch macht dies auf der Basis eines pädagogischen Konzepts. Es möchte dazu anregen, das eigene pädagogische Selbstverständnis zu klären und immer wieder neu zu reflektieren – die eigentliche Schule von Klassenlehrer:innen ist die aufmerksame Wahrnehmung der alltäglichen Erfahrungen mit Kindern. Aus dieser Zielsetzung heraus ergibt sich der Aufbau des Buches:

- Im ersten Teil gehen wir der Frage einer angemessenen *pädagogischen Haltung* nach. Der Individualpsychologie und der Demokratiepädagogik verbunden, entfalten wir unsere Überlegungen unter den Leitbegriffen Ermutigung, Kommunikation und Partizipation.
- Im zweiten Teil geht es um die verschiedenen *Aufgabengebiete* einer Klassenlehrerin. Auf eine Einführung in das jeweilige Thema folgen konkrete Anregungen und Tipps, die direkt übernommen werden können.
- Im gesamten Buch finden sich Hinweise auf *Materialien (M)*, die auf der Website des Verlags als editierbares Word-Dokument und PDF-Datei im A4-Format heruntergeladen werden können (⬇ siehe S. 213).

Ein Hinweis zu den Unterrichtsbeispielen: Wenn keine Quelle angegeben ist, stammen die Beispiele aus unserem eigenen Unterricht oder unserer teilnehmenden Beobachtung. Die Namen wurden anonymisiert.

Zur Neuauflage

Seit 10 Jahren gibt es das Klassenleitungsbuch inzwischen. Unser Anliegen war es, ein Buch zu schreiben, welches der Herausforderung einer Klassenleitung sowohl mit einem ermutigenden pädagogischen Konzept als auch vielen konkreten Anregungen für den Schulalltag begegnet.

Rückmeldungen zeigen eine starke Resonanz: Junge Lehrkräfte fühlen sich bei der Leitung ihrer ersten Klassen durch das »Drei-Säulen-Konzept« und viele Praxisanregungen unterstützt. Erfahrene Kolleg:innen berichten von sinnvollen neuen Impulsen für eine gelingende Klassenleitung, und das Buch wird in der Ausbildung von Referendar:innen eingesetzt. Das freut uns sehr!

Verschiedene Anregungen von Leser:innen haben wir bei der Neuauflage unseres Buches berücksichtigt. Neu sind in der 2. Auflage die Themen »Sexualisierte Gewalt – Prävention und Intervention«, »Erziehungs- und Ordnungsmaßnahmen« sowie weitere »Rechte und Pflichten« von Klassenlehrer:innen und einige hilfreiche Download-Materialien; »Inklusion« und andere Themen wurden aktualisiert und ergänzt.

Wir wünschen Ihnen eine anregende Lektüre, Impulse für den Austausch mit Kolleg:innen und viel Freude bei der Arbeit mit Ihren Schüler:innen!

Hamburg und Kassel im Juni 2022

Nele Schubert
Birte Friedrichs

1. Einleitung

Schüler:innen in ihrer Entwicklung hilfreich zu begleiten war schon immer die Aufgabe von Lehrer:innen, zumal an der Grundschule als Ort grundlegender Bildung. Die Entwicklungsbegleitung galt und gilt dabei nicht nur dem Individuum, sondern auch der Klasse als Gemeinschaft von Individuen.

Klassen und ihre Biografie

Die Entwicklung einer Klasse ähnelt in mehrfacher Hinsicht der Biografie eines Menschen: Auf die »Geburtsstunde«, in der Kinder sich ohne eigenes Zutun zu einer Klasse zusammenfinden, folgt die »Entwicklung«, die bestimmte, aufeinander aufbauende Phasen durchläuft (siehe S. 99). Wie beim Kind gilt auch für Klassen: In der Entwicklung lassen sich Gesetzmäßigkeiten beobachten, das Tempo und die Dynamik variieren jedoch, beeinflusst durch Faktoren wie Zusammensetzung der Klasse, Schulform und Lehrerpersönlichkeit. Auch die Stimmung im Kollegium hat darauf Einfluss.

Wie in jeder Biografie gibt es prägende Erlebnisse und biografische Einschnitte: Ein Kind verlässt die Klasse, neue Schüler:innen kommen hinzu, Lehrer:innen wechseln, ein:e Schüler:in erkrankt schwer, der Tod eines Kindes oder einer Lehrkraft ist zu verarbeiten, oder Kinder bedürfen besonderer Zuwendung, weil sie durch Probleme Angehöriger belastet sind. Damit Kinder und Jugendliche eine stabile, gesunde Persönlichkeit entwickeln können, sind sie gerade in Krisen darauf angewiesen, pädagogisch-psychologisch unterstützt zu werden. Mit Blick auf die Klasse gilt: Krisenerfahrungen können eine Klasse aus dem Gleichgewicht bringen, sie können aber auch, als pädagogische Aufgabe ernst genommen, zur Entwicklungschance werden.

Das Vorbild der Lehrer:innen ist bedeutsam: Wie gehen sie mit anderen Menschen um, mit den unterschiedlichen Kindern ihrer Klasse, mit Kolleg:innen sowie Eltern? Verhalten sie sich in schwierigen Situationen zuversichtlich und glaubwürdig? Trauen sie auch Schüler:innen, die auffälliges Verhalten zeigen, bzw. Klassen, die als »schwierig« gelten, eine positive Entwicklung zu? Ignorieren sie Grenzerfahrungen oder helfen sie Kindern dabei, mit Trauer offen umzugehen? Nehmen sie den Abschiedsschmerz und die Unsicherheit vor dem unbekannten Neuen, die für viele mit dem Verlassen der eigenen Klasse verbunden sind, ernst und finden sie gute Formen der Begleitung? Wenden sie sich Schüler:innen, die neu in eine Klasse kommen und integriert werden müssen, besonders zu?

Kinder und Jugendliche verbringen einen Großteil ihrer Zeit in der Schule. Deshalb muss die Schule für sie ein Ort sein, an dem sie sich wohlfühlen und individuell entfalten können.

Besondere Herausforderungen der Gegenwart

Die gesellschaftlichen Rahmenbedingungen, unter denen Kinder heutzutage aufwachsen, der Auftrag an alle Schulen, inklusiv wirksam zu sein, und der politische Auftrag an Lehrkräfte, zu Demokratiefähigkeit zu erziehen, stellen gegenwärtig besondere Herausforderungen dar. Sie lassen es als dringlich erscheinen, die Aufgabe der Erziehung bzw. Entwicklungsbegleitung ernst – und kompetent – wahrzunehmen.

Gerade in der heutigen Zeit von inklusiver Schule, Schulstruktur- und Unterrichtsreformen, die recht stark an Mess- und Vergleichbarkeit orientiert sind, gilt es, die pädagogische Beziehung und die Bedeutung pädagogischer Kompetenz im Blick zu behalten.

Der Pädagogik ihre zentrale Rolle im Schulalltag zu geben bzw. zurückzugeben bedeutet für die Schule:

- Der Erziehungsaspekt, das pädagogische Handeln also, ist mit dem Unterricht zu verbinden – gelingendes Lehren und Lernen ist mehr als das Vermitteln von Inhalten und Methoden. Dabei spielt das Verhältnis zwischen Lehrenden und Schüler:innen eine zentrale Rolle: »Erziehung ist Beziehung«, darin sind sich Pädagogik, Lernpsychologie und Neurobiologie einig.
- Dem Entstehen respektvoller, kommunikativ starker Klassengemeinschaften muss Raum und Zeit gegeben werden. Kinder müssen den respektvollen Umgang in der Gemeinschaft und individuelle Wertschätzung immer wieder erfahren, um selbst Respekt und Selbstwertgefühl zu entwickeln.
- Jedes Kind ist mit seinen individuellen Voraussetzungen und Lebensbedingungen zur Entwicklung zu motivieren. Vom Kinde aus formuliert: Das Potenzial seiner Entwicklung steckt in jedem Grundschulkind selbst, für seine Entfaltung jedoch braucht es außer gutem Unterricht unbedingt die einfühlsame, kommunikativ orientierte und pädagogisch kompetente Zuwendung (insbesondere) seiner Klassenlehrerin.

1.1 Auf die Beziehung kommt es an

»Wer von Grund auf Lehrer ist, nimmt alle Dinge in Bezug auf seine Schüler ernst, sogar sich selbst.«
(Friedrich Nietzsche)

»Die guten Lehrer. Es gibt sie doch!« Die Zeitschrift GEO hat 2011 verschiedene erfolgreiche Lehrkräfte und ihre Klassen interviewt und porträtiert. Was aber ist das, eine gute Lehrerin?

Fakt ist laut GEO, dass Schüler:innen bei Lehrkräften, die sich ihnen interessiert zuwenden, in der Regel besonders gute Leistungen im Rahmen ihrer Möglichkeiten bringen. Dabei können gute Lehrkräfte, darin sind sich viele Schüler:innen einig, durchaus auch streng sein. Entscheidend sei, dass die guten Lehrer:innen ihnen zugehört und sie ernst genommen hätten. Außerdem habe es sich motivierend ausgewirkt, wenn Lehrkräfte sich für ihre Inhalte begeistern könnten.

»Es hängt ja doch immer vom Lehrer ab!«, so hört man Eltern, die sich über positives Lernverhalten ihrer Kinder äußern.

GEO nennt als Eigenschaften guter Lehrer:innen, dass sie sich Zeit für ihre Schüler:innen nehmen und dass sie

- interessiert und präsent,
- hilfsbereit,
- transparent, gerecht und berechenbar,
- authentisch,
- gut organisiert
- »fachlich top, menschlich fair« und
- fähig zu Nähe und Distanz sind.

Klassenlehrer:innen sind Lehrkräfte, die den Aspekt der Beziehungsgestaltung qua Amt innehaben. Gute Klassenlehrer:innen achten in besonderer Weise auf den Rahmen bzw. die »Einbettung« des Unterrichts: »Alles schulische Lehren und Lernen ist eingebettet in ein interaktives und dialogisches Beziehungsgeschehen« (Bauer 2008, S. 16).

So klar das klingt und so deutlich es die Schulpraxis zeigt – der Aufbau eines guten Lernklimas durch eine ausgeprägte Gesprächs- und Kooperationskultur ist nicht selbstverständlich und auch nicht ohne Hindernisse zu realisieren. In Klassen, die als »schwierig« charakterisiert werden, haben manche Kolleg:innen den Eindruck, mit den Kindern bzw. Jugendlichen »dieser Klasse« könne man keine Klassengespräche führen, da sie zum Miteinander-Sprechen und Kooperieren gar nicht in der Lage seien. Oder aber Kolleg:innen fürchten, durch zeitintensive Gespräche in der Klasse zu viel Zeit für »das Eigentliche«, den Unterricht, zu verlieren. Die Praxis zeigt, dass das Investieren von Zeit in den Aufbau guter kommunikativer Beziehungen letztendlich sogar Zeitgewinn bringt, weil die Schüler:innen dadurch kooperationsbereit und motiviert werden und damit eine gute Bedingung für erfolgreiches, konzentriertes Arbeiten geschaffen ist.

Das Drei-Säulen-Modell zum Aufbau guter Rahmenbedingungen des Lernens

Wenn der Rahmen des guten Klassenklimas so wichtig für erfolgreiches Lehren und Lernen ist, wie kann man ihn in der eigenen Klasse aufbauen? Wir orientieren uns in unseren Klassen an drei zentralen Prinzipien, einer Art Drei-Säulen-Modell als Rahmen des Unterrichts:

Abb. 1: Das Drei-Säulen-Modell zeitgemäßer Pädagogik

1. *Ermutigung:* individuell ermutigende Lernentwicklungsbegleitung;
2. *Kommunikation:* eine ausgeprägte Gesprächs- und Beziehungskultur aller Mitglieder der Klasse;
3. *Partizipation:* eine Klassenkultur, in der alle Schüler:innen verantwortlich am Gestalten ihrer Lernentwicklung und der Klassengemeinschaft beteiligt werden.

1.2 Die eigene Rolle als Klassenlehrerin finden

Eine gute Lehrerin zu sein und zu werden ist ein Prozess. Man braucht Geduld, muss pädagogische Basiskompetenzen erwerben und sich auch ab und zu selbst ermutigen. Kleine Schritte auf dem pädagogischen Weg sind auch Schritte!

Die Aufgaben von Klassenlehrer:innen sind vielfältig (siehe Abb. 2). Hinzu kommen die immer wieder neuen Erwartungen, die von Schulbehörden, Eltern und Medien an die Klassenleitung gestellt werden. Um der eigenen Zufriedenheit und Gesundheit willen gilt es, neben dem beruflichen Engagement auf das Einhalten einer gewissen Distanz zu achten.

Eine gute Mischung aus Engagement und professionellem Abstand zu finden, eben jene schon genannte »Fähigkeit zu Nähe und Distanz«, ist schwierig – und doch, so ein Ergebnis der Potsdamer Studie zur Lehrergesundheit (Schaarschmidt 2005), zugleich eine Bedingung dafür, als Lehrerin gesund zu bleiben.

Unterricht	Klassenklima	Kooperation	Verwaltung
• Unterricht planen • Wochenplan erstellen • Hefte, Mappen und Arbeitsergebnisse regelmäßig sichten • evtl. Portfolio und Lerntagebuch einführen und pflegen • Selbsteinschätzung fördern • Rückmeldeformate etablieren • Lerngespräche führen • Klassenraum funktional einrichten, Arbeitsecken und Klassenbibliothek einrichten • Tests und Vergleichsarbeiten schreiben	• Klassenraum atmosphärisch einrichten und gestalten • Rituale, Regeln und Vertrauensspiele überlegen und pflegen • Inklusion fördern • Gesprächskultur anregen und fördern • Partizipation anregen, erwarten und unterstützen • ermutigende Pädagogik praktizieren • Klassenrat • Beratungsgespräche führen	• Teamarbeit pflegen • Zusammenarbeit mit allen Eltern: Elternabende, Elterngespräche, Eltern auf Festen mit einplanen • den Umgang mit Kolleg:innen bewusst kooperativ und wertschätzend gestalten • mit der Schulleitung zusammenarbeiten	• Klassenliste(n) führen • Anwesenheit aller Schüler:innen kontrollieren und eintragen • Klassenbuch führen • Zeugnisse schreiben • Geld einsammeln • Verwaltung der Klassenfahrt • …

Abb. 2: Aufgaben von Klassenlehrer:innen (nach Klaffke 2009, S. 58)

Reflexion der eigenen Lehrer:innenrolle

Man kann auf unterschiedliche Weise eine gute Lehrerin sein – dennoch, das ist deutlich geworden, gibt es Grundzüge, die eine gute pädagogische Basis bilden: Echtes Interesse an den Kindern, ermutigende Lernentwicklungsbegleitung, respektvolle Kommunikation und eine partizipatorische Grundhaltung sind ebenso wichtig wie fachliche Kompetenz.

Eine Erkenntnis hat sich in den letzten Jahren durchgesetzt: Lehrer:innen fördern Kinder besonders erfolgreich, wenn sie sich so weit wie möglich auf die Rolle von *Lernentwicklungsbegleitern* beschränken. Inwiefern diese Grundhaltung für die Entwicklung der Schüler:innen wichtig ist, macht die folgende Erzählung auf bildhafte Weise deutlich.

Die Schmetterlingsflügel

Ein Meister schickt seinen Schüler in den Wald, um Schmetterlinge beim Schlüpfen aus ihrer Puppe zu beobachten. Der Schüler wartet und beobachtet. Als der Schmetterling soweit ist, aus dem Kokon herauszukommen, sieht der Schüler, wie die Flügel heftig gegen den Kokon schlagen und drücken. Der Schmetterling arbeitet schwer, und der Schüler wartet und beobachtet ihn weiter.
Schließlich wird der Schüler ungeduldig und beschließt, dem Schmetterling zu helfen und seinen Anstrengungen, aus seinem Gefängnis zu entkommen, ein Ende zu setzen. Sehr vorsichtig und sanft öffnet der Schüler, was von der Puppe übrig ist, und befreit den Schmetterling aus seinem beengenden Gehäuse.
Der Schmetterling erhebt sich in die Luft, aber schon nach wenigen Metern fällt er zu Boden und stirbt.
Der Schüler kehrt enttäuscht und unglücklich zu seinem Meister zurück und fragt, was er falsch gemacht habe. »In deinem Bemühen, dem Schmetterling die Arbeit zu erleichtern, hast du ihn der Möglichkeit beraubt, seine Flügel bei diesem Prozess zu stärken. Deshalb war er zu schwach zum Fliegen.«
(Dinkmeyer/Zgonc 2002)

Die eigene Lehrer:innenpersönlichkeit entwickelt sich durch Erfahrung und Reflexion. Folgende Fragen können bei der Suche nach dem eigenen Weg helfen:

- An welche Lehrkräfte meiner Schulzeit erinnere ich mich besonders? Warum?
- Wenn ich an ein positives Lernerlebnis in meinem Leben denke, ist es mit einer bestimmten Lehrkraft oder einem anderen Erwachsenen verbunden? Inwiefern genau?
- Welchen Erziehungsstil habe ich durch meine Eltern kennengelernt? In welcher Weise prägt er mich?
- Sind die Gespräche themenoffen, wenn ich mich mit Freundinnen und Freunden treffe, oder geht es vorwiegend um die Schule?

- Wann komme ich dazu, in Ruhe zu essen, mich an der frischen Luft zu bewegen, Sport, Musik oder anderes zu tun, das mir selbst guttut?
- Habe ich den Eindruck, dass ich bereits ein gutes Gleichgewicht gefunden habe zwischen Beruf und Privatleben, Arbeit und Erholung?
- Wenn ich die letzte Frage nicht mit Ja beantworten konnte: Wie wünsche ich mir das Verhältnis zwischen Arbeit und Erholung? Was könnte mir dabei helfen, diesem Ziel näherzukommen?

2. Drei Säulen guter Pädagogik

»Das wichtigste Ziel des Menschen ist es, dazuzugehören.«
(Alfred Adler)

2.1 Ermutigung

Elias, ein sehr intelligenter Viertklässler, fällt oft durch sein Verhalten auf. Gerade hat er wieder einmal einige Tische im Klassenraum umgestoßen, Stifte durch die Gegend geschleudert und laut geschimpft, weil eine Arbeitsgruppe ihn nicht mitarbeiten lassen will: Er störe immer nur und sie wollten arbeiten. Als er zur Ruhe gekommen ist, bittet die Klassenlehrerin ihn um ein Gespräch. Etwas widerstrebend lässt er sich darauf ein. Die Lehrerin äußert neben Kritik an seinem Verhalten auch das Vertrauen in ihn als Person. Gemeinsam bedenken sie mögliche Gründe für sein Verhalten. Da platzt es aus Elias heraus: »Das ist es ja, die mögen mich eben nicht! Dabei will ich ja auch dazugehören, aber das wollen die ja nicht!«
Die Lehrerin geht auf seine Gefühle ein und erarbeitet dann mit ihm, wie er sein Ziel, »dazuzugehören« und den anderen etwas zu bedeuten, auf konstruktive Weise erreichen könnte. In kleinen Schritten beginnt Elias, sein Verhalten zu ändern, mit Unterstützung seiner Lehrerin. Allmählich registriert die Klasse, dass er sich Mühe gibt, sich konstruktiv in die Klassengemeinschaft einzubringen, und bemüht sich ihrerseits darum, ihn zu integrieren. Die Klassengemeinschaft entwickelt sich positiv weiter – und damit auch die Lerngemeinschaft.

2.1.1 Ermutigend begleiten und fördern – das Konzept

»Ermutigen« bedeutet mehr und anderes als das gut gemeinte »Du schaffst das schon!« oder »Du musst dich einfach anstrengen, dann klappt's auch!«. Ermutigen im Sinne der Individualpsychologie[2] meint eine professionelle pädagogische Haltung, die zugleich einfühlsam und herausfordernd ist, realistische Erwartungen an Kinder stellt und dabei immer wertschätzend bleibt. Ermutigen bedeutet, Kindern die Übernahme von Verantwortung zu ermöglichen, in ganz verschiedener Hinsicht – Verantwortung, die sie allerdings individuell auch tragen können. Entscheidend ist das Menschenbild, das der Individualpsychologie zugrunde liegt. Im Kern besteht es in fol-

---

2 Vertiefende Literatur zu individualpsychologisch orientierter Pädagogik findet sich im Literaturverzeichnis unter Adler 1994; Dreikurs/Grunwald/Pepper 1995; Grabbe 2003; Dinkmeyer/McKay/Dinkmeyer 2004.

gender Überzeugung: Menschen verhalten sich ziel- oder zweckorientiert. Sie haben als wichtigstes Ziel, zu einer Gemeinschaft zu gehören, gerade Kinder:

> »Jedes Kind möchte gut sein und ist nur dann ›schlecht‹, wenn es keinen Erfolg bei seinem Bemühen, gut zu sein, sieht« (Dreikurs/Grunwald/Pepper 1995, S. 89).

Ermutigende Pädagog:innen verhalten sich weder *sanft* noch *autoritär*, sie bemühen sich, das Kind so zu begleiten, dass es bereit wird, Eigenverantwortung für sein Verhalten zu übernehmen – für seine persönliche Lern- und Leistungsentwicklung, für sein Sozialverhalten, für das Klassenleben. Der sich darin ausdrückende Erziehungsstil lässt sich treffend als *kooperativ* beschreiben.

Ermutigende Pädagogik hat eine lange Tradition in der Individualpsychologie von Alfred Adler und Rudolf Dreikurs und ist immer noch hochaktuell. Warum? Weil alle Schüler:innen als Menschen mit ihren individuellen Lern- und Leistungsmöglichkeiten ernst genommen werden wollen, auch dann, wenn sie das selbst nicht direkt zum Ausdruck bringen können. Jedes Kind hat das Bedürfnis, ein – wichtiger – Teil der Klassengemeinschaft zu sein bzw. zu werden.

2.1.2 Ermutigung konkret

Was bedeutet »Ermutigung« nun konkret? Ermutigung beschreibt die motivierende Erfahrung von *Selbstwirksamkeit*, vereinfacht gesagt das Erleben, Anforderungen aus eigener Kraft bewältigt zu haben, und das daraus resultierende Vertrauen, auch zukünftigen Herausforderungen aufgrund der eigenen Fähigkeiten gewachsen zu sein.

»Vergleiche dich mit dir selbst!«

> *»Ich vergleiche nie ein Kind mit einem anderen, sondern immer nur jedes Kind mit ihm selbst.«*
> (Johann Heinrich Pestalozzi)

Die Mutter einer Viertklässlerin erzählt mir auf dem Abschiedsfest der vierten Klassen hocherfreut, dass ihre Tochter es endlich geschafft habe: Sie habe es geschafft, Freude am Sportunterricht im Freien zu gewinnen. Warum? »Weil Sie ihr beim Sportfest gesagt haben, sie bräuchte ihre Leistung nur ›mit sich selbst‹ zu vergleichen! Auf einmal traut sie sich sportlich etwas zu und hat vor allem Freude dran!«

Werden Kinder miteinander verglichen, dann gibt es immer »Verlierer«, Kinder, die schlechter abschneiden als andere – oft nicht einmal deshalb, weil sie sich weniger Mühe gegeben hätten, sondern weil z. B. ihre kognitiven Fähigkeiten geringer sind oder sie weniger Unterstützung durch ihre Eltern erhalten. Wer sich immer wieder bemüht und regelmäßig frustrierende Ergebnisse erzielt, verliert mit der Zeit das Selbstvertrauen und die Motivation.

Lehrer:innen befinden sich in einem Dilemma: Einerseits sollen sie fördern und erziehen, auf der anderen Seite haben sie die Aufgabe der Selektion, müssen Noten geben und auf deren Basis am Ende der Grundschulzeit Schullaufbahnempfehlungen aussprechen. Deshalb sind Lehrer:innen an Regelschulen Grenzen gesetzt, in bestimmten Situationen kommen sie nicht umhin, zu vergleichen. Umso mehr sollte man die Freiräume für gute Pädagogik nutzen.

Ermutigende Pädagogik setzt bei der intensiven Wahrnehmung des einzelnen Kindes an: durch Beobachtung und durch das Gespräch mit ihm, bemüht darum, es besser verstehen zu lernen. Diese Aufmerksamkeit und Zuwendung ist bereits eine Form von Ermutigung, weil das Kind erlebt: Meine Lehrerin interessiert sich für mich, ich bin ihr wichtig!

Das Gespräch mit der Schülerin, dem Schüler geht grundsätzlich von konkretem Sozial- oder Lernverhalten bzw. von aktuellen Leistungen des jeweiligen Kindes aus; die Lehrerin versucht, gemeinsam mit ihm einen konkreten Schritt der individuellen Weiterentwicklung zu finden. Die zentrale Aufgabe von Lehrkräften, die auf diese Weise arbeiten, ist also *Entwicklungsunterstützung anstelle von Ermahnung*. Das betrifft sowohl das Individuum und dessen Persönlichkeits- und Lernentwicklung als auch die Klasse und deren Entwicklung zu einer respektvollen Gemeinschaft.

Ermutigende Lehrkräfte leben Respekt vor und bringen deutlich zum Ausdruck, dass sie auch von ihren Schüler:innen respektvolles Verhalten erwarten. So erfahren die Kinder, dass sie einerseits ernst genommen und in ihrer individuellen Entwicklung gefördert werden, dass andererseits aber auch von ihnen erwartet wird, dass sie denselben Respekt ihren Mitschüler:innen und Lehrer:innen entgegenbringen, selbst wenn ihnen das gelegentlich schwerfällt. Kinder und Jugendliche wollen sich ja anstrengen, möchten gerne etwas leisten, wollen »gut sein«, aber ihnen fehlt manchmal (manchen auch häufiger) der Mut, sich selbst den nächsten Schritt zuzutrauen. Dies ist unabhängig von kognitiven Begabungen.

Wenn Kinder merken, dass die Lehrerin ihnen etwas zutraut und sie begleitet, wenn sie dann erleben, dass sich Anstrengung lohnt, dann fühlen sie sich zum jeweils nächsten Entwicklungsschritt ermutigt – vorausgesetzt dass auch die Atmosphäre in der Klasse stimmt.

Ermutigung statt Lob

»Wir sind fast alle in dem Glauben aufgewachsen, dass alle Kinder Lob dringend brauchen, damit sie zu ›richtigem‹ Benehmen veranlasst werden« (Vicky Soltz, zit. nach Dreikurs/Grunwald/Pepper 1995, S. 98). Angesichts der großen Bedeutung von Wertschätzung überrascht es zunächst, wenn man hört, dass die Individualpsychologie dem Lob gegenüber kritisch ist. Allerdings wird diese Skepsis gut begründet: »Untersuchen wir die Absichten dessen, der lobt, so zeigt sich, dass er eine Belohnung anbietet. ›Wenn du gut bist, wirst du als Belohnung meine Wertschätzung erhalten‹«

(ebd.). Gelobt wird, wenn ein Kind »gut« ist, also ein gelungenes Ergebnis präsentiert, eine Leistung erbringt, die es aus der Gruppe der Schüler:innen heraushebt, wenn es in seinem Sozialverhalten oder seinen Arbeitsergebnissen den Ansprüchen der Lehrenden entspricht. Daraus ergeben sich drei Probleme:

1. *Lob kann entmutigen:* »Wenn die Bemühung des Kindes nicht das erwartete Lob bringt, kann es annehmen, dass es entweder nicht gut genug ist oder dass das, was es anzubieten hat, der Anstrengung nicht wert sei, deshalb gibt es auf« (Vicky Soltz, zit. nach Dreikurs/Grunwald/Pepper 1995, S. 99).
2. *Lob ist eher pauschal und eine (abschließende) Bewertung von Leistung.*
3. *Lob erzeugt Abhängigkeit:* Da gelobt wird, wenn ein Kind »gut« ist, kann es denken, immer »gut« – in den Augen der erwachsenen Bezugsperson – sein zu müssen, um gelobt zu werden.

Ermutigung hingegen richtet die Aufmerksamkeit auf die Bereitschaft des Kindes, sich anzustrengen, auf sein individuelles Ringen mit einer Aufgabe, auf seine eigenständigen Ideen – unabhängig davon, wie »gelungen« deren Umsetzung aus Sicht Außenstehender ist –, auf seine persönlichen Fortschritte. Ermutigende Äußerungen beziehen sich konkret auf einzelne Schritte im Entwicklungsprozess, Lob hingegen – meist eher pauschal geäußert – auf Ergebnisse. Ermutigung bedeutet, an ein Kind und seine Entwicklungsfähigkeit zu glauben. Und nicht zuletzt: Es gibt auch Situationen im Schulalltag, auf einem Sportfest beispielsweise, da möchte man spontan vor Freude loben. Dann tut man es am besten auch – als Ausnahme von der Regel!

Praxistipp: Ermutigende Formulierungen und Aussagen

- »Danke, dass du mir geholfen hast!«
- »Du hast dein Arbeitsmaterial ordentlich weggeräumt, bevor du in die Pause gegangen bist.«
- »Ich sehe, dass du dir viel vorgenommen hast und jetzt schon … Minuten konzentriert arbeitest!«
- »In der letzten Woche hast du … geschafft, am Ende dieser Woche hast du … (mehr/ordentlicher …) geschafft.«
- »Du hast es geschafft, gleich mit der Arbeit zu beginnen.«
- »Ich kann sehen, dass du dir beim Schreiben dieser Geschichte viele Gedanken gemacht hast. Das erkenne ich zum Beispiel daran, dass … Sprachlich kannst du es noch ein wenig überarbeiten, damit der interessante Inhalt auch für alle gut zu verstehen ist.«
- »Du bist im Vergleich zum letzten Halbjahr in … viel … geworden. Darüber freue ich mich mit dir!«
- »Es ist keine leichte Aufgabe für dich, aber ich traue dir zu, dass du die Kraft hast, die Aufgabe anzugehen.«

- »Was meinst du genau mit …?«
- »Danke, dass du mich auf den Fehler hingewiesen hast, es sollen ja keine Fehler an der Tafel stehen. Bitte achte beim nächsten Mal aber auf einen respektvollen Ton mir gegenüber, so wie ich auch mit dir respektvoll spreche.«
- »Du hast den Klassenrat so geleitet, dass wir lebhaft diskutieren und einen Beschluss fassen konnten. Danke! Ich bin gespannt, ob wir es gemeinsam schaffen, uns nun auch wirklich an die Regel zu halten.«

Handlungsfelder ermutigender Pädagogik

Fragt man nach Handlungsfeldern der Schule, in denen Ermutigung durch Klassenlehrer:innen wichtig ist, dann erweisen sich die »drei Säulen zeitgemäßer Pädagogik« auch hier als bedeutsam. Eine Haltung der Ermutigung findet ihren Ausdruck durch

- individuelle, wertschätzende und herausfordernde *Entwicklungsbegleitung* eines jeden Kindes;
- den Aufbau der Klassengemeinschaft als einer respektvollen *Kommunikationsgemeinschaft*, in die sich jede:r mit der eigenen Meinung und eigenen Interessen einbringen kann;
- *Partizipation* als Prinzip von Unterricht und Klassenleben, d. h. vielfältige Möglichkeiten für Kinder, Verantwortung zu übernehmen, die Gemeinschaft mitzugestalten und somit auch auf dieser Ebene Selbstwirksamkeit zu erleben.

Ermutigung vermittelt sich ganz wesentlich durch die bewusste Haltung der Klassenlehrerin dem einzelnen Kind gegenüber. Konkret bedeutet dies für die Lehrerin:

- Ich beobachte aufmerksam und gebe regelmäßig Rückmeldungen zu konkreten Situationen des Arbeitens und des Sozialverhaltens; dabei richte ich meine Aufmerksamkeit auf individuelle Fortschritte.
- Wertschätzende Rückmeldungen sind immer konkret und individuell, nicht pauschal und standardisiert.
- Ich halte mich mit Lob zurück, weil Lob »abhängig« macht – stattdessen zeige ich meine Freude, wenn ein Kind sich anstrengt.
- Ermutigen kann auch bedeuten, auszusprechen, dass man dem Kind – individuell begründet – noch mehr zutraut und mit ihm gemeinsam überlegt, wie es dahin kommen kann.
- Ermutigen bedeutet also durchaus auch, ein:e Schüler:in zu größerer Anstrengung herauszufordern, als diese:r bisher zu leisten bereit ist; dabei ist aber immer nur die »Zone der nächsten Entwicklung« (nach Lew Wygotski), nicht die der übernächsten anzustreben.
- Kinder werden nur mit sich selbst verglichen, möglichst nicht mit anderen.

- Ermutigend sind Formulierungen wie: »Im Vergleich zu deinem letzten Text hast du hier sehr anschaulich beschrieben …« oder »Ich sehe, dass du jetzt von dir aus darauf achtest, die Regeln für die Heftführung einzuhalten.«
- Nicht ermutigend sind Stigmatisierungen und pauschale Bemerkungen wie »Immer musst du …!«, »Jetzt hast du wieder einmal …!«, »Nie hast du deine Sachen dabei!«, »Unser Klassenclown!« oder »Toll gemacht!«.

2.1.3 Umgang mit Fehlverhalten

Jedes Kind ist ein soziales Wesen, und sein stärkster Beweggrund, so die Individualpsychologie, ist die Sehnsucht, zu einer Gemeinschaft zu gehören. Hat ein Kind das Gefühl, nicht (mehr) zur Gemeinschaft zu gehören, fühlt es sich unsicher und wendet »Fehlverhalten« an, um damit sein Ziel zu erreichen. Fehlverhalten ist in der Regel das Verhalten eines mehr oder weniger entmutigten Kindes. Insofern muss auch mit Kindern, die sich auffällig und provozierend verhalten, bewusst ermutigend umgegangen werden. Hinsichtlich der Ziele, die das Kind mit seinem Verhalten (unbewusst oder bewusst) zu erreichen sucht, lassen sich folgende vier Grundformen von Fehlverhalten unterscheiden:

1. *Aufmerksamkeit erregen:* Kinder machen laute Geräusche während des Unterrichts oder zeigen Verhaltensweisen eines »Klassenkaspers«.
2. *Macht und Überlegenheit erlangen:* Kinder versuchen, mit ihrem Verhalten ihr Gegenüber (die Lehrkraft) zu verärgern: Sie stellen unangemessene Forderungen (»Ich bringe den Müll nur raus, wenn …«) oder wenden hartnäckige Verzögerungstaktiken beim Erledigen von Aufgaben an. Auch Wutanfälle können diesem Ziel dienen.
3. *Rache zeigen durch verletzendes Verhalten, Vergeltung üben:* Kinder treffen Aussagen, die tief verletzen sollen, wie »Ich hasse dich!«, stellen die Lehrkraft bloß oder ignorieren sie.
4. *Unfähigkeit ausdrücken durch Verweigerung und Demonstrieren des Nichtkönnens:* Kinder fangen nicht zu arbeiten an, zerreißen ihre Arbeitsblätter bzw. Tests und machen Äußerungen wie: »Kann ich sowieso nicht!«, »Mit mir hat es keinen Zweck!«, »Du *musst* mir helfen, alleine kann ich das nicht! Ich bin eben zu doof dafür!«

Um mit Fehlverhalten ermutigend umzugehen, ist es zunächst wichtig, sich klarzumachen, welches Ziel das Kind damit verfolgt bzw. auf welche Weise es versucht, sich seinen Platz in der Gemeinschaft zu erkämpfen. Das Ziel des Fehlverhaltens lässt sich gut dadurch ermitteln, dass man sich fragt: Wie fühle ich mich angesichts dieses Verhaltens des Kindes? Vom eigenen Gefühl ausgehend, lässt sich dann meistens das vorrangige Ziel des Fehlverhaltens ermitteln (siehe Abb. 3).

Ziel	Beispiele	Ermutigung (Unerwartetes tun)
Aufmerksamkeit	unterbrechen, herumalbern, Aufgaben nicht erledigen	• ignorieren, wenn möglich; Erwartungshaltung nicht bedienen • Aufmerksamkeit zu einem anderen Zeitpunkt geben • beachten und rückmelden, wenn das Kind konstruktiv arbeitet
Macht	Wutanfall, Forderungen, hartnäckige bzw. demonstrative Verweigerungshaltung	• sich nicht auf Streit und Machtkampf einlassen • sich sinnvolle Wahlmöglichkeiten überlegen, diese benennen und das Kind auswählen lassen (inkl. Konsequenzen) • grundsätzlich (zu einem anderen Zeitpunkt) das Kind kooperieren lassen
Rache	gemeines, verletzendes Verhalten und/oder Ausdrücke; auch Gewaltanwendung; verletzende Blicke und/oder Körperhaltung	• sich distanzieren • sich nicht verletzen lassen • grundsätzlich: fair sein; kooperatives Verhalten beachten und rückmelden; dem Kind helfen, sich geliebt zu fühlen
Unfähigkeitsbeweis	Aufgaben gar nicht erst versuchen oder schnell aufgeben	• kein Mitleid zeigen • nicht kritisieren • auf alle kleinen Leistungen achten und diese rückmelden

Abb. 3: Umgang mit Fehlverhalten (nach Dinkmeyer/McKay/Dinkmeyer 2004, S. 92 f.)

Im Umgang mit Fehlverhalten ist es also wichtig zu wissen, dass Fehlverhalten ein Zeichen von Entmutigung darstellt, nicht ein Zeichen von Stärke! Auf Fehlverhalten reagiert man also möglichst ermutigend, auch wenn es zunächst schwerfällt.

Das Unerwartete tun

Ermutigend zu reagieren heißt, das *Unerwartete* zu tun, also

- nicht spontan und emotional zu reagieren, sondern das Fehlverhalten zunächst zu ignorieren. Die spontane emotionale Reaktion, z. B. das Ausüben von Druck im Falle eines Machtkampfes oder Mitleidsbekundungen im Falle einer Demonstration von Unfähigkeit bringen keine nachhaltig ermutigende Stärkung, da sie das Fehlverhalten des Schülers beantworten;
- situationsunabhängig zu ermutigen, wenn die Schülerin, der Schüler konstruktives Verhalten zeigt (z. B. » Danke, dass du gefegt hast. Es ist schön, in eine saubere Klasse zu kommen«, »Du hast es geschafft, deinen Ärger in Worten auszudrücken und mit uns zu besprechen! Das ist wichtig für uns, denn jetzt wissen wir, worüber wir mit dir nachdenken können«);

- mit ruhiger Stimme Handlungsalternativen aufzuzeigen, die mit Konsequenzen verbunden sind, und die Schülerin, den Schüler eine Entscheidung treffen zu lassen;
- Konsequenzen zu besprechen und dann auch durchzuführen, respektvoll und bestimmt.

»Das Unerwartete tun« bedeutet nicht, das Fehlverhalten grundsätzlich zu ignorieren, sondern nur, zeitversetzt und »professionell konsequent« zu reagieren. Es ist selbstverständlich klar, dass auf Fehlverhalten im Falle von Gefährdung anderer sofort und auch in restriktiver Weise – mit Ordnungsmaßnahmen – reagiert werden muss.

Ein entmutigtes Kind braucht keine Nachsicht, wenn sein Verhalten stört oder verletzt, wohl aber das Verständnis der Lehrerin für sein Motiv: den Wunsch, Bedeutung zu haben und dazuzugehören. Deshalb ist es pädagogisch klug, das Kind in die Gemeinschaft einzubinden, es an der Suche nach einer Lösung für das Problem zu beteiligen und ihm Aufgaben zu übertragen. Dann wächst sein Vertrauen in die eigenen Fähigkeiten.

Wie in vielen anderen Bereichen lernen Kinder den Umgang mit Fehlverhalten auch am Vorbild: Wie verhalte *ich* mich als Lehrerin, wenn ich mich einem Kind oder der Klasse gegenüber falsch verhalten habe? Wenn ich unfreundlich oder ungerecht war oder mich in einer mir unangenehmen Situation herausgeredet habe? Ein Vorbild kann ich sein, wenn ich dem Grundsatz der Reziprozität folge, d.h. in diesem Fall, wenn ich an mich dieselben Ansprüche stelle wie an meine Schüler:innen. Im Moment des Geschehens bin ich vielleicht aufgebracht und nicht in der Lage, selbstkritisch zu reflektieren. Wenn ich dann aber eine Nacht darüber geschlafen habe, gehe ich auf das betroffene Kind zu und spreche es an: »Ich habe darüber nachgedacht, was ich gestern getan/gesagt habe, und möchte mich bei dir entschuldigen: Da habe ich dir unrecht getan, das tut mir leid!«

Das 10-Punkte-Programm ermutigender Pädagogik

1. Ermutigende Pädagogik nimmt Kinder ernst und vertraut ihnen.
2. Ermutigende Pädagogik ist an der Menschenwürde ausgerichtet. Sie geht davon aus, dass jede:r sich entwickeln will und kann, und sieht ihre Aufgabe darin, Kinder dabei zu unterstützen.
3. Jedes Kind wird mit seinen Stärken und Entwicklungsherausforderungen gesehen. Entwicklung wird zugetraut und – mithilfe einfühlsamer pädagogischer Begleitung – auch herausgefordert.
4. Individuelle Lernfortschritte und Entwicklungen werden wahrgenommen und konkret zurückgemeldet.
5. Kinder werden mit sich selbst und nicht mit anderen verglichen.
6. Ermutigende Pädagogik ist demokratisch und kooperationsorientiert.

7. Ermutigende Pädagogik betont die Freude am Lernen und an der Entwicklung.
8. Ermutigende Pädagog:innen achten darauf, dass alle Schüler:innen Erfolgserlebnisse haben und selbst wahrnehmen können, um Selbstwirksamkeit zu erfahren.
9. Ermutigende Pädagogik verzichtet auf Lob.
10. Ermutigende Pädagogik ist konsequent, kennt aber keine Strafen. An die Stelle der Strafe tritt die gemeinsame Suche nach einer Lösung – es wird nicht hingenommen, wenn ein Kind ausgegrenzt wird!

2.2 Kommunikation

2.2.1 Gespräche als Basis gelingender Lernentwicklung

»Ich habe keine Lehre. Ich zeige nur etwas.
Ich zeige Wirklichkeit, ich zeige etwas an der Wirklichkeit.
[…] Ich habe keine Lehre, aber ich führe ein Gespräch.«[3]
(Martin Buber)

»Gut, dass wir miteinander gesprochen haben!« – meist fällt diese Äußerung im Zusammenhang mit gelingender Konfliktbearbeitung. Aber gute Gespräche sind nicht nur der Schlüssel zu Konfliktlösungen, sondern grundlegend prägend für Sprache, Denken und Bewusstsein, auch Selbstbewusstsein. Gespräche können Entwicklungsprozesse von Einzelnen und der Gemeinschaft besonders positiv beeinflussen.

Im Unterricht besonders verbreitet – vor allem an weiterführenden Schulen – ist das *fragend-entwickelnde Gespräch.* Anders als sein Vorbild, der sokratische Dialog, ähnelt das fragend-entwickelnde Gespräch oft eher einer Art »Ping-Pong-Spiel« aus Lehrerfrage und Schülerantwort als einem Gespräch von Schüler:innen untereinander. Nicht das gemeinsame Entwickeln von Gedanken, sondern das Herausfinden dessen, was die Lehrerin längst weiß, ist Ziel vieler »fragend-entwickelnder« Gespräche.

Eine ganz andere Form des Unterrichtsgesprächs ist das *Nachdenkgespräch.* Es wird auf der Basis von gegenseitigem Interesse zu einem für alle bedeutsamen Thema geführt – und zwar ergebnisoffen, das individuelle Denken und Meinen respektvoll herausfordernd. Im Nachdenkgespräch gibt es kein »Richtig« und »Falsch«, eigene Meinungen und Einfälle sind ausdrücklich erwünscht. Solche Gespräche sollten nicht auf ein Fach »Philosophieren mit Kindern« beschränkt bleiben, sondern möglichst oft Teil des Unterrichts bzw. der Wirklichkeit sein, von der Martin Buber spricht.

---

3 Buber 2001, S. 1114.

Selbstverständlich können nicht alle Gespräche, die in der Klasse geführt werden, Nachdenkgespräche sein. Auch Gespräche, die der gemeinsamen Planung oder der Übung dienen, haben ihren festen Platz im Tagesablauf.

Manche Lehrkräfte führen aber kaum offene Gespräche mit ihren Lerngruppen, weil sie Unruhe erwarten und keinen Lernzuwachs sehen. Sie haben die Erfahrung gemacht, dass es mit »ihren« Kindern nicht klappt, dass den Schüler:innen grundlegende Gesprächskompetenzen fehlen. In der Tat ist es zunächst oft schwer, in einer Klasse Gespräche zu führen, da nicht wenige Schüler:innen nur geringe Gesprächskompetenzen mitbringen und kein großes Interesse am gemeinsamen Dialog zum Ausdruck bringen. Doch genau darum ist es wichtig, die anfängliche Mühe des Einführens von Gesprächsregeln und regelmäßiger Klassengespräche auf sich zu nehmen.

Lernprozesse ereignen sich dadurch, dass man etwas wiederholt praktiziert, Erfahrungen macht und Emotionen mit dem Lerngegenstand verbindet, möglichst positiv besetzte Gefühle. Das betrifft auch das Lernen des Gesprächs. Respektvolles Miteinander-Sprechen kann nur durch das respektvolle Miteinander-Sprechen gelernt werden.

Kommunikationskultur basiert auf einer Vielfalt von Gesprächen

Eine gute, offene Gesprächsatmosphäre in Unterricht und Schulleben hat einen entscheidenden Einfluss auf intrinsisch motivierte Lern- und Leistungsentwicklungen der Kinder. Gespräche finden im Schulalltag an verschiedenen Orten und mit ganz unterschiedlichen Funktionen regelmäßig statt. Viele Gespräche ereignen sich spontan, »zwischen Tür und Angel«. Andere werden bewusst initiiert:

- Morgen- oder Abschlusskreis
- Montagmorgenkreis, Wochenabschlusskreis
- Unterrichtsgespräche (fachliches Erarbeitungsgespräch, Reflexionsgespräche im Zusammenhang mit Gruppenarbeit, Projektarbeit oder individualisiertem Lernen, Buchbesprechungen und Präsentationen)
- Planungsgespräche für Feste und Veranstaltungen
- Gespräche im Klassenrat
- Konfliktgespräche
- Beratungsgespräche mit Schüler:innen oder Eltern

Ob die Gespräche von den Schüler:innen als stärkend und motivierend empfunden werden, hängt von ihrer Qualität ab! Eine gute Gesprächsführung setzt Wissen, Übung und Reflexion aufseiten der Klassenleitung voraus.

2.2.2 Bedingungen und Prinzipien guter Gesprächsführung

Es gibt bestimmte Bedingungen, die das Entstehen einer guten Gesprächsatmosphäre in der Klasse begünstigen, und Prinzipien, die beachtet werden sollten:

Bedingungen guter Gesprächsführung

- Das regelmäßige und regelorientierte Gespräch in der Klasse ist die Voraussetzung dafür, dass jedes Kind es lernen kann!
- Bestimmte Gespräche bedürfen besonderer Vorbereitung, um gut zu gelingen (Nachdenkgespräche, Beratungsgespräche).
- Ablauf, Zeitplanung und Rituale (z. B. Ruhesignale, Feedbackrunden am Ende) für das jeweilige Gespräch werden von der Lehrkraft vorgegeben und so lange konsequent eingehalten, bis die Gesprächsteilnehmer:innen eine gute Gesprächsatmosphäre wahrnehmen. Später können auch Schüler:innen die Aufgabe übernehmen, auf Zeit und Regeln zu achten.
- Ein Klangstab, eine Klangschale oder ähnliche besondere akustische Signalgeber sollten sparsam, aber durchgehend als Ruhesignal eingesetzt werden.
- Regeln werden entwickelt oder vorgegeben.
- Die Klassenlehrerin ist Vorbild in Bezug auf Respekt, Wertschätzung und Sprache.
- Der Klassenraum ist so eingerichtet, dass Gesprächskreise möglichst schnell, flexibel und geräuscharm zu bilden sind.
- In der Mitte des Gesprächskreises kann ein kleiner Tisch mit Blumen oder fachlich relevantem Material stehen und die Aufmerksamkeit fokussieren.
- Fach- bzw. Sachgespräche werden möglichst in Einzel- oder Kleingruppenarbeit vorbereitet, bevor sie im Plenum stattfinden, damit jede:r die Möglichkeit der Beteiligung hat (erst selbst, dann miteinander denken).
- Aufmerksamkeits-, Stille-, Konzentrations- und Zuhörübungen werden dem Alter entsprechend regelmäßig in den Unterricht eingebaut, um die für ein Gespräch erforderliche entsprechende Geduld einzuüben.

Prinzipien guter Gesprächsführung

- Zum Gesprächsbeginn und Gesprächsende werden die Kinder in ruhigem, freundlichem und deutlichem Ton begrüßt bzw. verabschiedet.
- Es werden weitgehend offene Fragen gestellt.
- Es sollten vor allem Fragen gestellt werden, die individuelle Gedanken und Lösungen hervorrufen können.
- Den Schüler:innen sollte während der Gespräche Zeit zum Nachdenken gegeben werden.
- Schüleräußerungen dürfen nicht gewertet werden, stattdessen: spiegeln, die Aussage zusammenfassen und nachfragen.
- Wichtig ist es, Interesse an unterschiedlichen Meinungen zu zeigen.

- Redewendungen wie »Ich sehe das anders als du, und zwar …« anstelle von »Quatsch!« oder »Stimmt nicht!« einführen, selbst anwenden und immer wieder ins Bewusstsein rufen.
- Einfache Formen des aktiven Zuhörens werden eingeübt und praktiziert: »Mara, du bist der Meinung, dass …, ich hingegen denke, dass …«.
- Stigmatisierungen und Verallgemeinerungen wie »Du schon wieder«, »Immer«, »Nie«, »Unser Professor« oder »Unser Traumtänzer« werden grundsätzlich vermieden.
- Auf »Ping-Pong-Gespräche«, d. h. Frage-Antwort-Frage-Antwort-Gespräche, sollte so gut es geht verzichtet werden.
- Das Schüler-Schüler-Gespräch sollte gefördert werden.
- Die Lehrkraft hält sich so weit wie möglich zurück. Dies wird unterstützt durch die Redekette (die Schüler:innen nehmen sich gegenseitig dran) oder die Ernennung von zwei Kindern als Gesprächsleitung (ein Kind leitet, eins führt die Rednerliste).
- Auf die Einhaltung der Gesprächsregeln wird konsequent geachtet (siehe M 7a).

Reflexion

Es lohnt sich, ab und zu eine Selbstbesinnung durchzuführen: Höre ich meinen Schüler:innen gut zu, auch wenn sie gerade etwas sagen, das nicht meinen Erwartungen entspricht? Wie gehe ich mit vermeintlich falschen Antworten um? Stelle ich regelmäßig auch Fragen, die das individuelle Nachdenken anregen? Gibt es im Unterrichtsgespräch überhaupt Zeit zum Nachdenken? Kommen die Schüler:innen auch miteinander respektvoll ins Gespräch?

2.2.3 Gespräche führen im Unterricht

Gesprächskreise

Die meisten Kinder lieben ihn – den Erzählkreis. So viel gibt es zu erzählen vom letzten Wochenende, so interessant kann es sein, den Mitschüler:innen zuzuhören. Da allerdings kann es auch schwierig werden – Zuhören ist keine leichte Aufgabe. Das gilt umso mehr, wenn Kinder das Erzählen und Zuhören nicht gewohnt sind, z. B. weil in der Familie kaum Gespräche stattfinden, weil sie viel Zeit mit Computerspielen oder vor dem Fernseher verbringen oder auch weil sie eher an Gespräche gewöhnt sind, in denen zwar viel gesprochen, aber wenig geduldig zugehört wird. Wenn Kinder nicht zuhören können, bedeutet das nicht, dass sie es nicht wollen, sondern vielmehr, dass sie es *noch* nicht können. Deswegen müssen sie die Gelegenheit erhalten, es regelmäßig zu üben.

In einer Grundschulklasse gibt es meist zu Beginn und am Ende jeder Woche einen Gesprächskreis der Klasse, damit die Kinder die Chance erhalten, etwas von dem, was sie erlebt haben bzw. erleben werden, zu berichten und mit ihren Mitschüler:innen und Lehrer:innen zu teilen. Gesprächskreise ermöglichen auch der Klassenlehrerin, Informationen über die Tagesverfassung und die Erlebnisse der Kinder außerhalb der Schule zu gewinnen. Viele Kolleg:innen beginnen jeden Schultag mit einem kurzen Morgenkreis, in dem entweder die Schüler:innen vom Vortag erzählen oder das Begrüßungsritual stattfindet (siehe S. 144) und der Ablauf des Schultages besprochen wird.

Die Gesprächskreise der Grundschulklasse finden normalerweise immer am gleichen Ort statt, nämlich im Stuhlkreis oder auf dafür vorhandenen Bänken oder Teppichfliesen im Kreis. Auch die Gesprächsregeln, das Ruhezeichen und der Ruhegeber (z. B. ein Obertonklangstab, der von der Lehrkraft zart angeschlagen wird) sind identisch. Als hilfreich empfinden manche Kolleg:innen die Einleitung des Gesprächskreises mit einem wiederkehrenden Eingangssatz. Dieser Satz kann wie ein Ruhesignal wirken und verdeutlicht, dass es jetzt losgehen kann und Nebenbeschäftigungen ruhen müssen.

Fast alle Schüler:innen nehmen gerne am Gesprächskreis teil, ein Problem aber gibt es dennoch fast immer, zumindest in Klasse 1 und 2: Es kann unruhig werden im Kreis! Um der Unruhe vorzubeugen, sollte man im Vorhinein folgende Fragen bedenken:

- Welcher Gegenstand eignet sich besonders, um anzuzeigen, wer gerade das »Rederecht« hat? Ein schöner Erzählstein bietet sich hier an. Alle Gegenstände, die bewegliche Teile enthalten, Geräusche machen können oder auch leicht aus der Hand fallen können, eignen sich nicht, weil sie die Unruhe verstärken. Ein Erzählstein hingegen hat für die meisten Kinder einen besonderen Wert, so wie die meisten Kinder auch Halbedelsteine sehr schön finden.

Praxistipp: Erzählstein

Die Einführung des Erzählsteins findet am besten mit einer kleinen Geschichte statt, beispielsweise so: »Ich habe euch einen besonderen Stein mitgebracht. Der sieht nicht nur schön aus, er kann auch hören! Und stellt euch vor: Wenn einer von euch den Erzählstein in der Hand hält und etwas erzählt, dann kann dieser Wunderstein sich das sogar merken! Dafür müssen alle anderen allerdings leise sein, damit er alles gut verstehen kann. Das möchte ich gerne mal mit euch ausprobieren!«

Wenn die Erzählrunde vorbei ist, hält die Lehrerin sich den Stein ans Ohr und lässt sich von ihm erzählen, was er gehört hat: »Aha, Tobi hat sich am Wochenende mit Alex getroffen, und das war ganz schön – und Lara ist Einrad gefahren …«.

- Welche Gesprächsregeln gelten und sollten unbedingt eingehalten werden? Welche sinnvollen (nicht demütigenden!) Konsequenzen können gewählt werden, wenn Kinder es gar nicht schaffen, ruhig zu bleiben?
- Welche kleinen Konzentrations- oder Bewegungsübungen können am Platz gemacht werden, wenn das ruhige Sitzen und Zuhören schwer wird? Hier eignen sich Übungen wie z. B. das abwechselnde Aneinanderdrücken der Fingerkuppen beider Hände und Entspannen im 10-Sekunden-Rhythmus.
- Sollen die Kinder nur von einem Erlebnis oder auch von mehreren erzählen dürfen?
- Wird nacheinander im Kreis erzählt oder erzählen nur einige Kinder, die gerne möchten?
- Beschränken sich die Kinder im Erzählkreis aufs Erzählen oder darf auch nachgefragt werden? Wie viele Nachfragen werden maximal zugelassen?
- Wie lange kann die Klasse maximal in Ruhe im Kreis sitzen?
- Was mache ich, wenn es zu unruhig wird und ich den Erzählkreis abbrechen muss? Wann dürfen die Kinder erzählen, die noch nicht erzählen konnten?

Nachdenkgespräche

»Weißt du, wie das bei mir im Moment ist? Meine Gedanken weichen immer so weg, wenn ich eigentlich zuhören sollte. Heute habe ich das erst ganz am Ende gemerkt, als Frau Meier [die Schwimmlehrerin] schon fertig war mit Erklären. Warum mach ich das bloß immer wieder?«
Benjamin, 8 Jahre alt, erzählt mir vom Lauf seiner Gedanken. Eigentlich hätte er in der letzten Schwimmstunde genau aufpassen sollen, als die Schwimmlehrerin erklärt hat, wie man einen Kopfsprung macht. Aber seine Gedanken waren schneller und freier, als es ihm jetzt lieb ist. Er wollte doch so gerne konzentriert zuhören!

Gedanken suchen sich ihren Weg oder »tun, was sie wollen«, so drücken bekannte Redewendungen aus, was Benjamin zurzeit des Öfteren erlebt. Man könnte nun meinen, er habe eine zu rege Fantasie oder ein »Aufmerksamkeitsdefizitproblem«, aber das trifft wohl nicht den Kern. Benjamin ist ein Kind, das gerne und viel nachdenkt. Er freut sich, wenn er seine Gedanken mit anderen teilen kann. Das spüre ich in unseren Nachdenkgesprächen, die wir im kleinen Kreis der AG »Philosophieren mit Kindern« intensiv oder auch in der Klasse regelmäßig in etwas lockerer Form führen.

Nachdenkgespräche können innerhalb jedes Unterrichts, aber auch unabhängig von einem bestimmten Fachunterricht stattfinden. Nachdenkgespräche müssen nicht regelmäßig zum selben Zeitpunkt stattfinden, sollten aber immer wieder geführt werden, damit die Schüler:innen Sicherheit gewinnen: Hier dürfen sie ihre eigene Meinung bedenken und äußern, hier müssen sie nicht überlegen, was die Lehrerin vielleicht hören will, hier geht es weniger um Antworten als um Fragen und Gedanken.

Das Besondere an Nachdenkgesprächen ist, dass sie im Idealfall Gespräche sind, die kontrovers, aber respektvoll geführt werden und einen offenen inhaltlichen Ausgang haben. Nachdenkgespräche sollten inhaltlich vorbereitet werden, indem sich die Lehrerin selbst Gedanken zum Thema macht. Inwiefern diese Gespräche eine gewisse Struktur haben oder ganz offen geführt und auch an einer offenen Stelle beendet werden, liegt im Ermessen der Lehrkraft, die sie initiiert und begleitet. Das Wichtigste ist, dass die Themen, Gegenstände oder Worte des Nachdenkens für die Kinder von Relevanz sind, »offene Stellen« zum Nachdenken bieten und auch die Lehrkraft interessiert daran ist, welche Gedanken die Kinder zu diesem Thema entwickeln werden. Eine Möglichkeit, dem Nachdenkgespräch eine Struktur zu geben, wird im Folgenden dargestellt.

Auch zum Nachdenkgespräch trifft sich die Klasse im Sitzkreis. Die Lehrerin stellt eine kleine Geschichte, ein Bild, ein Fundstück, ein Sprichwort, ein Gedicht oder etwas anderes vor, lässt ein Kind zusammenfassen bzw. beschreiben und bittet die Schüler:innen dann mit stummem Impuls oder einer offenen Frage, dazu Stellung zu beziehen. Nun haben alle Schüler:innen eine Minute Zeit, sich selbst Gedanken zu machen und tauschen sich dann etwa zwei Minuten mit ihrem Nachbarn aus. Da nun alle Kinder die Gelegenheit hatten, innerlich und inhaltlich »anzukommen«, wird das Gespräch im Plenum eingeleitet. Hier dürfen sich alle frei äußern, es gibt aber drei Regeln:

Praxistipp: Geprächsregeln

1. Wir sprechen respektvoll miteinander!
2. Wir nehmen die Meinung der anderen ernst!
3. Wir hören einander zu und melden uns mit zwei Fingern, wenn wir etwas direkt zu dem sagen wollen, was gerade gesagt wurde!

Das Nachdenkgespräch verläuft nach dem »philosophischen Dreischritt«: selber denken – miteinander denken – weiterdenken.

Nach etwa 20 Minuten wird das Gespräch durch die Gesprächsleitung, also durch die Lehrerin beendet. Die Kinder nehmen ihr Nachdenkheft, welches unter ihrem Stuhl liegt oder nun verteilt wird, gehen damit still auf ihren Platz und schreiben fünf oder zehn Minuten lang ihre Gedanken oder Kommentare zum Gespräch bzw. Fragen an das Thema in ihr Heft. Ob aus diesen Heften vor der Klasse vorgelesen wird, muss jede Lehrerin selbst für ihre Klasse entscheiden. Vorteil ist, dass die Schüler:innen noch mehr Grundlagen bekommen, verschiedene Gedanken und Meinungen hören und sich somit auch selbst zutrauen. Nachteil ist, dass Schüler:innen vielleicht gar nicht offen schreiben mögen, weil es hinterher vorgelesen werden könnte. Deshalb gilt grundsätzlich: Jeder darf selbst entscheiden, ob sein Text vorgelesen wird oder nicht.

Thematische Anregungen für Nachdenkgespräche

Anregungen für Nachdenkgespräche können viele Dinge sein. Wichtig und entscheidend ist, dass es eine Offenheit bzw. eine Lücke gibt, die zum Nachdenken anregen kann:

- ein merkwürdiges Fundstück, zu dem man Fragen nach seiner Entstehung, nach der Schöpfung, nach seiner Geschichte stellen kann (hier kann die Lehrkraft durch das Einbringen eigener Gedanken vermitteln, dass man durchaus fantasievoll denken und hinterfragen kann);
- eine spannende oder auch alltägliche Naturbeobachtung, z. B. das Schließen einer bestimmten Blume bei Regenwetter; die Frage eines Kindes, z. B. »Woher weiß der Schmetterling im Kokon eigentlich, wie Fliegen geht?«
- ein Spruch des Tages;
- ein besonderes Bild;
- eine Geschichte, z. B. von »Frosch und Kröte« (Lobel/Michels 2003);
- ein Buch mit Bildern, z. B. »Die ganze Welt« (Couprie/Louchard 2001);
- ausgesprochene Nachdenkbücher, z. B. »Ist 7 viel?« (Damm 2003), »Die große Frage« (Erlbruch 2004);
- Bilderbücher, z. B. »Fiete Anders« (Koch 2007), »Irgendwie anders« (Cave/Riddell 1997).

Nachdenkgespräche machen Freude, können sehr spannend sein und die Schüler:innen noch mehr an ihre Klasse als Kommunikationsgemeinschaft wohltuend binden. Nachdenkgespräche mit der ganzen Klasse sollten nicht länger als eine Stunde (inklusive Heftgestaltung) dauern. So können sie als Impuls für den Tag oder für die weitere Entwicklung der Klasse als Kommunikationsgemeinschaft genutzt werden.

Durch die regelmäßigen Nachdenkgespräche lernen Kinder, auf die anderen einzugehen und die eigene Meinung ernst zu nehmen – Ermutigung pur!

Lerngespräche und Lernentwicklungsgespräche

Lerngespräche sind ein konstitutiver Bestandteil eines an Individualisierung, Kommunikation und Partizipation orientierten Unterrichts. Sie werden mit den einzelnen Schüler:innen (z. B. während der Wochenplanarbeit, während des forschenden Lernens), in der Kleingruppe (während Gruppenarbeiten oder projektorientierten Arbeitens) oder in der Klasse (während eines Projektes, in Bezug auf einzelne Fächer, Methoden oder Arbeitshaltung) geführt.

Offizielle *Lernentwicklungsgespräche* finden in der Regel einmal im Halbjahr statt und werden von der Klassenlehrerin, den Sorgeberechtigten und dem Kind gemeinsam geführt (siehe S. 125). Zur Vorbereitung auf ein Lernentwicklungsgespräch (LEG) reflektieren die Kinder, ihre Eltern, teilweise die Fachlehrer:innen und immer die Klassenlehrkraft mithilfe von Einschätzungsbögen über den Entwicklungsstand überfachlicher und auch fachlicher Kompetenzen (siehe M 14b-d). Am Ende eines LEG formuliert das Kind, ggf. mit Hilfe der Klassenlehrerin zwei Lernziele für das nächste Halbjahr (siehe M 14a und zum Thema Hardeland 2017).

Lernentwicklungsgespräche beziehen sich (mindestens) auf
1. die individuelle Lernentwicklung,
2. den erreichten Lernstand in allen im jeweiligen Schulhalbjahr unterrichteten Fächern und Lernbereichen,
3. die überfachlichen Kompetenzen und
4. die nächsten Lernschritte und -ziele, die die Schülerin, der Schüler anstreben sollte.

In Lerngesprächen und Lernentwicklungsgesprächen ist die Klassenlehrerin in besonderer Weise als Lernentwicklungsbegleiterin und die Schülerin, der Schüler in seiner Selbstverantwortung gefordert. Das Ergebnis konsequenter Lernreflexion ist meistens ein gesteigertes Selbstkonzept und auch Selbstbewusstsein der Schüler:innen.

2.2.4 Beratungsgespräche mit Kindern

»Mit den Augen des Kindes sehen,
mit den Ohren des Kindes hören,
mit dem Herzen des Kindes fühlen
und in den Schuhen des Kindes gehen.«
(Alfred Adler)

Es gibt Situationen, da weiß man als Lehrkraft nicht weiter. Das Verhalten einer Schülerin, eines Schülers bereitet Probleme oder stimmt besorgt: Arbeitsverweigerung, andauerndes Störverhalten, Aggressivität gegenüber Mitschüler:innen, ein innerer Rückzug oder ganz andere Verhaltensweisen fallen nicht nur vorübergehend auf.
Kinder, die Probleme haben, brauchen Zeit und das Gefühl echter Zuwendung, um sich zu öffnen. Oftmals wissen sie selbst gar nicht, was los ist, oder nehmen sich selbst mit ihren Schwierigkeiten nicht ernst. In solchen Lebens- und Lernsituationen helfen Beratungsgespräche, die mit dem Ziel geführt werden, im Kind das Bewusstsein der eigenen Kräfte und Möglichkeiten neu zu wecken. Es gibt Prinzipien, die den Verlauf des Beratungsgesprächs ganz wesentlich beeinflussen können. Dazu gehört, dass Beratungsgespräche nie »zwischen Tür und Angel« geführt werden, gut vorbereitet werden und dass das Kind entscheidet, was es von sich preisgibt. Die Haltung der Lehrkraft zeichnet sich durch Wertschätzung, Interesse an der Selbsteinschätzung des Kindes, Vertrauen und Zutrauen aus. Sie kann vermittelt werden, indem die Lehrerin

- dem Kind seine Gefühle zugesteht;
- Mitgefühl, aber kein Mitleid zeigt;
- Verhalten und Person des Kindes trennt;
- einfühlsam, aber sachlich spricht und die eigene Betroffenheit möglichst »ausklammert« bzw. sachlich benennt (»professionelle Distanz«);
- keine Ratschläge erteilt, stattdessen versucht, das Kind – durch geschickte Hilfe – seinen Weg finden zu lassen. Wenn das Kind keine eigenen Ideen für eine Veränderung seiner Situation hat, können Möglichkeiten aufgezeigt werden – die Entscheidung liegt aber beim Kind;
- unbewusste Verhaltensziele des Kindes ermittelt und dem Kind bewusst macht (z. B. Aufmerksamkeit, Mitleid);
- Verhaltensänderung zutraut und zumutet.

Es ist nicht immer leicht, die betreffende Schülerin, den betreffenden Schüler zu einem etwas längeren Gespräch »unter vier Augen« zu bewegen, zumal wenn er schon stark entmutigt ist und möglicherweise bisher eher negative Erfahrungen beim Sprechen mit Erziehungsberechtigten oder Lehrkräften gemacht hat. In einem solchen Falle gilt es, behutsam, freundlich und bestimmt die Bereitschaft zum Gespräch zu wecken. Kinder reagieren kooperativ, wenn sie spüren, dass ihnen als Mensch Wertschätzung entgegengebracht wird und es im Beratungsgespräch um eine gemeinsame Suche und Hilfestellung im Hinblick auf bestimmte Verhaltensänderungen geht. Ist die Bereitschaft geklärt, wird ein Termin vereinbart.

Vorbereitung des Beratungsgesprächs mit einem Kind

Die Vorbereitung besteht im Wesentlichen in der groben Planung des Gesprächsablaufs und in der Beschäftigung mit den Lebenserfahrungen des Kindes. Es ist sinnvoll, sich zu fragen,

- in welchen Familienverhältnissen das Kind sich befindet (Eltern, Bildungsstand der Eltern, Beschäftigung der Eltern, Stellung innerhalb von Geschwistern),
- ob das Kind Freunde hat bzw. welche Freunde es hat und welche Überzeugungen sie vertreten könnten,
- was ich über die bisherigen Schulerfahrungen (Arbeitseinstellung, Motivation, kognitives und kreatives Potenzial, Leistungen) weiß,
- in welchen Situationen ich das Kind konstruktiv und in welchen Zusammenhängen ich es als eher zurückgezogen, vermeidend oder destruktiv wahrnehme und
- wie das Kind auf mich selbst wirkt, welche Gefühle es bei mir auslöst.

Ist der Termin gekommen, sollte man darauf achten, dass der Raum eine angenehme Atmosphäre ausstrahlt. Ein frischer Blumenstrauß, ein Teller mit Keksen und ein Getränk tragen dazu wesentlich bei.

Ablauf eines Beratungsgesprächs

Einleitungs- bzw. Aufwärmphase

- Ich begrüße das Kind und spreche kurz mit ihm über Allgemeines (kommt es beispielsweise aus der Pause, kann ich fragen, was und mit wem es gespielt hat).

Phase der Problemerörterung und der Problembenennung

- Ich benenne sachlich, wie ich das Kind in letzter Zeit wahrnehme, und frage, ob mein Eindruck zutrifft: »Ich habe den Eindruck, dass du in letzter Zeit manchmal enttäuscht/traurig … bist. Stimmt das?«
- Ich bitte das Kind, mir genauer zu beschreiben, wie es ihm zurzeit geht und wie es sich fühlt. Die Gefühlsbeschreibung gebe ich in meinen Worten wieder und lasse das Kind überprüfen, ob seine Gefühlslage und seine Reaktionen so richtig wiedergegeben sind.
- Ich frage nach weiteren Situationen, in denen das Kind genau diese Gefühle und Verhaltensweisen hat; ich versuche herauszufinden, ob es wiederkehrende Situationselemente gibt, die ein bestimmtes Verhaltensmuster des Kindes erkennen lassen.
- Auch hier gilt: Gefühle des Kindes spiegeln, vom Kind überprüfen lassen und so ins Bewusstsein des Kindes rücken – »Habe ich dich richtig verstanden, dass du …, wenn …?«
- Ich kann Hypothesen zu Verhaltensauslösern des Kindes anstellen und vom Kind überprüfen lassen.
- Manchmal empfiehlt sich ein Perspektivwechsel, indem die Situation aus der eigenen Sicht als Lehrkraft oder aus der Sicht von Mitschüler:innen geschildert wird.
- Problembenennung beginnen: »Ich möchte dir gerne einmal schildern, wie ich nun das Problem sehe. Ist es möglich, dass du immer/oft …, wenn …?«

Phase der Ratsuche

- »Was wäre anders, wenn du dieses Problem nicht hättest?« Diese Frage wird am besten konkretisiert: »Was wäre anders für dich?«, »Was wäre anders für deine Freundinnen und Freunde, Lehrer:innen, Eltern …?«, »Woran würdest du erkennen, dass das Problem verschwunden ist?«
- Abwarten und in Ruhe zuhören, Zeit für Erkenntnis geben.

Phase der Lösungssuche

- Gemeinsam mit dem Kind wird nach realistischen konkreten Verhaltensänderungen gesucht. Es geht um kleine, zu bewältigende Schritte auf dem Weg der Weiterentwicklung, die herausfordernd sind, aber Aussicht auf Erfolg haben.

- Zwei bis maximal drei Lösungsvorschläge werden, möglichst durch das Kind selbst, entwickelt; dabei sollte insbesondere die Verhaltensänderung durch das Kind selbst formuliert werden.

Verabredung eines konkreten Lösungsvorschlages

- Das Kind entscheidet, welchen Lösungsvorschlag es ausprobieren kann, d. h. welche Verhaltensänderung es für machbar hält. Die Absprache wird schriftlich in einem Vertrag festgehalten und von Kind und Lehrerin unterschrieben. Ein Termin für ein Folgetreffen wird vereinbart, etwa zwei Wochen nach dem Beratungsgespräch.

Folgetreffen

- Die Einhaltung der Vereinbarung wird gemeinsam überprüft, das weitere Vorgehen wird besprochen.

Beratungsgespräche zu führen ist keine leichte Aufgabe, aber eine große Hilfe für viele Kinder und eine gute Alternative zu Sanktionen oder zur Ausgrenzung von Kindern, die Probleme mit sich bzw. ihrer Umwelt haben.

2.3 Partizipation

»Kinder und Jugendliche brauchen das Gefühl, dass die Welt auf sie wartet, dass es auf sie ankommt, dass wir von ihnen etwas fordern und dass sie sich daher, um ihre Chancen wahrzunehmen, anstrengen müssen und sich nützlich machen sollten.«
(Joachim Bauer)[4]

2.3.1 Selbstvertrauen und Gemeinschaft entwickeln durch Partizipation

Ali, 4. Klasse, übernimmt am liebsten das Protokollieren des Klassenrats (siehe S. 43). Er bedauert, dass auch andere Kinder Protokoll führen möchten, denn er mag es sehr, obwohl er im Deutschunterricht das Schreiben von Texten möglichst zu vermeiden versucht. Zu Beginn einer neuen Klassenratssitzung liest er das Protokoll der letzten Sitzung vor und erinnert so an die vereinbarten Absprachen.
Tim wird für zwei Wochen zum Regelwächter ernannt: Er fordert die Einhaltung der im Klassenrat vereinbarten Regeln ein und hält sich – zumindest in diesen beiden Wochen –

4 Bauer 2008, S. 141.

auch selbst daran. Ali und Tim wollen die Aufgaben, sie wollen sich an die damit verbundenen Erwartungen halten und schaffen es auch – eine Zeit lang. Sie übernehmen gerne Verantwortung für die Klasse und schaffen das – eine Zeit lang. Ansonsten fallen Tim und Ali dadurch auf, dass sie den Unterricht durch provokantes Verhalten stören.
Ali geht noch weiter: Manchmal bedroht er andere, und es ist schon vorgekommen, dass er Kinder auf dem Schulweg erpresst hat. Ali hat als neuntes Kind einer afghanischen Familie, die in Deutschland als Asylbewerber lebt, schon viel Schweres erlebt. Sein Vater bezeichnet ihn als »schwarzes Schaf der Familie«, und Ali ist bereits einer Schule verwiesen worden.

Ali ist ein Kind, das Macht auszuüben versucht und dadurch anderen Angst macht – ein Kind, das eigentlich anders sein möchte, das auf Vertrauen für eine begrenzte Zeit auch mit verantwortlichem Verhalten reagiert. Er möchte Verantwortung haben und kann diese – im geschützten Rahmen einer demokratisch geführten Klasse – auch recht gut übernehmen. Die Bereitschaft, sich selbst an die vereinbarten Regeln zu halten, ist in Klassenratsstunden und »eine Zeit lang« auch darüber hinaus vorhanden, obwohl sein Machtverhalten sonst oft destruktiv wirkt. Wie kann das sein?

Machtausübung und Verantwortungsübernahme sind als zwei Seiten derselben Medaille zu betrachten: Kinder, die sich in Machtkämpfe begeben, zeigen, dass sie Verantwortung haben und gestalten wollen. Sie wollen verantwortlich zur Gemeinschaft gehören und brauchen die Erfahrung des demokratischen Miteinanders, um es selbst zu lernen! Wer schon so viel Schlimmes erfahren hat wie Ali, braucht allerdings noch viel mehr, um dauerhaft Demokratie mitgestalten zu können und sich menschlich weiterzuentwickeln.

Partizipation in der Schule

Partizipation als ein Prinzip von Unterricht und Klassenleben nimmt das Bedürfnis von Kindern nach Mitgestaltung und Mitverantwortung auf. Kinder, die verantwortlich handeln, spüren ihre eigene Wirksamkeit und erfahren direkt, was sie können. Die Erfahrung von Selbstwirksamkeit ist grundlegend für die Entwicklung eines positiven Selbstkonzeptes.
Darüber hinaus ist Partizipation ein Grundprinzip moderner Demokratiepädagogik, die überzeugt ist: Demokratie lernt man nicht aus Büchern, sondern durch eigene Erfahrungen. Für Schule bedeutet dies: Der staatsbürgerliche Auftrag, Kinder zur Demokratiefähigkeit zu erziehen, kann nur erfüllt werden, indem man den Schüler:innen ein möglichst hohes Maß an Mitbestimmungs- und Mitgestaltungsmöglichkeiten einräumt.

Kinder in der Grundschule haben in der Regel große Freude an Mitbestimmung und verantwortlichem Handeln. Eine Voraussetzung gibt es allerdings, damit Kinder sich überhaupt motiviert fühlen zu partizipieren: das Vertrauen der Klassenlehrerin in die

Fähigkeit der Schüler:innen, Verantwortung zu übernehmen – für ihr Arbeitsverhalten, für die Atmosphäre in der Klasse und für ein respektvolles und lebendiges Klassenleben. Kinder wollen das – und können es lernen!

2.3.2 Beispiele für Partizipation in der Grundschule

Partizipation kann in verschiedener Hinsicht ermöglicht und erwartet werden, im Kleinen wie im Großen. Eine Reihe sinnvoller Beispiele aus der Praxis seien hier stichwortartig genannt:[5]

Partizipation in Bezug auf die eigene Lernentwicklung

- Selbstkontrolle bei kleinen Tests oder Wochenplanaufgaben
- Beteiligung an der Erstellung eines individuellen Wochenplans
- Selbsteinschätzungsbögen zum Reflektieren nach bestimmten Arbeiten oder Arbeitsphasen
- Führen eines Lerntagebuchs (siehe S. 56)
- Dokumentation besonderer Produkte in einem Portfolio (siehe S. 57)
- Schreiben eines Ich-Buchs bzw. Tagebuchs von Klasse 1 bis Klasse 4, darin Dokumentation der eigenen Entwicklung und besonderer Erlebnisse
- Lern(entwicklungs)gespräche mit der Klassenleitung bzw. mit der Klassenleitung und den Eltern (vgl. Kap. 2.2.3)

Partizipation in Bezug auf die gemeinsame Lernentwicklung

- Einschätzung des eigenen Arbeitsverhaltens in einer Arbeitsgruppe mithilfe von Selbsteinschätzungsbögen oder einem Lerntagebuch
- Einschätzung der Gruppe in Bezug auf die Teamarbeit und die erbrachte Leistung

Partizipation im Unterricht

- Leitung des Morgenkreises durch Kinder
- Mitwirkung der Schüler:innen an der Entscheidung für Themen und Bearbeitungsschwerpunkte
- freiwillige Kurzvorträge zu Themen des eigenen Interesses oder der Klasse
- Lese- und Schreibzeit: eigenständige Auswahl der Texte, mit denen die Kinder sich beschäftigen

---

5 Einige Grundschulen praktizieren eine Vielfalt aufeinander abgestimmter Formen von Partizipation. Oft sind es Schulen, die am BLK-Programm »Demokratie lernen & leben« (2002–2007; http://blk-demokratie.de/) beteiligt waren. Einen guten Eindruck von einer solchen Mitwirkungskultur vermittelt die Internetseite der Albert-Schweitzer-Schule Langen (www.albert-schweitzer-schule-langen.de).

Partizipation in der Klassengemeinschaft

- Tisch-Chef:in am Gruppentisch (Aufgaben insbesondere: an Arbeitsruhe erinnern, Arbeitszettel annehmen und am Gruppentisch verteilen)
- Ämter wie Wasserdienst (verteilt Becher und schenkt Wasser aus beim Frühstück), Datumsdienst (schreibt Datum an die Tafel), Tafeldienst, Fegedienst, Mülldienst (achtet auf Mülltrennung, bringt Müll raus), »Krankendienst« (sammelt ausgeteilte Materialien für fehlende Kinder), Blumendienst, Geburtstagsdienst (bereitet den Tisch für Geburtstagskinder vor)
- (Mit-)Planung von Klassenfeiern
- Mitsprache bei der Gestaltung des Klassenraums
- Klassensprecher:innen (siehe Kasten unten)
- Klassenrat (siehe S. 43)
- Konfliktlösung »SÄM« bei Streit zwischen zwei Beteiligten (siehe Kap. 7.2.2)

Partizipation in der Schulgemeinschaft und in Bezug auf außerschulische Institutionen oder Menschen

- Paten für Erstklässler
- Theateraufführungen der Klasse für die Schule
- Streitschlichter
- Leitung des Schülerrats bzw. Schülerparlaments durch Kinder, beispielsweise die Klassensprecher:innen der 3. und 4. Klassen; Besprechung der Anliegen der Kinder, insbesondere aufgrund von Anträgen aus dem Klassenrat der einzelnen Klassen; Beschlüsse können auf der Homepage veröffentlicht werden[6]
- Moderation der Grundschulvollversammlung, die alle zwei bis drei Monate stattfindet, zu der neben allen Schüler:innen auch das pädagogische Personal und Eltern eingeladen werden und auf der jede Klasse etwas vorträgt, Ehrungen stattfinden und z. B. neue Regeln vorgestellt werden können
- Schülerzeitung
- Patenschaften für einen Spielplatz in der Nähe der Schule, für eine Grünfläche im Bezirk oder auch für Patenkinder in Entwicklungsländern

---

6 Als gelungenes Beispiel ist hier die Grundschule des Englischen Instituts Heidelberg, einer bilingualen Ganztagsgrundschule, zu nennen, die auf ihrer Internetseite regelmäßig »News aus der Kinderkonferenz« veröffentlicht (http://gs.englisches-institut.de/index.php?lang=de&page_id=36&).

Praxistipp: Wahl der Klassensprecher:innen

Bereits in den ersten Schulwochen ihrer Grundschulzeit wählen Kinder ihre Klassensprecher:innen, von da an in jedem Halbjahr neu. Es empfiehlt sich, die Klassensprecher:innen in der 3. oder 4. Schulwoche oder sogar etwas später, je nach Vorgaben der Schule zu wählen, wenn die Kinder einander ein wenig kennengelernt haben und schon etwas schreiben können.

Die Klasse kommt im Erzählkreis zusammen, sodass die Klassenlehrerin das Amt des:der Klassensprecher:in erwähnen und mit den Kindern nachdenken kann: Was kann und sollte ein:e Klassensprecher:in alles tun? Im ersten Schuljahr wird es vor allem darum gehen, dass Klassensprecher:innen zum Sekreteriat gehen, um etwas zu fragen oder zu besorgen. Sie können evtl. die ersten Klassenratssitzungen leiten oder dürfen das akustische Stillesignal übernehmen, wenn die Klassenleitung vorübergehend abwesend ist. In manchen Klassen können die Klassensprecher:innen auch schon bei Streitschlichtungen verantwortlich mitwirken.

Im Anschluss an die Klärung der Funktion wird miteinander besprochen, welche Eigenschaften ein:e Klassensprecher:in (idealerweise) haben sollte. Die Kinder können ihre Gedanken einbringen, die Klassenleitung fasst schließlich zusammen:

Klassensprecher:innen sollten

- sich darum bemühen, gerecht zu handeln, Freund:innen nicht zu bevorzugen,
- alle Mitschüler:innen und Lehrkräfte möglichst respektvoll behandeln, bereit sein, sich für ihre Klasse und Aufgaben zu engagieren,
- unparteiisch sein.

Nun werden die Schüler:innen gebeten, ein Kind für das Klassensprecher:innenamt vorzuschlagen. Man darf sich auch selbst nennen. Am Ende fragt die Klassenleitung bei jedem Kind nach, ob es denn auch gewählt werden möchte. Wenn die Kandidat:innen feststehen und ihre Namen in großen Druckbuchstaben an die Tafel geschrieben sind, wird gewählt. Jedes Kind erhält einen Zettel, auf dem es die Namen der zwei Kinder (möglichst ein Mädchen, ein Junge) schreibt, die es wählen möchte. Die Zettel werden eingesammelt. Zum Schluss werden die Stimmen durch die Klassenleitung verdeckt ausgezählt und die beiden Klassensprecher:innen bekannt gegeben. Die Namen der Klassensprecher:innen werden ins Klassenbuch eingetragen und an die Lehrkraft weitergegeben, die zur Schülerratssitzung bzw. Kinderkonferenz einlädt.

2.3.3 Klassenrat[7]

Der Klassenrat ist das Parlament der Klasse. Einmal wöchentlich trifft sich die Klasse im Stuhlkreis zum Klassenrat, der in Ablauf und Regeln klar strukturiert ist und ritualisiert abläuft. In den meisten Grundschulklassen wird der Klassenrat am Freitag oder Montag durchgeführt – zum Abschluss der Woche oder zum Start in die neue Woche, Hauptsache regelmäßig! Alle Kinder und auch die Klassenlehrerin nehmen teil.

Was wird im Klassenrat besprochen? Alle Anliegen der Kinder und in seltenen Fällen auch der Lehrer:innen, die in der zurückliegenden Woche aufgeschrieben wurden. Diese Themen werden im Laufe der Woche gesammelt – auf einer Wandzeitung, in einem Klassenratsbuch oder in Klassenratskästen.

Alle Klassenmitglieder haben die Möglichkeit, ihnen wichtige Themen – Wünsche, Kritik oder etwas, was sie erfreut hat – an die Wandzeitung oder auf einen Zettel für die Klassenratsbriefkästen zu schreiben.

Praxistipp: Themen für den Klassenrat sammeln

Klassenratskästen

In der Grundschule haben wir besonders gute Erfahrungen mit zwei oder drei schönen Klassenratskästen gemacht, die an einem besonderen Platz in der Klasse stehen und zum Klassenrat mit in den Kreis genommen werden: die Freudekiste, die Ärgerkiste und die Wunschkiste.

Wandzeitung

Die »Wandzeitung« ist ein großes farbiges Plakat, auf dem drei Überschriften notiert sind: »Ich freue mich über …« – »Ich kritisiere« – »Ich wünsche/sage an, dass … «. Unter jedem Satzanfang hängt ein weißes DIN-A4-Blatt. Auf diesen Zetteln notieren die Kinder im Laufe der Woche ihre Anliegen. Zum Klassenrat werden die Zettel abgenommen und neue ausgehängt.

Die Beiträge der Kinder zur Überschrift »Ich freue mich über …« werden im Klassenrat lediglich vorgelesen, nicht diskutiert.

Beim Besprechen von Wünschen und Kritik ist darauf zu achten, dass jede Runde mit einer Lösung endet. Dadurch kann ein Zeit- bzw. Disziplinproblem entstehen, zumal bei jüngeren Schüler:innen, für die das Stillhalten, Zuhören und konstruktive Äußerungen ohnehin eine Herausforderung sind. Aber auch dann gilt:

---

7 Der Klassenrat ist eine anspruchsvolle Einrichtung, die fundiertes Hintergrundwissen der Lehrerin benötigt. An dieser Stelle soll lediglich ein kleiner Eindruck vermittelt werden. Eine ausführliche Einführung in den Klassenrat und viele Praxistipps dazu finden sich im »Praxisbuch Klassenrat« (Friedrichs 2009).

> **!** Das Miteinander-Sprechen kann nur durch das Miteinander-Sprechen gelernt werden!

Wir sollten also umso bewusster auf die Rahmenbedingungen achten: einen ritualisierten Ablauf, klare Vorgaben für die Gesprächsleitung, eindeutige, konsequent eingeforderte Regeln, einen deutlichen Beginn und ein deutliches Ende des Klassenrats. Im Klassenrat übernehmen die Kinder alle wichtigen Aufgaben, sie sind

- Klassenratsleiter:in,
- Stellvertreter:in (führt die Redeliste),
- Protokollant:in,
- Regelwächter:in und Zeitwächter:in (evtl. erst ab Klasse 2 oder 3).

Kindern bedeutet der Klassenrat viel, es ist ihre Stunde. Deshalb ist es wichtig, dass die Lehrerin gerade im Klassenrat nicht als »Besserwisser«, sondern als interessierte Zuhörerin und Mitdenkerin wahrgenommen werden kann. In der Grundschule ist es zwar unverzichtbar, dass die Lehrerin in den ersten Monaten den Klassenrat selbst leitet und anschließend der Klassenratsleitung bei Schwierigkeiten hilfreich zur Seite steht, indem sie insbesondere auf die Gesprächsstruktur und die Zeit achtet. Dies bedeutet allerdings nicht, dass das Wort der Klassenleitung bei inhaltlichen Diskussionen mehr Gewicht haben sollte als das der Schüler:innen.

Je mehr die Schüler:innen erfahren, wie sinnvoll der Klassenrat ist, desto mehr werden sie bereit sein, zu kooperieren, und desto mehr kann sich die Klassenlehrkraft zurückziehen. Im Klassenrat liegt die Leitung also nach Möglichkeit schon bald in den Händen der Kinder, die Lehrerin ist »normales« Mitglied. Sie sollte sich im Gespräch so weit wie möglich zurückhalten, darf sich aber beteiligen – allerdings nur, wenn sie sich gemeldet hat und laut Redeliste dran ist. Wenn das Gespräch ihrer Meinung nach nicht gut läuft, weil es sich beispielsweise im Kreis dreht, darf sie dies äußern wie jeder andere auch. Dann muss sie sich mit zwei Händen melden, das signalisiert: Ich habe etwas zum Gesprächsverlauf zu sagen. Wer sich mit zwei Händen meldet, ist sofort aufzurufen.

Wie kann man sich dies praktisch vorstellen? Ein kurzer Bericht aus einer 4. Klasse soll dies veranschaulichen.

Es ist Freitag, fünfte Stunde. Die Kinder der 4a kommen aus dem Kunstunterricht in ihren Klassenraum. Schnell werden die Tische an den Rand geschoben, es entsteht ein Sitzkreis. Mara und Fenja, die heute die Sitzung leiten, nehmen die aktuellen Blätter von der Wandzeitung. Jan hat ein Klemmbrett auf dem Schoß, er macht sich Notizen, um später in einem Protokoll die Ergebnisse der Sitzung wiedergeben zu können. Es ist wichtig, dass man Beschlüsse nachlesen kann.

»Hiermit eröffne ich den Klassenrat.« Mit diesem Satz signalisiert Mara, dass es nun losgeht. Vor sich hält sie ein postkartengroßes Blatt mit dem Ablauf des Klassenrats (siehe

M 8a). Dieser folgt einem festgelegten Ritual, und es ist bemerkenswert, wie gut es Zehnjährigen dank der vorgegebenen Struktur gelingt, eine ganze Schulstunde lang die Gesprächsleitung zu übernehmen. Was nun folgt, sei knapp benannt.
Bericht aus dem Schülerrat: Die Klassensprecher:innen berichten vom letzten Schülerrat, damit die ganze Klasse Bescheid weiß, was zurzeit in der Schülerschaft diskutiert wird. Mitunter ergibt sich im Klassenrat auch der Auftrag, die Klassensprecher:innen mögen ein Anliegen der Klasse in den Schülerrat einbringen – so verzahnen sich die Ebenen der Einzelklasse und der Schulgemeinschaft.
Ämterwechsel: Anschließend werden einige Klassenämter gewechselt, z. B. nach dem Prinzip: Jungen geben ihr Amt an Mädchen weiter, Mädchen an Jungen.
Verlesen des Protokolls: Dann wird das letzte Protokoll verlesen. Werden die Beschlüsse richtig wiedergegeben? Haben die vereinbarten Lösungen sich bewährt oder müssen wir einen Punkt noch einmal aufgreifen?

Im Zentrum des Klassenrats steht die Besprechung der Anliegen, die auf der Wandzeitung notiert wurden oder im Klassenratskasten zu »Ärger« liegen. Hier wird positiv hervorgehoben, was Einzelne in die Gemeinschaft einbringen, und es ist Raum für Ideen, die das Zusammenleben bereichern können, und für die Besprechung von Spannungen, die im Alltag entstanden sind. Dieser verlässliche Freiraum macht es möglich, dass Konflikte zeitnah bearbeitet werden können, wenn sie noch überschaubar und bewältigbar sind.

Behandlung der Themen: Worum geht es heute? Sabine bringt ihre Freude zum Ausdruck: »Ich freue mich über Lea, weil sie immer daran denkt, Zettel für die kranken Kinder zu sammeln.« Lia thematisiert, was sie traurig macht: »Ich kritisiere Fabian, Susanne und Berit, weil sie mich nicht mitspielen lassen.« Einige Mädchen verpacken ihre Kritik an Schüler:innen anderer Klassen in einen Wunsch: »Ich wünsche, dass wir etwas dagegen machen, dass die anderen Klassen unsere Tische umstellen«, und Fabian und Emma haben einen »echten« Wunsch: »Wir wünschen, dass wir eine Lesenacht machen.«

Grundsätzlich gilt: Am Ende einer Diskussion sollte eine Lösung stehen. Und: Das gemeinsame Ziel ist es, dass sich alle in der Klasse wohlfühlen. Deshalb kann es nicht angehen, dass einzelne Kinder als »Schuldige« verurteilt werden wie in einem Gerichtsprozess, auch wenn das Ritual durchaus Ähnlichkeiten zu Verhandlungen aufweist: Bei *Kritik* erläutert zunächst derjenige, der ein Thema angeschrieben hat, sein Anliegen, dann erhält das Kind, das kritisiert wurde, das Wort, um die eigene Sichtweise darzustellen. Anschließend versucht die ganze Klasse, das Problem zu verstehen und eine gute Lösung zu finden. Diese Lösung kann nur dann funktionieren, wenn auch die oder der Kritisierte zustimmt und damit eine Möglichkeit sieht, sich in Zukunft anders zu verhalten.

Am Ende schließt Mara den Klassenrat: »Hiermit beende ich den Klassenrat.« Für die Mitschüler:innen ist es das Signal, um aufzustehen und Tische und Stühle wieder an ihren Platz zu stellen.

Klassenrat ist ein Erbe der Reformpädagogik, bekannt geworden durch Célestin Freinet. Sein Anliegen war es, den Kindern das Wort zu geben. Diesem Prinzip entsprechend ließ er seine Schüler:innen weitgehend mitbestimmen, etwa bei Fragen nach der Auswahl von Unterrichtsthemen und der Gestaltung des Schullebens. Wie erleben Kinder heute den Klassenrat? Lassen wir einmal Kinder einer 5. Klasse zu Wort kommen:

> Viele schätzen, »*dass man seine Probleme äußern kann, ohne dass gelacht wird*« (Jan und Fabian), »*außerdem lernen wir unsere Bedürfnisse mit Worten auszudrücken*« (Christoph). Natürlich funktioniert der Klassenrat nicht problemlos: Mara wünschte sich, »*dass die Klasse leise ist*«, Anja würde gerne verbessern, »*dass wir bei der Wandzeitung nicht so lange an einem Thema hängenbleiben*«. Dennoch möchte niemand aus der Klasse auf den Klassenrat verzichten. Warum? Was wäre denn anders, wenn es keinen Klassenrat gäbe? »*Alle Probleme würden sich aufstauen, sodass wir sie in der Deutschstunde klären müssten, oder sie lösen sich gar nicht*« (Marina).

3. Als Klassenlehrerin für alle da sein

Das Lernen bestimmt
die Art und Weise des Lehrens.
(Reinhold Miller)[8]

3.1 Lernentwicklung fördern

Nina, neun Jahre, hat in der letzten Mathearbeit eine Vier geschrieben, im »Kängurutest« (Mathewettbewerb) kurz danach hingegen einen zweiten Platz erreicht. Sie erklärt: »Das ist ja ganz klar: Beim Kängurutest wusste ich, dass es keine Noten gibt, da war ich dann gar nicht aufgeregt, und dann ging das eigentlich ganz einfach! Bei den Mathearbeiten ist das ganz anders. Ich weiß ja eigentlich, dass ich das kann, aber wenn ich daran denke, dass es um eine Note geht, dann spür ich manchmal so einen Druck, und dann weiß ich gar nichts mehr!«
Jonas, acht Jahre: »Bei mir ist das so: Wenn ich mich richtig anstrengen muss, dann finde ich das zwar anstrengend, aber irgendwie macht mir das auch Spaß. Ich weiß auch nicht, warum. Vielleicht auch, weil ich dann merke, was ich wirklich kann. Sonst ist das manchmal auch so'n bisschen langweilig.«
Miriam, elf Jahre, nach einem Schulwechsel: »Das Lernen fällt mir hier leichter. Komisch, dass meine Noten hier besser sind, obwohl ich viel entspannter bin. Ich glaube, das ist so: In meiner alten Schule haben uns die Lehrer den Unterrichtsstoff einfach gegeben, aber hier sind die Lehrer auch daran interessiert, dass wir den Stoff verstehen!«

Lernen ist ein aktiver Prozess, es ereignet sich nicht passiv. Damit Lernprozesse gelingen, brauchen Kinder
- einen Unterricht, der die kognitive Aktivität anregt, und
- lernförderliche Bedingungen, die die innere Bereitschaft (Motivation) zum Lernen wecken können.

Erstaunlich, wie klar Nina, Jonas und Miriam reflektieren können, was sie am Lernen hindert bzw. welche Bedingungen sie als lernförderlich empfinden. Sie sind es gewohnt, mit ihren Lehrer:innen über ihre Lernprozesse zu sprechen, nicht nur über ihre Leistungen. Wer einfühlsam und regelmäßig zur Selbstreflexion angeregt wird, lernt, das eigene Arbeits- und Lernverhalten, persönliche Stärken und Schwächen sowie besondere Interessen wahrzunehmen und in sein Selbstkonzept (siehe S. 80) zu integrieren. Er lernt in der Regel auch, sich selbst als (mit-)verantwortlich für die persönliche Lernentwicklung zu verstehen. Durch das Gefühl von Selbstverantwortung im Arbeiten und im Einschätzen des eigenen Lernens entwickeln viele Schüler:innen

8 Miller 2005, S. 175.

automatisch Arbeitsmotivation – vorausgesetzt, sie fühlen sich in ihrer Klasse als einer Lerngemeinschaft wohl.

»Hilf mir, es selbst zu tun« (Maria Montessori)

»Hilf mir, es selbst zu tun« – das, was Maria Montessori vor über 100 Jahren als Bedürfnis von Kindern beobachtet, erkannt und gefördert hat, ist hochaktuell. Kinder wollen aktiv sein und Verantwortung übernehmen. Kinder mögen es in der Regel, ihre eigenen Interessen einbringen und etwas bewirken zu können. Aus verschiedenen Gründen (Erfahrungen »zweiter Wirklichkeit« durch Digitalisierung, weniger Freizeit für das freie Spiel, Verunsicherung durch Lebensbedingungen in der Pandemie …) ist es vielen Kindern aber nicht hinreichend möglich.

Wie motivierend es ist, die Erfahrung von eigenem Bewirken und Können machen zu können, ist nicht nur bei allen Kindern erlebbar, sondern auch vielfach theoretisch zu belegen (Lewalter 2020; Deci/Ryan 1993; Roth 2011). »Jedes Gehirn lernt nur dann bereitwillig, wenn es den Sinn des Lernens begreift und wenn es eine Belohnungserwartung damit verbindet. Dabei geht die stärkste Belohnung von der Erfahrung der Selbstwirksamkeit aus« (Roth 2011, S. 310).

Klassenlehrer:innen können darauf bewusst reagieren, indem sie Selbstwirksamkeitserfahrungen in Klassenleben und Unterricht bei ihren Planungen konstitutiv berücksichtigen.

Alle konkreten pädagogischen Bemühungen, den Rahmen gelingender Lernprozesse zu gestalten, können durch drei Grundprinzipien, die Grundbedürfnissen entsprechen, zusammengefasst werden:

1. Autonomie gewähren (Selbstwirksamkeitserfahrung)
2. Individuell wahrnehmen und fördern (Kompetenzerfahrung)
3. Sozial einbinden (sichere Zugehörigkeit)

(vgl. Deci/Ryan 1993)

So lohnt es, insbesondere als Klassenleitung, dafür Sorge zu tragen, dass alle Kinder regelmäßig Aufgaben zum eigenständigen (Nach-)Denken, Planen und Handeln erhalten. Folgende Arbeitsformen bieten sich dafür besonders an:

- Wochenplanarbeit
- projektorientiertes Arbeiten sowie forschendes Lernen, Werkstattarbeit
- Nachdenkgespräche im Fachunterricht, Philosophieren
- Klassenrat
- regelmäßige pädagogisch-kommunikative Begleitung
- Lernentwicklungsgespräche

Diese autonomieförderlichen Arbeitsformen sind dann besonders wirksam, wenn sie von den Kindern hinsichtlich ihrer Selbstwirksamkeit auch reflektiert werden können. Dies kann durch verschiedene Selbsteinschätzungsrituale (Daumenfeedback, kriterienorientierte Selbsteinschätzung) und Lerngespräche geschehen. Diese Arbeit lohnt sich: Kinder, die mit ihrer Lehrkraft über ihr Wirken, ihr Lernen und hilfreiche Lernbedingungen nachdenken können, verstehen zunehmend, selbst darauf zu achten, und sind motiviert, sich weiter zum Lernen zu disziplinieren.

Wichtig ist insofern, dass man sich für reflexive Lerngespräche regelmäßig Zeit nimmt. So, wie Nina, Miriam und Jonas es gewohnt sind.

Selbstbestimmungstheorie der Motivation

Deci und Ryan postulieren: Es gibt drei angeborene, universell gültige psychologische Grundbedürfnisse: Kompetenz, verstanden im Sinne von Selbstwirksamkeit, Autonomie und soziale Eingebundenheit (vgl. Deci/Ryan 1993, S. 229). In Grundzügen bedeuten diese Motivationsfaktoren:

1. *Kompetenz:* Menschen sind darauf angewiesen, zu erleben, dass sie etwas können und mit ihrem Handeln etwas bewirken. Wenn sie (für die:den Einzelne:n anspruchsvolle) Aufgaben aus eigener Kraft erfolgreich bewältigen, erleben sie sich als selbstwirksam. Selbst etwas bewirken zu können, motiviert erheblich stärker als äußere Anreize wie Belohnung.
2. *Autonomie:* Jede:r hat das Bedürfnis, Entscheidungen darüber, was sie:er macht und wie, eigenständig treffen zu können. Die Ausprägung des Autonomiebedürfnisses ist bei Menschen unterschiedlich groß, das Grundbedürfnis jedoch ist angeboren.
3. *Soziale Eingebundenheit:* Jeder Mensch möchte – in unterschiedlichem Ausmaß – von seinen Bezugspersonen wahrgenommen werden und sich als zugehörig zu einer sozialen Gemeinschaft erleben.

Die Auswertung einer Vielzahl von Studien veranlasst Deci und Ryan zu der Schlussfolgerung, dass autonomieförderndes Lehrer:innenhandeln Motivation wirksam erhöhe, wohingegen kontrollierendes Verhalten, etwa der Einsatz von Bestrafung oder Belohnung, langfristig demotiviere.

> »Eine Lernmotivation, die nicht den Prinzipien des individuellen Selbst entspricht, z. B. weil sie von außen aufoktroyiert wird, beeinträchtigt die Effektivität des Lernens und behindert zugleich die Entwicklung des individuellen Selbst. Umwelten, in denen wichtige Bezugspersonen Anteil nehmen, die Befriedigung psychologischer Bedürfnisse ermöglichen, Autonomiebestrebungen des Lerners unterstützen und die Erfahrung individueller Kompetenz ermöglichen, fördern die Entwicklung einer auf Selbstbestimmung beruhenden Motivation. Die Erfahrung, eigene Handlungen frei wählen zu können, ist der Eckpfeiler dieser Entwicklung« (Deci und Ryan 1993, S. 235 f.).

Damit einher gehe eine »höhere Lernqualität«, auch wirke sich ein solches Lernsetting positiv auf die Persönlichkeitsentwicklung aus.

3.1.1 Motivation als Voraussetzung für Lernentwicklung

Unter allen lernförderlichen Eigenschaften ist die Motivation besonders hervorzuheben. Ohne Motivation lässt sich nur schwer lernen, schon gar nicht nachhaltig. Kann eine große Leistung im Fußball gedacht werden, ohne dabei den Aspekt der Motivation durch den Trainer bzw. die Trainerin und einen guten Teamgeist im Sinn zu haben?

Wie kann natürliche Motivation – in Ergänzung zum ermutigenden Aspekt der Selbstwirksamkeitserfahrung – auch in der Schule besonders gefördert werden? Interessanterweise ist es oft nicht primär der Wettbewerb, der motivationsfördernd wirkt, insbesondere nicht bei leistungsschwächeren oder entmutigten Kindern. Motivation entsteht, so der Arzt und Neurobiologe Joachim Bauer, insbesondere dadurch, dass man von anderen beachtet wird, ihr Interesse und ihre Zuwendung spürt (Bauer 2008). Das haben Nina und Miriam bereits in jungen Jahren erkannt und reflektiert.

Auch Gerhard Roth, Neurobiologe und Lernentwicklungsforscher, sieht die zentrale Funktion der Motivation für gelingendes Lernen und fügt noch weitere lernförderliche Aspekte hinzu, wenn er konstatiert, »dass der Lernerfolg im Wesentlichen von drei Faktoren abhängt, nämlich von Intelligenz, von Motivation und von Fleiß« (Roth 2011, S. 309). Neben den Aussagen von Nina und Miriam beschreibt also auch der Beitrag von Jonas in treffender Weise, was lernförderlich ist: Lernen und Leisten hat auch etwas mit Anstrengung und Fleiß zu tun.

3.1.2 Das Potenzial eines Kindes braucht »Motoren« zur Entfaltung

Grundlage erfolgreichen Lernens und Leistens ist angeborene Intelligenz bzw. kognitive Begabung. Entscheidend für die Lernentwicklung aber sind Rahmenbedingungen, die »Motoren« der Lernentwicklung. Lernbegünstigende »Motoren« sind sowohl im Kind selbst als auch in seiner sozialen Umwelt zu finden und auszubilden:[9]

Persönliche Eigenschaften des Kindes

- Motivation (motivationale Kompetenz)
- Anstrengungsbereitschaft und Fleiß
- Wille (volitionale Kompetenz; siehe S. 79 f.)
- Selbstkonzept (die Gesamtheit des Wissens, das ein Kind über sich, seine Eigenschaften und Vorlieben hat; im engeren Sinne auch das »schulische Selbstkonzept«; siehe S. 80)

---

9 Interessant ist dieser Zusammenhang auch im »Münchner Hochbegabungsmodell« dargestellt, vgl. Heller 2001.

Merkmale der Umwelt des Kindes

- Interesse und Respekt vonseiten bedeutsamer Bezugspersonen
- wertschätzende Kommunikation (kommunikative Kompetenz)
- bedeutsame (Lern-)Vorbilder
- eine anregende, ästhetisch ansprechende Lernumgebung

Die Ausbildung der persönlichen Eigenschaften des Kindes hängt stark mit der Art seiner kommunikativen Begleitung durch bedeutsame Bezugspersonen zusammen. Wie kann sich ein differenziertes Selbstkonzept ausbilden, wenn das Kind nur Appelle empfängt oder Desinteresse an seinen Gedanken, Wünschen und Möglichkeiten erfährt? Welch eine Freude, wenn Kinder angeregt mit ihren Eltern und Lehrkräften im Gespräch sind, wenn sie regelmäßig spüren, dass ihre Gedanken und Lernreflexionen sowie individuellen Interessen und Leistungen ernst genommen werden!

Eltern und Lehrer:innen (besonders Klassenlehrer:innen) haben also enorme Möglichkeiten, die lernförderlichen Eigenschaften eines Kindes positiv zu beeinflussen:

- als Vorbild in Lernfreude, Neugier, Anstrengungsbereitschaft und Willenskraft,
- durch eine verlässliche Bindung und
- durch die Art, wie sie das Kind im Gespräch ernst nehmen – im Zuhören, im Fragen, im Zutrauen und Vertrauen.

Joachim Bauer erklärt neurobiologisch, warum das so ist (Bauer 2008, S. 18 ff.):

1. Für den grundlegenden »Motor« des Lernens, die Motivation, brauchen Kinder gute, verbindliche Beziehungen und die wertschätzende, ernst nehmende Kommunikation.
2. Wie sich Veranlagungen entwickeln, ob sie stimuliert werden oder nicht, ist im Zusammenhang mit der Umwelt zu verstehen, in der der (junge) Mensch lebt.
3. Soziale Anerkennung und Wertschätzung, die sich in Verlässlichkeit der Bindung sowie respektvoller und ermutigender Kommunikation vermitteln, aktivieren die Veranlagungen des Kindes.
4. Soziale Ausgrenzung vermag Motivation zu inaktivieren.
5. Kinder lernen am Modell, so der Psychologe Albert Bandura. Spiegelneuronen sind dafür verantwortlich, dass Kinder sich bei der Ausbildung von lernförderlichen Eigenschaften wie Anstrengungsbereitschaft, Fleiß, Wille und Zielstrebigkeit stark an bedeutsamen Bezugspersonen orientieren. Auch andere Überzeugungen und Wertvorstellungen der Erwachsenen werden im Gehirn des Kindes nachgeahmt und zusammengesetzt. Das so entstehende Bild kann ein Teil des Kindes werden. Konkret: Kinder orientieren sich in jungen Jahren stark an den Wertvorstellungen und Überzeugungen ihrer Eltern und anderer bedeutsamer Bezugspersonen, z. B. ihrer Klassenlehrer:innen.

6. Aufgrund der Spiegelneuronen orientieren sich Kinder nicht nur an Wertvorstellungen, sondern auch an den Vorstellungen, die Eltern und Lehrkräfte im Hinblick auf sie selbst haben: Kinder suchen und erkennen in den Blicken, Gesten, Reaktionen und Äußerungen ihrer Eltern und Lehrkräfte, welches Potenzial diese in ihnen sehen – oder aber nicht sehen. Eltern und Lehrer:innen haben einen großen Einfluss auf die Bildung eines positiven Selbstkonzeptes der Kinder und einer positiven Einstellung zum Lernen!

»Alles schulische Lehren und Lernen ist eingebettet in ein interaktives und dialogisches Beziehungsgeschehen« (Bauer 2008, S. 16). Deshalb ist es wichtig, sich bewusst um gute Gespräche zu bemühen.

3.1.3 Lernförderlicher Unterricht

Genauso wichtig ist natürlich der Unterricht selbst – ein Unterricht, der allen Kindern Lernerfolge ermöglicht und alle Kinder herausfordert, ihren individuell nächsten Schritt auf ihrem Lernweg zu gehen. Ein solcher Unterricht ist an sinnhaften Inhalten, möglichst aus der Erlebniswelt der Kinder, und den drei Säulen guter Pädagogik orientiert: Ermutigung, Kommunikation und Partizipation. Lernförderlicher Unterricht ist durch Individualisierung einerseits und den regelmäßigen Dialog innerhalb von Gruppen und der Gesamtklasse andererseits geprägt.

Lernförderlicher Unterricht ist Unterricht, der

- kindliche Neugier aufnimmt und anregt,
- Raum für möglichst viele reale Begegnungen und Erfahrungen bietet (projektorientiertes bzw. forschendes Lernen),
- regelmäßig Raum für den Dialog vorsieht (offenes Unterrichtsgespräch, entwickelndes Unterrichtsgespräch, Reflexionsgespräche in Bezug auf das Arbeits- und Sozialverhalten, Planungsgespräche),
- individualisiert und differenziert (Wochenplanarbeit, Kompetenzorientierung, Werkstattarbeit – verbunden mit regelmäßiger Selbst- und Fremdeinschätzung der Kinder),
- sinnvolles und regelmäßiges Üben konstitutiv beinhaltet.

Lernförderlich ist die *Haltung der Lehrkraft*, wenn sie

- am Kind als Subjekt des Lernens und als Mensch interessiert ist,
- selbst Neugier, Lernfreude und Anstrengungsbereitschaft ausstrahlt,
- freundlich und bestimmt ist,
- respektvoll und ermutigend, d.h. einfühlsam und individuell herausfordernd ist.

Lernförderlich sind schließlich eine anregende, ästhetisch ansprechende Lernumgebung und eine ästhetische Klassen- bzw. Schulkultur (Musik, Kunst und/oder Darstellendes Spiel als feste Bestandteile des Klassen- und Schullebens).

Lernblockierend sind Druck und Angst. Wer unter Angst lernt, erwirbt »totes Wissen«, das er zwar reproduzieren, aber mit dem er nicht kreativ umgehen kann. Mit Freude hingegen lernt jeder Mensch am besten, auch Kinder. Der Göttinger Neurobiologe Gerald Hüther stellt immer wieder fest, dass es beim Lernen nicht primär darauf ankommt, was ein Kind tut, sondern ob dies mit Freude oder sogar Begeisterung geschieht. Damit knüpft er an bedeutende Pädagog:innen der Geschichte an. Das Gute an der Arbeit mit Grundschulkindern ist: Alle Kinder bringen Neugier mit, wenn sie in die Schule kommen. Alle Kinder, die noch nicht entmutigt sind, wollen lernen! Eine alte Weisheit fasst zusammen, was kindliches Lernen motiviert und zu erhalten vermag:

> *»Kinder sind keine Fässer, die gefüllt, sondern Feuer, die entfacht werden wollen.«*
> (François Rabelais)

Das Entfachen des Feuers braucht Aufmerksamkeit für die vorhandene Glut, das Entzünden der Glut zu Feuer geschieht durch Anregung und individuelle Herausforderung und Begleitung – und ein hohes Maß an Ermutigung und Anstrengung ist nötig, um das Feuer zu erhalten!

Zusammengefasst lässt sich formulieren: Lernen ist ein individueller Prozess, der sich unter folgenden Rahmenbedingungen besonders günstig entwickeln kann:

Das 10-Punkte-Programm für lernförderlichen Unterricht

1. Die Klassenlehrerin ist ein Vorbild, unter anderem in Hinblick auf Lernfreude und respektvolle Kommunikation.
2. Die Klassenlehrerin ist eine Bezugsperson, die sich den Kindern interessiert zuwendet.
3. In der Klasse herrscht eine ausgeprägte Kommunikations- und Kooperationskultur.
4. Die Lernumgebung ist ästhetisch ansprechend gestaltet und sinnvoll strukturiert.
5. Der Unterricht hat häufig einen lebensweltlichen Bezug, er ermöglicht reale Erfahrungen.
6. Unterrichtsmethoden berücksichtigen vorrangig das Prinzip der Individualisierung und Projektorientierung.
7. Es wird eine ausgeprägte Reflexionskultur gepflegt, in Bezug auf individuelle Lernentwicklung und das soziale Miteinander.
8. Lernprozesse werden durch sinnvolles und regelmäßiges Üben unterstützt.

9. Es werden vielfältige Methoden eingesetzt, um den unterschiedlichen Lerntypen bzw. Lernpräferenzen gerecht zu werden.
10. Im Rahmen des Unterrichts und Klassenlebens werden lernförderliche Eigenschaften der Schüler:innen gezielt angeregt und gefördert: Motivation, ein positives Selbstkonzept und Anstrengungsbereitschaft.

3.1.4 Lernförderlicher Unterricht praktisch

Lernförderlicher Rahmen

Der lernförderliche Rahmen ist zugleich Basis, Struktur und Orientierung für die Lernprozesse jedes einzelnen Kindes in der Klasse. Der Rahmen ist es, der die Lernmotivation der Schüler:innen ganz wesentlich beeinflusst:

- die Klassenlehrerin als Vorbild und verlässliche Bezugsperson, die am Kind als Persönlichkeit interessiert ist;
- eine gute Kommunikationskultur in der Klasse;
- Partizipation als wesentliches Element der Lernkultur und des Klassenlebens;
- ein bewusst nach Prinzipien der Ordnung, inhaltlichen Anregung und ruhigen Atmosphäre gestalteter Klassenraum;
- ein Unterricht, der
  - möglichst viele lebensweltliche Bezüge und »echte Fragen« beinhaltet,
  - individuell herausfordernd ist und
  - durch regelmäßige Lernreflexion das Selbstkonzept der Schüler:innen auszubilden hilft.

Lernreflexion

Selbsteinschätzungsbögen (siehe M 13)

Selbsteinschätzungsbögen sind meistens tabellarischer Art und werden den Kindern am Ende einer Arbeitsphase zur Selbsteinschätzung gegeben. Mithilfe von wiederkehrenden Fragen zu Interesse, Arbeitsverhalten und Qualität der Arbeitsprodukte lernen die Schüler:innen allmählich, ein differenziertes Bewusstsein für das eigene Lernen und Leisten zu entwickeln. Antworten können die Schüler:innen stichwortartig oder mithilfe von Symbolen wie Sternchen oder Smileys.
Regelmäßig vor den Lernentwicklungsgesprächen erhalten die Kinder Selbsteinschätzungsbögen zu überfachlichen und übergeordneten fachlichen Kompetenzen.

Abb. 4: Lernlandkarte eines Erstklässlers[10]

10 Wir danken Ulrike Schulz-Robinson aus Hamburg für die Lernlandkarte und für weitere Einblicke in ihre kompetenzorientierte Unterrichtspraxis.

Lernlandkarten (siehe Abb. 4)

Lernlandkarten sind innerhalb eines individualisierten und kompetenzorientierten Unterrichts eine gute Möglichkeit, Orientierung zu schaffen. Lernlandkarten können von der Lehrkraft erstellt werden, um eine Unterrichtseinheit in ihren Inhalten und Kompetenzmöglichkeiten zu veranschaulichen. So können die Schüler:innen feststellen, wo sie sich gerade innerhalb der Einheit befinden, welche Kompetenzen sie bereits erworben haben und welche noch zu erzielen sind.

Besonders hilfreich und spannend sind Lernlandkarten, die von den Schüler:innen selbst angefertigt werden, um Aufschluss über bereits erworbene Kompetenzen und über solche, die sie noch erwerben müssen und wollen, zu geben (Kompetenzen sind Könnensziele, die sich auf Fähigkeiten, Fertigkeiten sowie Haltungen und Kenntnisse beziehen, siehe S. 77). Die Schüler:innen visualisieren ihren Lernweg aus ihrer persönlichen Perspektive. Dabei können sie ihre Lernfreude oder Lernblockaden im Hinblick auf bestimmte Kompetenzen mit Bildern bzw. Symbolen gestalten, die für sie selbst Sinn machen. Stationen des persönlichen Kompetenzerwerbs stellt jedes Kind als Weg bzw. Landkarte dar.

Bei der Einführung der »Lernlandkarte« wird mit den Schüler:innen besprochen, was eine Landkarte ist und wie man darauf Wege erkennen bzw. darstellen kann. Gemeinsam wird dann erarbeitet, inwiefern das Lernen bzw. die eigene Lernentwicklung auch als Weg oder Landkarte dargestellt werden kann. Dabei ist darauf zu achten, ob die Kinder bereits die Wegsymbolik verstehen können. Die Kinder erhalten ein weißes Blatt Papier im A4-Format, um darauf ihre individuelle Lernlandkarte, die auf ein bestimmtes Fach oder eine besondere Einheit Bezug nimmt, darzustellen.

Lerntagebuch (siehe M 11a und 11b)

Bereits zu Beginn der 1. Klasse erhalten die Schüler:innen ein Tagebuch, in das sie regelmäßig schreiben und/oder malen. Der Inhalt des Eintrags in das eigene Tagebuch ist zunächst ganz frei, der Eintrag sollte aber auf jeden Fall ein Datum haben. Zu Beginn des 2. Schuljahres wird das Tagebuch als Lerntagebuch verwendet, oder ein Lerntagebuch ergänzt das erste Tagebuch. Alle Kinder schreiben einmal in der Woche zu einem festgelegten Zeitpunkt (z. B. immer freitags in der ersten Stunde) mindestens eine Seite in ihr Lerntagebuch. Dabei sollte das Nachdenken über das eigene Lernen und Leisten sowie über eigene Freuden und Nöte beim Lernen unbedingt regelmäßig stattfinden. Es bietet sich an, einige Leitfragen zur individuellen Lernflexion vorzugeben, an denen sich die Kinder mehr oder weniger eng orientieren können. Mögliche Fragen sind:

Praxistipp: Lernreflexion

- Welche Aufgaben bzw. welche Arbeit(-sweise) hat mir besonders viel Freude gemacht?
- Welche Aufgaben sind mir leichtgefallen?
- Welche Aufgaben sind mir schwergefallen?
- Wo habe ich mich besonders angestrengt?
- Brauche ich im Moment Hilfe? Wobei?

Die Leitfragen können vergrößert kopiert und laminiert in der Klasse hängen oder im A5-Format für alle Schüler:innen kopiert werden, damit die Kinder sie als Hilfe zur wöchentlichen Reflexion ins persönliche Lerntagebuch einkleben können. Kinder, die schon recht selbstständig im Denken und Handeln sind, können sich auch ganz frei ihre Fragen zum Lernen und Leisten stellen und schriftlich in ihrem Lerntagebuch beantworten.

Sobald die Kinder sich schriftlich ausdrücken können, sollte der Eintrag geschrieben werden, wobei selbstverständlich nicht auf die Rechtschreibung geachtet wird, sondern auf den Inhalt. Gerne kann auch noch Passendes gemalt oder gezeichnet werden. Drei Dinge seien hervorgehoben:

- Wichtig ist die Regelmäßigkeit der Lernreflexion, zu empfehlen ist eine wöchentliche Lerntagebuchzeit. Natürlich kann der wöchentliche Rhythmus variiert werden, z. B. vierzehntägig.
- Wichtig ist auch, dass die Arbeit am Lerntagebuch ab und zu durch Gespräche mit der Klassenlehrerin pädagogisch begleitet wird. Bei diesen Gesprächen geht es nicht nur um den Inhalt der Einträge, sondern auch um die Frage, wie das Kind mit dem Schreiben des Lerntagebuchs zurechtkommt.
- Das Lerntagebuch dient der regelmäßigen Selbstreflexion der Schüler:innen und somit auch dem Aufbau eines angemessenen Selbstkonzeptes. Insofern ist das Lerntagebuch natürlich auch eine besondere Hilfe zur Vorbereitung auf Lernentwicklungsgespräche.

Portfolio (siehe M 12a bis 12c)

Ein Portfolio ist eine Sammlung von ausgewählten Arbeiten einer Schülerin, eines Schülers. Das Kind wählt selbst aus, welche Arbeiten es in sein Portfolio aufnimmt. Es wird dahingehend beraten, Produkte auszuwählen, die sich dafür eignen, eine Entwicklung aufzuzeigen. Kriterien für die Auswahl von Dokumenten sind:

- Arbeiten, deren Aufgabenstellung das Kind besonders interessiert haben;
- besonders gelungene Arbeiten – im Rahmen des individuellen Leistungsvermögens;
- einzelne nicht so gelungene Arbeiten, die helfen, eine Entwicklung anzuzeigen;

- grundsätzlich Arbeiten, die Fortschritte in der Entwicklung aufzeigen;
- Produkte, die etwas vom Denken und den Interessen des Kindes zeigen können;
- oder auch etwas Wichtiges, das das Kind außerhalb der Schule gelernt hat.

Portfolios werden fachbezogen oder fächerübergreifend angelegt. Die Sammlung der Arbeiten erfolgt in einer großen Mappe. Arbeiten, die dreidimensional oder, z. B. innerhalb eines Projektes, in Form einer Präsentation dokumentiert sind, können fotografiert werden und in Form von Fotos oder ggf. auf einem USB-Stick in das Portfolio aufgenommen werden.

Zu Beginn der Portfolioarbeit hilft die Lehrkraft jedem Kind bei der Auswahl seiner Produkte. Die Auswahl der für das Portfolio bestimmten Produkte des Kindes erfolgt mindestens dreimal im Halbjahr. Wenn die Schüler:innen in Portfolioarbeit geübt oder ohnehin sehr selbstständig im Arbeiten und Reflektieren sind, kann die Portfolioarbeit auch individuell unterschiedlich praktiziert werden.

Die Portfolioarbeit schult den Blick des Kindes auf seine Produkte, Interessen, Leistungen und Lernentwicklungen. So wird auch hier das Bewusstsein gestärkt, Subjekt des eigenen Lernens zu sein. Wie das Lerntagebuch, so ist auch das Portfolio hilfreich bei der Vorbereitung und Durchführung von Lernentwicklungsgesprächen.

Lern(entwicklungs)gespräche

Lerntagebücher oder Portfolios helfen dem Kind dabei, die Reflexion über den eigenen Lernprozess zu üben. Ohne den Dialog mit der Lehrerin würden Schüler:innen allerdings schnell an ihre Grenzen kommen und auch den Sinn der Dokumentation ihres Lern- und Reflexionsprozesses kaum sehen. Deshalb gehört zu einer guten Lernentwicklungsbegleitung der anregende Austausch mit der Lehrerin. Eine Einführung in die Form des Lernentwicklungsgesprächs findet sich im Kapitel »Kommunikation« (siehe S. 34).

Lernarrangement

Projektorientiertes Lernen

Themen für das projektorientierte Lernen bzw. für Projekte sind die Themen der Kinder. Projektorientiertes Lernen findet – im Unterschied zur Projektarbeit an Projektwochen – während des Schulalltages statt, am besten regelmäßig zu festgelegten Zeiten und Bedingungen. Das Besondere am projektorientierten Lernen ist, dass es von echten Problemen bzw. Fragestellungen der beteiligten Schüler:innen ausgeht und möglichst handlungsorientiert ausgerichtet ist. Über einen zunächst unbestimmten Zeitraum hinweg arbeitet eine Gruppe von Schüler:innen an der von ihnen ausgewählten Fragestellung. Dabei wird auch eine Zielvorstellung formuliert. Projektorientiertes Lernen und Arbeiten kann sich auch auf Problemstellungen in der Schulumwelt beziehen, die die Kinder der Klasse beschäftigen.

Während der Arbeit finden immer wieder Reflexionsrunden statt: Wo stehen wir? Sind die Arbeitsschritte, die wir gerade tun, hilfreich und sinnvoll im Hinblick auf die Lösung des Problems bzw. der Fragestellung? Müssen wir unsere Arbeitsschritte verändern, um das Ziel zu erreichen?

Die Arbeit mündet in der Herstellung eines Produktes, das die Lösung präsentiert, z. B. ein Produkt zum Anfassen oder eine Präsentation in Form einer Ausstellung oder Aufführung.

Projektorientiertes Lernen ist eine anspruchsvolle Art des Lernens. Selbstverantwortung, Engagement bzw. Anstrengungsbereitschaft und Durchhaltevermögen werden ermöglicht, aber auch herausgefordert. Die Lehrkraft hat hier die – ebenfalls anspruchsvolle – Aufgabe der Projektentwicklungsbegleitung: Sie muss Hilfe beim Planen und Strukturieren geben, Gesprächshilfe bei Reflexionsrunden und Unterstützung bei der Präsentationsvorbereitung.

Forschendes Lernen

Forschendes Lernen nimmt die Fragen von Kindern ernst und ermöglicht ihnen, während der Schulzeit zu bestimmten Zeiten an festgelegten Schultagen an diesen »Forscherfragen« zu arbeiten. Der Zeitraum, in dem sich die Schüler:innen mit der Forscherfrage auseinandersetzen, wird zunächst nicht festgelegt. Entscheidend ist – ähnlich wie beim projektorientierten Lernen –, dass die Forscherfragen »echte« Fragen der Kinder sind, die zulassen, etwas länger daran zu arbeiten. Beim forschenden Lernen arbeiten alle Kinder eines Klassenverbandes an persönlichen Fragen bzw. Themen, es können aber auch einige Kinder in einer Extragruppe zusammenarbeiten.[11] Die Rolle der Lehrkraft ist die der Entwicklungsbegleitung, sie kann bei der Strukturierung der Arbeit helfen oder sich als Dialogpartner für Fragen zur Materialsuche und Arbeitspräsentation anbieten. Inhaltlich leitet die Lehrkraft nicht an. Antworten finden die Kinder alleine, auf dem Weg der Suche können »Experten« als Dialogpartner mitarbeiten. Forschendes Lernen macht Kindern – wenn es gut organisiert ist – viel Freude und bietet die Chance, sich für ein persönlich relevantes Thema anzustrengen und die Arbeitsergebnisse zu präsentieren.

---

11 Zum Beispiel im Rahmen des »Drehtürmodells« im Rahmen der Begabtenförderung. In diesen Stunden arbeiten die Kinder an zuvor mit den betreuenden Lehrkräften abgesprochenen Themen eigener Wahl. Über alle Vereinbarungen wird ein Tagebuch geführt. Das Ergebnis der Arbeit kann idealerweise in irgendeiner Form in den Unterricht oder den Schulalltag einbezogen werden (Winebrenner 2007, S. 107; vgl. dort auch die »8 Schritte zu einem erfolgreichen Drehtürmodell«).

3.1.5 Individualisiertes Lernen

Wochenplanarbeit (siehe M 10a und 10b)

Wochenpläne sind Arbeitspläne für ein oder mehrere Fächer bzw. Lernbereiche. Ein Wochenplan gilt meistens für eine Woche (oder zwei), kann aber auch individuell zu unterschiedlichen Zeiten beendet werden. Wochenpläne sind Pläne, auf denen Arbeitsanweisungen formuliert sind, die die Schüler:innen ausführen. Wann sie welche Arbeit machen, können sie selbst entscheiden. Bei der Einführung der Wochenplanarbeit sind die Pläne meistens für alle gleich oder zumindest sehr ähnlich. Wenn die Klasse bereits in Wochenplanarbeit geübt ist, können die Pläne differenziert für bestimmte Gruppen von Schüler:innen oder sogar für einzelne Schüler:innen geschrieben werden. Es ist ebenfalls möglich, dass sich Schüler:innen Teile ihrer Pläne selbst schreiben.

Die Wochenplanarbeit ist eine Form von Individualisierung und bietet den großen Vorteil der Kombination aus Offenheit und einer gewissen Kontrolle. Wichtig ist dafür, dass die vollständig bearbeiteten Pläne mit den bearbeiteten Aufgaben immer bei der Lehrkraft abgegeben werden, die alle Arbeiten überprüft und mit kurzen Rückmeldungen versieht. Arbeitserleichternd und zugleich sinnvoll im Interesse der Förderung von Selbstständigkeit ist es, wenn Kinder Ergebnisse eigenständig kontrollieren können oder eine Kontrolle bestimmter Aufgaben durch Mitschüler:innen erfolgt. Diese Kontrollen werden auf dem Wochenplan eingetragen.

3.1.6 Bevorzugte Lernwege berücksichtigen

Bestimmte Eigenschaften eines Kindes und Rahmenbedingungen in seiner Umwelt wirken sich lernförderlich, andere wirken sich lernhemmend auf die Lernentwicklung aus. Hinzu kommt, dass es bestimmte Präferenzen gibt, wie Kinder am besten lernen bzw. welche Sinneskanäle bei ihnen am günstigsten anzusprechen sind. In der Lernforschung gibt es unterschiedliche Modelle, die versuchen, Präferenzen beim Lernen zu beschreiben. Individuen lernen auf unterschiedliche Weise – während die eine Schülerin beim Hören wichtige Informationen aufnimmt, kann ihr ähnlich begabter Mitschüler in der gleichen Situation kaum das Thema wiedergeben. Für andere Lernkanäle gilt dasselbe. Teilweise wurde deshalb von »Lerntypen« gesprochen. Dieser Terminus wird inzwischen kritisch gesehen, er ist zu schematisch, denn es gibt kaum Menschen, die sich einem Lerntyp zuordnen ließen. Außerdem lässt sich die Existenz von Lerntypen neurobiologisch nicht belegen: Lernen wird nach aktuellem Forschungsstand bei jedem Menschen durch die gleichen Strukturen im Gehirn ermöglicht.

Pädagog:innen und Lernende beobachten gleichwohl: Wir lernen auf unterschiedlichen Wegen effektiv. Die meisten Menschen arbeiten besonders gut, wenn sie mehrere Lernformen (»Typen«) kombinieren. Deshalb macht es Sinn, sich diese Präferenzen bewusst zu machen.

Das Konzept der Lerntypen geht auf den Biochemiker Frederic Vester zurück. Vester unterscheidet in seinem inzwischen in 38. Auflage erschienenen Werk »Denken, Lernen, Vergessen« (2018) vier Lerntypen, die sich an den Sinnen des Menschen orientieren und jeweils bevorzugte Wahrnehmungskanäle benennen. Vesters Typologie wurde später um einen fünften Lerntyp erweitert, den kommunikativen.

!

1. *Auditiver Lerntyp:* Ich präge mir Neues besonders gut ein, wenn ich etwas darüber höre. Ich habe Glück – der meiste Unterricht entspricht meinen Vorlieben, weil die Lehrkräfte im Unterricht viel reden. Allerdings bin ich die Ausnahme ...
2. *Visueller Lerntyp:* Ich mache mir gern Skizzen, finde Grafiken sehr hilfreich, liebe Mindmaps und markiere mir gern unterschiedliche Informationen in unterschiedlichen Farben. Texte zu lesen ist für mich viel effektiver als etwas zu hören.
3. *Haptisch-kinästhetischer oder auch motorischer Lerntyp:* Ich begreife am besten, wenn ich etwas anfassen kann, Modelle finde ich richtig gut; es hilft mir auch, etwas nachzuspielen oder auf andere Weise kreativ umzusetzen. Gern probiere ich aus, wie etwas funktioniert.
4. *Kognitiv-intellektueller Lerntyp:* Ich lerne am besten, wenn ich über etwas lese und es differenziert durchdenke.
5. *Kommunikativer Lerntyp:* Kleist hat es auf den Punkt gebracht in seinem Text »Über die allmähliche Verfertigung der Gedanken beim Reden«: Anderen zu erzählen, wie ich mir etwas vorstelle, ist wirklich gut. Dann kann ich einen Sachverhalt immer besser verstehen. Hilfreich ist es auch, mit anderen zu diskutieren.

Für den Unterricht bedeutet das: Es sollten möglichst oft unterschiedliche methodische Wege angeboten werden, damit alle Lernformen regelmäßig berücksichtigt werden und alle Kinder auch mit potenziellen Präferenzen gut arbeiten und lernen können. In Reflexionsphasen im Unterricht sowie in Lernentwicklungsgesprächen werden die Schüler:innen angeregt, ihre Erfahrungen mit verschiedenen Vorgehensweisen zu bedenken, um sich unter anderem bevorzugter Lernformen allmählich bewusst zu werden.

Bei aller differenzierten Berücksichtigung von Präferenzen ist in der inklusiven Schule etwas jedoch immer zu bedenken: So oft wie möglich sollten handlungsorientierte, reale Erfahrungen gemacht und reflektiert werden können – in der und für die inklusive Klasse.

3.2 Inklusion – Klassenlehrerin für alle sein

»Es ist normal, verschieden zu sein.«
(Richard von Weizsäcker, 1993)

Jan ist Spezialist für Autowaschanlagen, hat ein auffallend großes Spezialwissen auch für Flugzeuggesellschaften und schreibt oft Listen. Es ist enorm, wie er z. B. für das Abschiedsbuch am Ende der Grundschulzeit die Beiträge seiner Mitschüler:innen in eine Ordnung bringt und seine Prioritätenliste begründet vorträgt. Alle hören ihm sehr interessiert zu und staunen. Jan mag inzwischen auch, Vorträge über Themen seines besonderen Interesses vor der Klasse zu halten – das macht er so kompetent und ausdrucksvoll mit teilweise unkonventionellen Worten, dass alle Kinder aufmerksam zuhören und teilweise auch mit ihm schmunzeln können.
Herausfordernd ist es für Jan auch am Ende der 4. Klasse noch, selbstständig und zügig seine Arbeitsprozesse und -materialien zu organisieren. Manche Aufgabenstellungen, so z. B. das Schreiben von unrealistischen Textsorten, vor allem Märchen, fallen ihm sehr schwer und lehnt er ab.
Sein kognitives Potenzial ist sehr hoch und seine grundsätzliche Anstrengungsbereitschaft entwickelt. Aber manche Aufgabenstellungen findet er einfach unsinnig, und so können sie ihn auch teilweise äußerst unruhig stimmen. Zu Beginn der Grundschulzeit wollte Jan schon nach 5 Minuten die Klasse verlassen und seinen eigenen Interessen nachgehen, nach vier Jahren benötigt er kaum noch Auszeiten, sondern fühlt sich wohl in seiner Klasse, gleichsam unter Freunden.
Jan ist ein Kind mit »Asperger-Autismus« bzw. ein Kind »im Autismus-Spektrum« (Informationen zu diesem und anderen Förderbedarfen siehe S. 64). Für die Kinder in seiner Klasse ist er Jan. Sie kennen Jan, lachen mit ihm, staunen über seine Fähigkeit, Landkarten aus dem Kopf zu zeichnen. Manchmal beschweren sich auch Kinder, wenn Jan zu viel Raum auf dem Gruppentisch einnimmt oder während des Unterrichts länger laut redet.

In dieser Klasse ist es normal, verschieden zu sein, und die Kinder haben im Laufe der Grundschulzeit verstanden, dass »verschieden sein« keine Wertung implizieren muss. Entscheidend für diesen Lernprozess ist einerseits Jan mit seinem besonderen Wesen, andererseits die Klassenleitung, die Verschiedenheit nicht nur als »normal«, sondern auch als bereichernd versteht.

Manchmal können Worte und Sätze eine Wirkung »nach innen« entfalten und sich auf die Haltung derer auswirken, die sie aussprechen oder hören. Klassenlehrer:innen haben auch in dieser Hinsicht eine große Verantwortung und Chance, ihre Klasse zu prägen, inklusiv, als Gemeinschaft aller.

Gemäß der »Konvention der Vereinten Nationen über die Rechte von Menschen mit Behinderungen«, die Deutschland am 26. März 2009 ratifiziert hat, gilt: Inklusion ist Pflicht an unseren Schulen, Schulklassen sind eine inklusive Gemeinschaft verschiedener Individuen. Und diese Verschiedenheit kann im Laufe der Grundschulzeit als normal verstanden werden. Eine große Chance der Schule grundlegender Bildung.

Damit Inklusion gelingen kann, müssen grundlegende Rahmenbedingungen erfüllt sein, so unter anderem

- bauliche Voraussetzungen an den Schulen, z. B. angemessene und genügend Klassen- und Gruppenräume sowie besondere Fachräume, außerdem Barrierefreiheit;
- eine inklusionsgerechte materielle Ausstattung der Schulen, vor allem in Form von geeignetem Differenzierungsmaterial für den Unterricht, Materialien für alle Sinne, Musikinstrumenten, Geräten für Bewegungseinheiten;
- ausreichend (sonder-)pädagogisches und therapeutisches Personal;
- eine umfassende pädagogische Qualifikation aller Lehrer:innen;
- Lehrer:innenteams, die Zeit und Raum für ihre Entwicklung haben; und
- Zusammenarbeit mit Eltern, Information, Austausch und Transparenz.

Abgesehen davon sind an vielen Schulen ganz besonders die Klassenlehrer:innen gefragt, um Inklusion als gelingend und Verschiedenheit als normal erleben und verstehen zu können. Was hilft auf diesem Weg?

Wichtig ist es, als Klassenleitung alle Kinder von Beginn an interessiert und aufmerksam wahrzunehmen, ohne bestimmtes Verhalten vorschnell zu interpretieren. Wenn bestimmtes Verhalten im emotional-sozialen, körperlichen, sinnesbezogenen, geistigen oder Lernverhalten auffallend erscheint, gilt es, zunächst mit Fachkolleg:innen, Sonderpädagog:innen und gegebenenfalls der Beratungslehrkraft oder einer Förderkoordinatorin der Schule in Kontakt zu treten und Beobachtungen auszutauschen. Die Beratungslehrkräfte können in der Regel auch raten, an welche Fachberatungsstelle sich Klassenleitung oder Eltern zur weiteren Klärung eines möglichen besonderen Förderbedarfs wenden können. Ein Bedarf an sonderpädagogischer Unterstützung umfasst individuelle Förderbedürfnisse im Sinne erzieherischer und di-

Abb. 5: »Alle sind verschieden und trotzdem sind wir eine Gemeinschaft« – Entwurf für ein Schullogo von Joel Friedrichs (7 Jahre)

daktisch-methodischer Bemühungen. Es bestehen folgende Schwerpunkte pädagogischer und sonderpädagogischer Unterstützung:

- Hören
- Sehen
- Sprache
- Emotionale und soziale Entwicklung
- Körperliche und motorische Entwicklung
- Geistige Entwicklung
- Lernen

3.2.1 Ausgewählte Förderschwerpunkte

Im Folgenden finden sich zu ausgewählten Förderschwerpunkten Informationen für eine erste Orientierung.

Kinder mit Asperger-Autismus/Autismus-Spektrum-Störung

Kinder im »Autismus-Spektrum« sind – wie andere Kinder auch – verschieden. So ist individuell zu ermitteln, welcher besondere Förderbedarf besteht und wie eine entwicklungsförderliche Begleitung und ein entsprechender Unterricht gestaltet werden können. Entwicklungsbesonderheiten eines Kindes im Autismus-Spektrum können z. B. sein, dass ein Kind

- hinsichtlich seines Lernens und Verstehens von Normerwartungen abweicht (z. B. Unterforderung bei Leseaufgaben, Überforderung bei einer Gruppenarbeit);
- sich besonders gut auf bestimmte Themen und Spezialinteressen fokussieren kann und dabei über ein umfangreiches Wissen verfügt;
- Schwierigkeiten zeigt, eigene Emotionen verständlich zu machen und bei anderen zu verstehen;
- Schwierigkeiten zeigt, soziale Erwartungen zu äußern oder zu berücksichtigen (z. B. verzögertes Reagieren auf persönliche Ansprache, Monologisieren, unkonventionelles verbales Verhalten bei Begrüßungen);
- besonders sensibel im Hinblick auf Sinneserfahrungen ist;
- »repetitive Bewegungsmuster« (z. B. Schaukeln, Schwingen der Hände, zwanghaftes Berühren anderer …) zeigt, um Unruhe auszubalancieren;
- ein ausgeprägtes räumliches und zeitliches Ordnungsbedürfnis hat

(vgl. Zimpel, A. 2021, S. 24 f.).

Zur Klärung der Diagnose »Autismus-Spektrum-Störung« können sich Lehrkräfte an den:die Förderkoordinator:in, Beratungslehrkraft oder zuständige:n Schulpsycholog:in ihrer Schule wenden. Hinweise, Beratung und auch förderliche Begleitung können Eltern und Lehrkräfte bei Beratungsstellen für Autismus oder in kinder- und jugendpsychiatrischen Praxen, gegebenenfalls auch in regionalen Beratungs- und Förderzentren finden. Eine bundesweite Übersicht von Beratungsstellen findet sich auf der Seite des Bundesverbands zur Förderung von Menschen mit Autismus e. V. (www.autismus.de).

Kinder mit AD(H)S

Kinder, die sich besonders unaufmerksam, unruhig oder impulsiv verhalten, fallen durch ihr Verhalten auf. Verhalten, welches sich störend anfühlt, gibt es vielfach in einer Grundschulklasse, doch manches Verhalten wirkt besonders auffallend oder störend. Wenn Kinder, nicht selten auch Kinder mit besonders hohem kognitiven Potenzial, es kaum schaffen, in Ruhe zu sitzen und ausdauernd zu arbeiten, sowie möglicherweise besondere Impulsivität zeigen, ist es neben der bewusst ermutigenden pädagogischen Arbeit zunächst sinnvoll, ein Elterngespräch zu führen. Oft führt das Verhalten von Kindern mit ADHS zu Problemen in der Schule und anstrengenden Konflikten in den Familien. Das kann für alle Beteiligten, vor allem natürlich auch für das Kind selbst, sehr belastend sein. In der Schule ist es wichtig, Kindern mit starker Unruhe einen sehr ruhigen Sitzplatz ohne Ablenkungen und mit direktem Blick zur Tafel zu gewähren. Sogenannte »Leise- oder Lernboxen« (zur Abschirmung auf die Tische zu stellen) oder Kopfhörer können den betroffenen Kindern helfen, zum Arbeiten zu kommen. Zur Diagnose und Therapie einer AD(H)S können sich Eltern an Praxen für Kinder- und Jugendpsychiatrie wenden.

Kinder mit LRS oder Dyskalkulie

Wenn Kinder auffallend große Probleme haben, das richtige Schreiben und flüssige Lesen zu lernen bzw. wenn auffallende Schwierigkeiten im mathematischen Bereich vorliegen, kann es sein, dass eine ausgeprägte Lese-Rechtschreib-Schwierigkeit bzw. eine Dyskalkulie vorliegt. Solche Schwierigkeiten gelten als Teilleistungsstörungen, weil nur Teilbereiche des Lernens signifikante Probleme bereiten und nicht im Zusammenhang mit der Intelligenz des Kindes zu begründen sind. Sind nur Teilbereiche betroffen, spricht man von einer isolierten Rechtschreibstörung bzw. einer isolierten Lesestörung.

Zur Diagnose einer LRS oder einer Dyskalkulie werden zunächst unterschiedliche Arbeitsergebnisse des Kindes fachlich analysiert und das Kind kompetent in seiner Lernentwicklung unterstützt. Wenn der Eindruck einer Teilleistungsstörung besteht, kann sich der:die Klassenlehrer:in an die Beratungslehrkraft der Schule, gegebenenfalls auch an eine Fachlehrkraft für LRS wenden. Die Diagnose »LRS« oder »Dyskalkulie« kann in kinder- und jugendpsychiatrischen Praxen gestellt werden, indem ein allgemeiner Intelligenztest und dazu noch Lese-, Rechtschreib- oder entsprechende mathematische Testungen durchgeführt werden. Weicht die Leistung in Rechtschreib- und Lesetests deutlich von dem Gesamt-IQ eines Kindes ab, kann in den Praxen die Diagnose »LRS« gestellt werden, Ähnliches gilt für die Diagnose einer »Dyskalkulie«. Kinder, die eine LRS-Diagnose haben, können auf Antrag hin fachkompetenten Förderunterricht und Nachteilsausgleich, z. B. in Form von mehr Zeit und gegebenenfalls Teilunterstützung, erhalten. Die Gewährung eines Nachteilsausgleichs hat im Regelfall zur Bedingung, dass Förder- bzw. Therapiemaßnahmen in Anspruch genommen werden. Außerschulisch können Lerntherapeut:innen fachkompetente Förderung anbieten.

Kinder mit traumatischen Erfahrungen

Kinder, die aus ganz unterschiedlichen Gründen seelische Verletzungen erfahren haben, können, müssen nicht unbedingt durch ein bestimmtes Verhalten deutlich auffallen. Psychische Verletzungen sind im Gegensatz zu körperlichen schwer direkt wahrnehmbar. Kinder, die traumatisierende Erfahrungen gemacht haben, können Verhaltensänderungen bzw. auffallendes Verhalten zeigen, unter anderem

- im Bereich der Aufmerksamkeit und schulischen Leistungen,
- im emotionalen oder sozialen Verhalten, z. B. durch Rückzug, Impulsivität oder Widerstand oder
- im Verhalten gegenüber anderen Kindern bzw. Jugendlichen oder erwachsenen Bezugspersonen.

Ganz wichtig ist: Lehrkräfte können keine Diagnosen stellen und auch nicht heilen, wohl aber aufmerksam beobachten, Gesprächsangebote machen, achtsam Vertrauen aufbauen, stabile Beziehungen anbieten und sich im Unterricht bewusst auf ein Kind einstellen, welches z. B. gerade nicht oder nur eingeschränkt arbeiten kann. Das Ermutigungskonzept (siehe Kap. 2.1) kann besonders hilfreich sein. Lehrkräfte, insbesondere Klassenlehrer:innen, können gerade in Phasen großer äußerer Unsicherheit wie z. B. der Corona-Pandemie sehr wichtig für Kinder mit traumatischen Erfahrungen sein, indem sie sich ihnen in besonderer Weise verlässlich widmen und Orientierung bieten. Zur Klärung einer Diagnose und therapeutischer Begleitung können sich Klassenleitungen an die Beratungslehrkraft der Schule, an Schulpsycholog:innen, direkt an kinder- und jugendpsychiatrische Praxen oder an eine Trauma-Ambulanz wenden. Wenn kein Verdacht auf sexuellen Missbrauch oder andere Formen von Gewalterfahrung durch Eltern besteht, sollte die Klassenleitung, gegebenenfalls nach Rücksprache mit der Schulleitung, das Gespräch mit den Eltern suchen.

Wichtig ist es, sich rechtzeitig um die Diagnose und Anerkennung von Förderbedarfen zu kümmern, da der Prozess der Beantragung von sonderpädagogischer Förderung und möglicherweise einer Schulbegleitung längere Zeit dauern kann. Auch die Beantragung von Nachteilsausgleich (siehe Kasten) ist rechtzeitig vorzunehmen. Außerdem ist es sehr wichtig, sich gegen Ende der Grundschulzeit rechtzeitig mit den Eltern und allen fachlich Beteiligten um eine passende weiterführende Schule und intensive Übergabegespräche zu bemühen. Für viele Kinder ist es außerdem sehr hilfreich und beruhigend, wenn Vorabbesichtigungs- und gegebenenfalls Gesprächstermine mit der weiterführenden Schule verabredet werden.

Nachteilsausgleich

Ein Nachteilsausgleich zielt darauf ab, dass Schüler:innen, die besondere Beeinträchtigungen bzw. Förderbedarfe haben, in die Lage versetzt werden, ihre Fähigkeiten im Hinblick auf die Anforderungen zeigen zu können. So können Kinder beim Bearbeiten von Aufgaben in Tests mehr Zeit, eine Lesehilfe oder andere Arbeitsunterstützung erhalten. Anders als oft vermutet, kann der Nachteilsausgleich nicht nur bei LRS gewährt werden, sondern auch z. B. bei Diabetes (etwa durch verlängerte Arbeitszeit bei schriftlichen Leistungsnachweisen einschließlich Abiturklausuren), bei Autismus-Spektrum-Störung oder Sozialer Angststörung (z. B. durch Ersatzleistung für mündliche Mitarbeit, wenn mündliche Beteiligung im Plenum dem:der Schüler:in nicht, zeitweise nicht oder nur bedingt möglich ist).
Welcher Nachteilsausgleich bei welchem Förderschwerpunkt gewährt werden kann und wie die Antragstellung genau vorzunehmen ist, muss jeweils zunächst ermittelt werden. Es kann von Bundesland zu Bundesland unterschiedliche Wege der Antragsstellung geben. Dabei können Sonderpädagog:innen und Förderkoordinator:innen, evtl. auch Beratungslehrkräfte hilfreiche Hinweise geben. Ein Antrag auf Nachteilsausgleich wird im Bundesland Hessen z. B. durch die Klassenlehrkraft in einer Klassenkonferenz gestellt, im Klassenkollegium abgestimmt und mit dem entsprechenden Formular beim Schulamt eingereicht. In Hamburg können die Sorgeberechtigten für ihr Kind einen Nachteilsausgleich formlos beantragen. Es gehört zu den Aufgaben der Lehrer:innen, Schüler:innen mit Beeinträchtigungen hinsichtlich ihres Lern- und Leistungsvermögens und bezüglich der Gewährung eines Nachteilsausgleichs zu prüfen. Weitere Informationen zum Verfahren sind unbedingt der Handreichung zum »Nachteilsausgleich« zu entnehmen.

Schulbegleitungen

Schulbegleitungen können Kinder mit besonderem Unterstützungsbedarf im Schulalltag begleiten, ihnen individuelle Hilfe bei schulischen Anforderungen oder bei der Teilhabe bieten. Die Aufgaben einer Schulbegleitung können sehr unterschiedlich sein. Der Antrag auf eine individuelle Schulbegleitung für ein Kind und der Umfang der Begleitung wird entweder von den Erziehungsberechtigten beim Jugend- oder Sozialamt oder von Lehrkräften bei einer Beratungsstelle der Schulbehörde gestellt. Es ist ratsam, die Beratungslehrkraft der Schule zu kontaktieren, wenn die Frage nach einer Schulbegleitung für ein Kind besteht.

»Inklusion und Leistung sind […] kein Widerspruch – und dürfen es auch nicht sein. Denn jeder Schüler hat Anspruch auf bestmögliche Förderung. […] Ziel: Niemand darf zurückgelassen werden, niemand soll sich langweilen« (Dräger 2012, S. 8).

Inklusive Pädagogik nimmt jedes Kind als Subjekt seiner Lern- und Persönlichkeitsentwicklung ernst und hat den Anspruch, jedes Kind entsprechend seiner individuellen Disposition zu fördern, einfühlsam ermutigend zu begleiten und eine Gemeinschaft zu fördern, in der allen klar ist: Es ist normal und kann bereichern, verschieden zu sein. Neben der Herausforderung, die Inklusion darstellt, steht der »Gewinn«: Wenn Klassen ausgewogen zusammengesetzt sind und pädagogisch kompetent geleitet und begleitet werden, hat Heterogenität die große Chance, als anregend und bereichernd erlebt zu werden und auf das verantwortliche Leben in der Gesellschaft vorzubereiten.

»Im Sinne einer gerechten Auslese lautet die Prüfungsaufgabe für alle gleich: Klettern Sie auf den Baum!«

Abb. 6: Gerechte Auslese (Hans Traxler)

3.2.2 Sexualisierte Gewalt – Prävention und Intervention

> »An Deutschlands Schulen soll zu sexueller Gewalt nicht mehr geschwiegen werden« (J.-W. Rörig o. J.).

In jeder Klasse sind, statistisch gesehen, ein bis zwei Schüler:innen von sexuellen Übergriffen betroffen (vgl. UBSKM 2022). Von sexualisierter Gewalt betroffene Kinder und Jugendliche »sind oft stark traumatisiert und empfinden große Scham, sie haben Verlustängste, fühlen sich (mit-)schuldig und (mit-)verantwortlich für das ihnen zugefügte Unrecht. Deshalb offenbaren sie sich oft spät, teilweise erst im Erwachsenenalter gegenüber Dritten« (KMK 2013).

Kinder und Jugendliche, die von sexuellen Grenzverletzungen und sexualisierter Gewalt betroffen sind, wenden sich nur selten eigeninitiativ an Erwachsene. Sie fühlen sich oft zu Unrecht mitschuldig und schämen sich zu sehr, um Hilfe zu suchen. Und sie werden mit ihren Nöten, Ängsten, seelischen und körperlichen Verletzungen, oft gravierenden Traumatisierungen häufig noch zu wenig gesehen. Deshalb fordert die Kultusministerkonferenz seit 2010 einerseits Präventionsmaßnahmen an Schulen und andererseits, Lehrkräfte für das Erkennen von sexueller Gewalt zu sensibilisieren und sie für den Umgang mit Opfern sexualisierter Gewalt zu qualifizieren.

Wie können Lehrer:innen Kinder und Jugendliche, die von sexualisierter Gewalt betroffen sind, bestmöglich unterstützen? Diese Frage steht im Zentrum des folgenden Kapitels, fokussiert auf die Rolle der Klassenleitung.

Zunächst noch ein Wort zum Thema »Sexualisierte Gewalt« an Schulen. Hier ist in den letzten Jahren etwas in Bewegung gekommen!

Schule gegen sexuelle Gewalt

Johannes-Wilhelm Rörig, von 2011 bis Anfang 2022 Unabhängiger Beauftragter für Fragen des sexuellen Kindesmissbrauchs (UBSKM) der Bundesregierung, hat wesentlich dazu beigetragen, dass sexualisierte Gewalt als Thema an Schulen erkannt wurde und zunehmend schulische Schutzkonzepte gegen sexuelle Übergriffe entwickelt werden. Zu diesem Zweck wurde die Initiative »Schule gegen sexuelle Gewalt« gegründet, die in Kooperation mit den 16 Kultusministerien durchgeführt wird. Handreichungen zum Erstellen von Schutzkonzepten und weitere länderspezifische Informationen finden sich auf der Seite der UBSKM unter https://schule-gegen-sexuelle-gewalt.de/home/.

In der Literatur zum Thema »Sexualisierte Gewalt« werden unterschiedliche Begriffe verwendet. Wir präferieren den umfassenden Begriff »sexualisierte Gewalt«, weil er alle Formen der Verletzung der Intimsphäre bezeichnet und, anders als der oft verwendete Begriff »sexueller Missbrauch« nicht suggeriert, es gebe einen legitimen »sexuellen Gebrauch« von Kindern und Jugendlichen.

Eine Übersicht über Formen und Definitionen sexualisierter Gewalt sowie eine Rechtsgrundlage für sexuelle Gewalt, u. a. an Schutzbefohlenen, findet sich in M 24.

»Ich habe ein ungutes Gefühl ... – aber fühle mich der Situation nicht gewachsen«

Viele Kinder und Jugendliche, die Opfer sexualisierter Gewalt werden, verändern sich in ihrem Verhalten und zum Teil auch ihrem Aussehen. Lehrkräfte, die solche Veränderungen bei einer Schülerin, einem Schüler wahrnehmen, machen sich mitunter Sorgen. Sie stehen vor der Schwierigkeit, dass es keine »typischen« oder gar eindeutigen Indizien gibt, die auf sexuellen Missbrauch schließen lassen.

Aber es gibt Beobachtungen, die uns hellhörig machen sollten. Die folgende Tabelle, übernommen aus der aktuellen Handreichung des Hessischen Kultusministeriums zum Umgang mit sexuellen Übergriffen im schulischen Kontext (HKM 2020), nennt Symptome und Störungen, die häufig bei Opfern sexualisierter Gewalt zu beobachten sind. Einige davon betreffen Kinder im Grundschulalter noch nicht. Bei Betroffenen zeigen sich nicht alle Symptome, sondern lediglich einzelne. Gleichzeitig ist es wichtig zu berücksichtigen, dass die Symptome und Störungen auch andere Ursachen haben können. Deshalb empfehlen Margit Miosga und Ursula Schele: »Wichtig ist, diese Sorgen nicht wegzuschieben, sondern zu versuchen, mit dem Mädchen oder Jungen zu sprechen, ohne sich mit einer Vermutung bereits festzulegen« (Miosga/Schele 2018, S. 13).

Mögliche Symptome und Störungen bei Opfern sexueller Übergriffe

- sexualisiertes Verhalten
- Angstreaktionen und -störungen
- Einnässen und Einkoten
- Entwicklungsstörungen
- Sprachstörungen und Sprachverweigerung
- Schlafstörungen und Albträume
- sozialer Rückzug
- Aggressivität gegen andere, z. B. unkontrollierte Wutausbrüche
- Selbstverletzungen und Suizidalität
- Weglaufen von zu Hause
- Leistungseinbrüche in der Schule, Schulunlust, Absentismus
- depressive Reaktionen und Selbstabwertungen
- Essstörungen
- psychosomatische Beschwerden
- delinquentes Verhalten
- Posttraumatische Belastungsstörung
- Dissoziative Störungen
- Persönlichkeitsstörungen (Borderline-Störung)
- sexuelle Störungen (z. B. Angst vor Nähe)

(aus: Hessisches Kultusministerium 2020, S. 26)

Die nachvollziehbare Reaktion, beim Wahrnehmen entsprechender Symptomen lieber wegzuschauen aus Sorge, die Situation und damit verbundene Aufgaben könnten einen überfordern, ist nicht nötig, denn es gibt die Möglichkeit, sich in einem solchen Fall an eine Beratungsstelle zu wenden, z. B. das Hilfe-Telefon Sexueller Missbrauch, ein Angebot von N. I. N. A. e. V. (Nationale Infoline, Netzwerk und Anlaufstelle zu sexueller Gewalt von Mädchen und Jungen). Das Hilfe-Telefon Sexueller Missbrauch bietet anonyme und kostenfreie Beratung für Betroffene, deren Angehörige und Fachkräfte (auch Lehrkräfte): »Im Gespräch können wir das Gedankenkarussell kleiner machen und gemeinsam klären, welche Aufgabe – um beim Beispiel der Lehrerin zu bleiben – wirklich bei ihr liegt und wo es darum geht, Verantwortung abzugeben« (Bodelschwingh o. J.).

Das kann hilfreich sein, wenn man eine Situation noch nicht gut einschätzen kann; außerdem erhält man Unterstützung in der Frage der nächsten Schritte.

Hilfe-Telefon Sexueller Missbrauch – hier erhalten Betroffene und Lehrkräfte anonym Beratung

Tel.: 0800 22 55 530

Telefonzeiten:
Mo., Mi., Fr.: 9.00 bis 14.00 Uhr
Di, Do: 15.00 bis 20.00 Uhr

Anonyme und kostenfreie Beratung für Betroffene und Personen, die sich Sorgen um ein Kind machen.

Informationen zu Ansprechpartner:innen vor Ort vermittelt das örtliche Jugendamt. Das Hilfeportal »Sexueller Missbrauch« der Unabhängigen Beauftragten für Fragen des sexuellen Kindesmissbrauchs UBSKM (https://www.hilfe-portal-missbrauch.de/startseite) verfügt über eine umfangreiche Datenbank, mithilfe derer sich spezialisierte Fachberatungsstellen in der Nähe recherchieren lassen.

Beratung bei möglicher Kindeswohlgefährdung: Lehrkräfte haben, wie alle Personen, die beruflich in Kontakt mit Kindern oder Jugendlichen stehen, bei der Frage der Einschätzung einer Kindeswohlgefährdung einen Rechtsanspruch auf kostenfreie Beratung durch eine »insoweit erfahrene Fachkraft« (IseF), eine Kinderschutzfachkraft mit entsprechender Zusatzqualifikation, die im Auftrag der Jugendhilfeträger (z. B. Kinderschutzbund) arbeitet. Die IseF berät z. B. bei der Gefährdungseinschätzung, bei der Entscheidung über geeignete Maßnahmen sowie bei rechtlichen Fragen und unterstützt bei der Vorbereitung von Elterngesprächen.

Worin bestehen im Verdachtsfall die Aufgaben von Klassenlehrkräften?

Bei der Frage nach Aufgaben von Klassenleitungen ist eine Unterscheidung grundlegend wichtig: Handelt es sich um einen – möglichen – sexuellen Übergriff innerhalb oder außerhalb der Schule? Auch die Frage, ob es sich bei der:dem Tatverdächtigen um jemanden aus dem Umfeld des Kindes oder Jugendlichen, um eine:n Mitarbeiter:in oder Lehrkraft der Schule oder um Mitschüler:innen handelt, ist wichtig für das weitere Vorgehen.

Die folgende Tabelle stellt die Aufgaben dar, die Klassenleitungen im Fall des Verdachts von sexualisierter Gewalt gegenüber Kindern und Jugendlichen haben. Die Tabelle basiert auf der Handreichung des Hessischen Kultusministeriums (HKM 2020). In den meisten Aussagen stimmen die Handlungsleitfäden aller Bundesländer überein. Für den Fall von Differenzen in Einzelfragen ist es empfehlenswert, die Handreichung oder alternative Dokumente (z. B. das Schulgesetz) des eigenen Bundeslandes zu lesen (siehe die Übersicht unter https://schule-gegen-sexuelle-gewalt.de/home/).

<table>
<tr><td>Ort</td><td colspan="2">Übergriffe im schulischen Bereich</td><td>Übergriffe im außerschulischen Bereich</td></tr>
<tr><td>Täter:innen</td><td>Erwachsene</td><td>Mitschüler:innen</td><td>Eltern, Verwandte, Bekannte oder Fremde</td></tr>
<tr><td rowspan="2">Aufgabe der Klassenleitung (KL)</td><td colspan="2">• Information an die Schulleitung
• Sammeln und Weitergabe von Hinweisen auf Anzeichen im Verhalten und in Äußerungen der Betroffenen, möglichst mit Datum und Unterschrift sowie Zeug:innen, an die Schulleitung</td><td>• Sammeln und Dokumentieren von Hinweisen auf Anzeichen im Verhalten und in Äußerungen der Betroffenen, möglichst mit Datum und Unterschrift sowie Namen von Zeug:innen</td></tr>
<tr><td>→ Alle weiteren Maßnahmen liegen in der Verantwortung der Schulleitung!</td><td>Einberufung einer Konferenz (gemeinsam mit der Schulleitung, SL)
→ die SL entscheidet, ob schulische oder externe Hilfesysteme (z. B. Schulpsychologie) hinzugezogen werden</td><td>• Abstimmung des weiteren Vorgehens mit der Schulleitung und ggf. der schulischen Ansprechperson
• ggf. Beratung durch die Schulpsychologie
bei Verdacht auf Kindeswohlgefährdung: ggf. Beratung durch eine Fachberatungsstelle</td></tr>
<tr><td rowspan="2"></td><td></td><td>Gespräch der SL und KL mit Erziehungsberechtigten von Opfern und Tatverdächtigen (getrennt) über Hilfemaßnahmen und Sanktionen (pädagogische und/oder Ordnungsmaßnahmen)</td><td>• Kontakt mit Erziehungsberechtigten, sofern diese nicht Verdachtspersonen sind
• Hinweis auf oder Vermittlung von Kontakt zu Hilfseinrichtungen</td></tr>
<tr><td></td><td>→ Alle weiteren Maßnahmen liegen in der Verantwortung der Schulleitung</td><td>Bei Verdacht auf Kindeswohlgefährdung: Meldung ans Jugendamt
Wichtig: Keine weiteren Gespräche mit Betroffenen oder Eltern, um Ermittlungen nicht zu gefährden
Bei Gefahr im Verzug: ggf. Polizei informieren</td></tr>
<tr><td>zu beachten</td><td colspan="3">Tatverdächtige können sich als unschuldig herausstellen, deshalb ist Vertraulichkeit einzuhalten, soweit dies möglich ist. Wenden Sie sich im Verdachtsfall an die oben genannten Ansprechpartner:innen, die jeweils zuständig sind; sprechen Sie über den Fall möglichst nicht mit z. B. Kolleg:innen und Eltern und auf keinen Fall gegenüber der Presse. Das liegt im Verantwortungsbereich der Schulleitung oder des Schulamts.</td></tr>
</table>

Abb. 7: Aufgaben von Klassenleitungen im Verdachtsfall sexualisierter Gewalt

Kommt es in der Schule zu Fällen sexualisierter Gewalt – durch Lehrkräfte, schulisches Personal oder Schüler:innen –, dann liegt die Zuständigkeit für Maßnahmen weitgehend aufseiten der Schulleitung, die alle weiteren Schritte (etwa den Einbezug des Schulamts) veranlasst. In einigen Bundesländern gibt es bereits qualifizierte schulische Ansprechpersonen, die Schüler:innen und Lehrkräften beratend zur Seite stehen und die Schulleitung unterstützen.

Gerade engagierte Klassenlehrer:innen neigen mitunter dazu, auch über die genannten Aufgaben der Klassenleitung hinaus aktiv zu werden – das wäre ein Fehler, denn die Verantwortungsstruktur muss beachtet werden!

Der Fall von sexuellen Übergriffen auf Beschäftigte der Schule wird in der Tabelle nicht behandelt, weil Klassenlehrkräfte hier keine Verantwortung tragen. Beschäftigte, die von Übergriffen betroffen sind, sollten sich an ihre Schulleitung wenden, um das weitere Vorgehen mit ihr abzusprechen.

Täter:innen und ihre Strategien

Wird ein Fall von sexualisierter Gewalt aufgedeckt, dann wundern sich Menschen aus dem Umfeld oft: Der:Die Täter:in gilt als besonders freundlich und vertrauensvoll. Das hat System, denn Täter:innen manipulieren ihr Umfeld gezielt, um unverdächtig zu wirken. Man spricht hier von Täter:innenstrategien.

Zum geschickten strategischen Vorgehen gehört unter anderem, Schuldgefühle bei den Opfern zu erzeugen. Insbesondere bei jüngeren Kindern geht das so weit, dass sie der Ansicht sind, sie hätten den ersten Schritt getan.

Prävention von sexualisierter Gewalt

Bei der Prävention sind zwei Bereiche zu unterscheiden: die pädagogische Prävention und die institutionelle Prävention.

Unter *pädagogische Prävention* fallen Maßnahmen, die dem Erziehungsauftrag der Schule entsprechen: präventive Projekttage, Workshops mit Fachleuten, Unterrichtseinheiten zur Aufklärung über sexualisierte Gewalt, auch über Gefahren im Netz, und damit verbunden die Sensibilisierung für eine problembewusste Nutzung digitaler Medien.

Die institutionelle Prävention richtet die Aufmerksamkeit auf die Strukturen der Schule und besteht in der Entwicklung eines schulspezifischen umfassenden Schutzkonzepts gegen (sexualisierte) Gewalt.

Die Entwicklung eines Schutzkonzeptes für die eigene Schule ist ein längerfristiger und sehr wichtiger Prozess. Ein individuelles Schutzkonzept für die Einzelschule ist erforderlich, damit Schule für Kinder und Jugendliche zu einem »sicheren Ort« (siehe Poitzmann 2019) werden kann. Diesen Prozess zu initiieren und zu verantworten, liegt im Zuständigkeitsbereich der Schulleitung sowie (zumindest in einigen Bundesländern) einer beauftragten und qualifizierten Lehrkraft. Gute Schulentwicklung bewirkt mehr, als Lehrkräfte als »Einzelkämpfer:innen« zu erreichen vermögen, dies gilt auch für das Themenfeld sexualisierte Gewalt.

Pädagogische Prävention – was kann ich als Lehrkraft tun?

Jede (Klassen-)Lehrkraft sollte Maßnahmen zur Prävention sexualisierter Gewalt durchführen, in allen Klassenstufen. Die Maßnahmen zielen darauf, Kinder und Jugendliche zu stärken, für die Gefahr von Grenzverletzungen zu sensibilisieren und sie zu ermutigen, sich an Vertrauenspersonen zu wenden, wenn sie selbst oder Gleichaltrige von sexualisierter Gewalt betroffen sind. Als Klassenleitung betreiben Sie Prävention, wenn Sie

- im Unterricht, z. B. in Form eines Projekts, die Kinder- und Jugendrechte behandeln,
- sich für die Schüler:innen interessieren, hinhören und nachfragen, besonders dann, wenn ein Kind oder ein:e Jugendliche:r (andeutungsweise) von sexuellen Grenzverletzungen erzählt,
- erklären, dass es neben »guten« Geheimnissen auch Geheimnisse gibt, die sich schlecht anfühlen, und dass man über »schlechte« Geheimnisse sprechen darf,
- Kinder und Jugendliche möglichst weitgehend partizipieren lassen, denn »Schüler:innen, die regelmäßig die Erfahrung machen, dass sie ernst genommen werden und dass ihre Stimme zählt, werden in Krisensituationen mehr Zutrauen haben, dass ihnen geglaubt wird und sich ihre Lage positiv verändern könnte« (Poitzmann 2020, S. 54).

Nummer gegen Kummer – kostenlose telefonische Beratung für Kinder und Jugendliche

Kinder- und Jugendtelefon:
Tel.: 116 111

montags bis samstags, 14–20 Uhr

anonyme, kostenlose Beratung durch ehrenamtliche, ausgebildete Berater:innen; samstags durch junge Berater:innen

https://www.nummergegenkummer.de/kinder-und-jugendberatung/kinder-und-jugendtelefon/

Tipp: Auf der Seite der »Nummer gegen Kummer« gibt es einen kleinen Info-Film darüber, wie es ist, wenn man dort anruft.

Durch präventive Maßnahmen vermitteln Sie den Schüler:innen, dass

- diese das Recht haben, ihre eigenen Grenzen zu setzen und über sich selbst zu entscheiden,
- sexuelle Gewalt verboten ist – und schlechte Geheimnisse nicht geheim gehalten werden sollten, sondern es wichtig sein kann, sich einer (erwachsenen) Person anzuvertrauen,

- es »erlaubt« ist, über sexuelle Gewalt zu sprechen,
- viele Kinder und Jugendliche Gewalt erlebt haben oder erleben,
- Sie Kinder und Jugendliche, die von sexualisierter Gewalt betroffen sind, ernst nehmen,
- betroffene Schüler:innen oder deren Freund:innen sich vertraulich an Sie wenden können,
- von sexueller Gewalt Betroffene selbst entscheiden können, an wen sie sich wenden, um Hilfe zu bekommen.

Sie erleichtern es Kindern und Jugendlichen, über sexualisierte Gewalt zu sprechen, wenn Sie

- sexualisierte Gewalt im Unterricht altersangemessen als Thema behandeln,
- sexualisierte Gewalt, von der Ihnen erzählt wird, ernst nehmen,
- im Gespräch über sexualisierte Gewalt sachlich und ruhig bleiben,
- Kindern und Jugendlichen, die Sie auf einen Fall von sexualisierter Gewalt ansprechen, zeigen, dass Sie diesen Schritt mutig und richtig finden,
- bei Andeutungen interessiert nachfragen, ohne Druck zu erzeugen,
- zum Ausdruck bringen, dass die Situation, in der sich das Kind bzw. die:der Jugendliche befindet, schwer für die:den Betroffenen ist,
- zeigen, dass Sie das, was Ihnen anvertraut wird, emotional gut verkraften
- Transparenz über Ihr weiteres Vorgehen herstellen.

Es wäre ein Fehler, der:dem Betroffenen zu versprechen, dass Sie nichts unternehmen werden, ohne ihre bzw. seine Zustimmung. Es kann Situationen geben, insbesondere bei Kindeswohlgefährdung, in denen Sie im Interesse des Kindes oder Jugendlichen handeln müssen, auch wenn diese dem nicht zustimmen.

Inklusive Beschulung und sexualisierte Gewalt

Schüler:innen mit Lernschwierigkeiten und besonderen Einschränkungen geistiger und körperlicher Art sind prozentual noch deutlich häufiger von sexualisierter Gewalt betroffen als andere Kinder und Jugendliche. Dies betrifft sowohl den privaten Bereich (Familie) als auch pädagogische Einrichtungen. Erschwerend können Verständnisschwierigkeiten hinzukommen. Auch ist es nicht leicht, notwendige Berührungen etwa in der Pflege und Assistenz von nicht notwendigen zu unterscheiden.

Deshalb ist es wichtig, sich diese Problematik bewusst zu machen, Präventionsmaßnahmen zu ergreifen, die Schüler:innen bei der Entwicklung von Schutzkonzepten im Blick zu haben und möglichst zu beteiligen, aufmerksam auf mögliche Anzeichen für sexualisierte Gewalt zu achten und die Schüler:innen ernst zu nehmen, wenn sie auf Grenzüberschreitungen und sexualisierte Gewalt hinweisen.

Empfehlung zur Vertiefung des Themas

Wollen Sie mehr wissen und sich gründlicher mit der Frage auseinandersetzen, wie Lehrkräfte sich in Verdachtsfällen sexualisierter Gewalt verhalten sollten, dann empfehlen wir die kostenfreie Online-Lehrkräftefortbildung »Was ist los mit Jaron« der UBSKM: https://www.was-ist-los-mit-jaron.de.

Praxistipp: »Was ist los mit Jaron?«

Der digitale Grundkurs »Was ist los mit Jaron?« behandelt anhand von fünf typischen Beispielen das Thema sexualisierte Gewalt an Schulen. Das Programm, ein browsergestütztes Serious Game (ernsthaftes Spiel), informiert grundlegend und bietet wichtige Hinweise für den Umgang mit Betroffenen. Der Kurs wurde vom Unabhängigen Beauftragten für Fragen des sexuellen Kindesmissbrauchs (UBSKM) gemeinsam mit den Kultusministerien der Länder sowie Expert:innen entwickelt. Es gibt den Grundkurs einerseits für die Grundschule, andererseits für weiterführende Schulen, sodass sich die Beispiele und Informationen gut auf den eigenen Arbeitsbereich übertragen lassen.
Der Kurs ist abwechslungsreich und ermöglicht durch interaktive Elemente die persönliche Auseinandersetzung mit typischen Situationen. Zusatzinformationen unterstützen bei der tiefergehenden Einarbeitung. Wer sich unsicher fühlt in der Gesprächsführung bei Fällen von sexualisierter Gewalt, erlebt im Film Lehrpersonen, an deren Gesprächsverhalten man sich orientieren kann.
Das etwa vierstündige Programm lässt sich jederzeit unterbrechen und später fortsetzen (innerhalb von 6 Wochen). Der Kurs wird in einigen Bundesländern bereits als Fortbildung angeboten, nach Absolvieren des Programms gibt es ein Zertifikat.

3.3 Kompetenzorientiert unterrichten

Jedes Jahr trifft die Deutsche Gesellschaft für Sprache eine Entscheidung über das »Wort des Jahres«. Gäbe es das »Wort der Schule« im Hinblick auf die gegenwärtige Schulpraxis, dann sollte der Begriff der *Kompetenzorientierung* weiterhin große Chancen haben, neben der *Inklusion* auf einem der ersten Plätze zu landen.

Gab es in den 1970er-Jahren die *lernzielorientierte Didaktik* und in den 1980er- und 1990er-Jahren den *offenen Unterricht,* so ist es seit 2003, nach Erscheinen der ersten PISA-Studie, die Kompetenzorientierung, die die Unterrichtspraxis leitend prägen soll. Deshalb gibt es zum kompetenzorientierten Unterricht eine Fülle an Literatur. Mit diesem Kapitel können und wollen wir nicht den Anspruch erheben, eine umfassende Anleitung zu kompetenzorientiertem Unterricht zu geben, vielmehr wollen wir hier zusammenfassen, worum es geht.

Kompetenzorientierter Unterricht fordert die Selbstständigkeit der Schüler:innen in besonderer Weise individuell heraus. Er braucht Übung, Zeit und Motivation und bedarf von daher in besonderer Weise der kommunikativen, individuell ermutigenden Begleitung durch die Lehrkraft.

3.3.1 Kompetenzen als »Könnensziele« im Hinblick auf Fähigkeiten, Fertigkeiten, Wissen und Handeln

Längst, so könnte man meinen, fühlten sich alle kompetent im Hinblick auf kompetenzorientierten Unterricht. Davon ist allerdings nicht auszugehen, zumal der Begriff »Kompetenz« nicht eindeutig zu definieren ist.

In Bildungs- und Rahmenplänen für die Schulpraxis werden unter »Kompetenzen« konkrete, operationalisierbare Könnensziele verstanden, die sich auf Erträge schulischen Unterrichts beziehen bzw. »eine erfolgreiche Bewältigung bestimmter Anforderungen ermöglichen«.[12] Allerdings fehlt es mancherorts noch an Klarheit: »In manchen Gesprächen scheint es, als ob all das Kompetenzen sind, was mit der Formulierung ›Ich kann …‹ beginnt. […] Allein mit der Formulierung ›Ich kann‹ ist es nicht getan« (Roggatz 2009, S. 12).

Klarheit besteht zumindest hinsichtlich der Frage, wie Kompetenzorientierung *nicht* verstanden werden sollte, nämlich im Sinne

- einer Verengung des Begriffs auf kleinschrittig formulierte Könnensziele,
- einer starren Lernzielorientierung,
- einer Einengung auf Unterrichtsziele bzw. -ergebnisse unter Nichtbeachtung von bereits vorhandenen Kompetenzen,
- einer »Entzauberung« des Unterrichts im Hinblick auf Erlebnisse des Staunens und frei bestimmten Ausprobierens, Forschens und Entdeckens,
- einer reinen »Output-Orientierung«,
- einer einseitigen Orientierung auf die sogenannten »Schlüsselkompetenzen« bzw. lernmethodische und präsentationsbezogene Kompetenzen, wobei die Fachinhalte völlig nebensächlich werden.

Die mit dem kompetenzorientierten Unterricht verbundene Zielvorstellung kann in Anlehnung an eine Definition von Franz E. Weinert (2001, S. 27) so verstanden werden: Ziel des Unterrichts sind nicht nur die Inhalte, sondern auch kognitive Fähigkeiten, Fertigkeiten und Haltungen in Bezug auf einen konkreten Lerngegenstand. Auch

---

12 Vgl. den Hamburger Schulversuch »Alleskönner«, bei dem Lehrkräfte aus Grundschule und Sek. I, Mitarbeiter:innen der Schulbehörde und Wissenschaftler:innen zusammenarbeiten, um systematisch »guten Unterricht« zu entwickeln, der an Kompetenzorientierung, Binnendifferenzierung und Individualisierung orientiert ist.

wenn schulpolitische Erwägungen der Inhaltsorientierung aktuell wieder mehr Bedeutung verleihen, sollte die Kompetenzorientierung im Sinne der Erziehung zu Selbstständigkeit weiter wichtig bleiben. Kompetenzen sind umfassender zu verstehen als Lernziele. Sie schließen die Fähigkeit ein, mit dem zu Lernenden bzw. Gelernten auch (selbstständig) umzugehen. Ganz allgemein formuliert kann das in Schulen angewandte Kompetenzverständnis folgendermaßen lauten:

Kompetenzen sind auf den Fachunterricht oder auf übergeordnete Fähigkeiten bezogen formulierte konkrete Könnensziele.

3.3.2 Die Entwicklung kognitiver Kompetenzen bedarf nicht-kognitiver Kompetenzen

Der Erwerb von Kompetenzen bedeutet das Erreichen bestimmter Lernfortschritte in Bezug auf Fertigkeiten, Fähigkeiten, aber auch Wissen. Kompetenzorientierter Unterricht ist von daher auch individualisierter Unterricht, denn Lernfortschritte können nur individuell vollzogen und wahrgenommen werden. Jede:r kann sich hinsichtlich der eigenen Entwicklungsfortschritte nur mit sich selbst vergleichen bzw. verglichen werden, auch Schüler:innen. Weinert weist darauf hin, dass kognitive Fähigkeiten im Zusammenhang mit motivationalen (die Motivation betreffenden), volitionalen (den Willen betreffenden) und kommunikativen Kompetenzen entwickelt werden. Motivation, Wille und Kommunikationsfähigkeit gehören zu den nicht-kognitiven Kompetenzen und sind bei Schüler:innen sehr unterschiedlich entwickelt. Auch von daher wird deutlich, dass kompetenzorientiertes Unterrichten immer auch bedeutet, jede Schülerin und jeden Schüler als Individuum zu sehen und zu fördern. Dazu bedarf es als Grundlage – neben differenziertem Unterrichtsmaterial – ermutigender pädagogischer Beziehungen in der Klasse, der Kommunikation und der Reflexion.

Überfachliche bzw. nicht-kognitive Kompetenzen im Einzelnen

Der Kompetenzbegriff der gegenwärtigen Schulpraxis setzt voraus, dass verschiedene Einzelkompetenzen zu beachten sind, wenn es um die Kompetenzentwicklung von Schüler:innen geht. Weitere wichtige überfachliche Kompetenzen sind:

Selbstkompetenzen

- Motivation (motivationale Kompetenz)
- Selbstkonzept
- Anstrengungsbereitschaft und Wille (volitionale Kompetenz)

Sozial-kommunikative Kompetenzen

- Kommunikation (kommunikative Kompetenzen)
- Beziehungskompetenz

Arbeitskompetenzen

- Selbstständigkeit des Arbeitens
- Informationsbeschaffung
- Konzentration
- Einbringen eigener Ideen, Kreativität
- Genauigkeit bzw. Sorgfalt des Arbeitens
- Anwendung von Lernstrategien
- Transferkompetenz

Die Arbeitskompetenzen gehören als Arbeitszielformulierungen in jeden Arbeitsplan des Fachunterrichts. Für die Tätigkeit von Klassenlehrer:innen sind die überfachlichen Kompetenzen von besonderer Bedeutung, die die Lern- und Leistungsentwicklung der Schüler:innen eher indirekt, aber grundlegend beeinflussen können. Diese überfachlichen Kompetenzen sind Motivation, Selbstkonzept, kommunikative Kompetenzen und Anstrengungsbereitschaft.

Die Entwicklung der kognitiven Kompetenzen ist immer auch angewiesen auf die motivationalen, volitionalen und kommunikativen Kompetenzen. Diese Erkenntnis teilen Lehrer:innen mit Erziehungswissenschaftler:innen, Entwicklungspsychologen und Neurobiologen.

Kommunikative Kompetenzen

Zu den kommunikativen Kompetenzen, die in der Schule idealerweise immer wieder geübt werden, zählen

- das Zuhören,
- der verbale, eigene Ausdruck,
- das Fragen und Nachfragen,
- das Eingehen auf die Äußerungen anderer,
- das Argumentieren und
- das Präsentieren.

Volitionale Kompetenzen

Der Mut, den eigenen Willen zu entdecken und ernst zu nehmen, kann gefördert werden. Wenn der Mut eines Menschen das Vertrauen in seine eigene Kraft ist, dann kann auch das Vertrauen in die eigene Willenskraft gestärkt werden – vor allem, wenn die Schüler:innen regelmäßig die Möglichkeit erhalten, ihre Selbstwirksamkeit auszuprobieren und zu entdecken.

Selbstkonzept

Das Selbstkonzept ist die Gesamtheit des Wissens, das eine Person über sich, seine Einstellung, Interessen, Stärken und Schwächen hat. Das schulische Selbstkonzept ist Teil des generellen Selbstkonzeptes einer Schülerin, eines Schülers.

Das Selbstkonzept eines Kindes bildet sich stark durch bedeutsame Bezugspersonen in Familie und Schule, durch deren Wertvorstellungen und Überzeugungen und durch das Bild bzw. die Erwartungen, welche diese bedeutsamen Bezugspersonen von dem Kind in sich tragen. In der Schule bildet sich das Selbstkonzept des Kindes durch die Art der Kommunikation und der Beziehungen untereinander, aber auch ganz wesentlich durch die vielen Anlässe zur Selbstreflexion innerhalb eines individualisierten und kompetenzorientierten Unterrichts.

Die Klassenlehrerin hat in der Grundschule besonders gute Möglichkeiten, durch die konsequent ermutigende (Lern-)Entwicklungsbegleitung dem Kind zu helfen, ein positives Selbstkonzept zu entwickeln. Dies liegt an der großen Bedeutung von Klassenlehrer:innen innerhalb der pädagogischen Beziehung in der Grundschule und an der Wirksamkeit der Spiegelneuronen (siehe S. 51 f.).

Selbstkonzept und Leistung

- Unter *Selbstkonzept* versteht man die Gesamtheit des Wissens, das eine Person über sich hat, insbesondere über ihre persönlichen Eigenschaften, Interessen und Fähigkeiten.
- Die Forschung differenziert zwischen *Selbstkonzept* und *Selbstwertgefühl*, teilweise auch zwischen *Selbststeuerung* und Selbstkonzept.
- Das Selbstkonzept einer Person resultiert unter anderem aus Erwartungen und Rückmeldungen durch Eltern und Lehrkräfte, aber auch aus persönlichen Anlagen und anderen Faktoren.
- Es gibt auch ein *schulisches Selbstkonzept*. Als Lehrer:innen haben wir einen direkten Einfluss auf das Begabungs-Selbstkonzept und das soziale Selbstkonzept der Schüler:innen. Kinder nehmen wahr, welche Erwartungen Lehrer:innen an sie haben, und bilden ihr Selbstkonzept mithilfe dieser Erwartungen und des durch Lehrer:innen vermittelten Zutrauens und Zumutens aus.
- Das Selbstkonzept eines Menschen entscheidet zusammen mit den Umweltmerkmalen darüber, ob sich aus hohen Begabungsfaktoren auch hohe Leistungen entwickeln (vgl. das »Münchner Hochbegabungsmodell«, Heller 2001).
- Ausgeprägte Selbstkonzepte führen – über höhere Motivation und größere Anstrengung – auch zu besseren Leistungen. Bessere Leistungen führen zu höheren Selbstkonzepten. Zwischen Leistungen und Selbstkonzepten bestehen also reziproke Beziehungen.

3.3.3 Kompetenzorientierter Unterricht konkret

Innerhalb eines kompetenzorientierten Unterrichts werden die erreichbaren fachlichen und überfachlichen Kompetenzen zu Beginn einer Unterrichtseinheit konkret formuliert. Auf den Arbeitsplänen der Schüler:innen (siehe Abb. 8 und M 11a-b) stehen tabellarisch die zu erreichenden Kompetenzen und jeweils einige zu diesen Kompetenzen gehörende Aufgaben auf Stufen unterschiedlichen Anforderungsniveaus. So erhalten die Schüler:innen Transparenz in Bezug auf das zu Erreichende und (individuell) Anzustrebende. Es ist zu empfehlen, auf dem Arbeitsplan auch Platz für individuell zu bestimmende Aufgaben zu lassen. Diese individuellen Aufgaben können – manchmal bereits von Erstklässler:innen – auch selbst gefunden werden. Wenn die Schüler:innen bereits geübt darin sind, können sie auf ihrem Arbeitsplan auch Freiräume für das selbstständige Formulieren von Kompetenzen erhalten.

Am Ende einer Einheit überprüfen alle Schüler:innen mithilfe ihrer Selbsteinschätzung und eventuell auch der Fremdeinschätzung durch die Lehrkraft, inwieweit sie die einzelnen Kompetenzen erreicht haben. Für die Selbst- und Fremdeinschätzung gibt es auf dem Arbeitsplan eine Spalte, in der vereinbarte Zeichen oder – bei älteren Schüler:innen – kurze Kommentare notiert werden. Zu beachten ist, dass die Spalten zur Selbsteinschätzung eine gerade Zahl ergeben (meist vier Spalten), weil die Beobachtung zeigt, dass Schüler:innen bei einer ungeraden Anzahl die Neigung haben, vermehrt die mittlere Spalte anzukreuzen.

So verstandener kompetenzorientierter Unterricht steht in engem Zusammenhang mit Individualisierung und birgt den großen Vorteil in sich, Schüler:innen als Subjekte ihres Lernens ernst zu nehmen und zu fördern. In dieser Hinsicht haben die kompetenzorientierten Arbeits- bzw. Wochenpläne eine große Bedeutung – von deren Qualität und individueller Passung hängt die Qualität des kompetenzorientierten Unterrichts ab.

Noch wichtiger für die Qualität des Gesamtkonzeptes »Kompetenzorientierter Unterricht« allerdings ist die Haltung der Lehrkraft – der kompetenzorientierte Unterricht steht und fällt mit der Haltung der Lehrerin.

Eine **kompetenzfördernde Haltung** ist geprägt durch

- Zutrauen in die Schüler:innen als Subjekte ihrer Lernentwicklung,
- Wertschätzung jedes Entwicklungsschrittes,
- Zutrauen in die Entwicklungsfähigkeit aller Schüler:innen, unabhängig von ihrem individuellen Potenzial, und
- Wissen um die Bedeutung überfachlicher Kompetenzen im Hinblick auf die Leistungsentwicklung der Schüler:innen.

Abb. 8: Arbeitsplan Klasse 1, 1. Halbjahr (Illustrationen: Bernhard Zerwann)

3.4 Förderung von Kindern mit besonderen Begabungen und besonderem Förderbedarf

Inklusion und die Förderung besonders stark oder schwach begabter Kinder könnten zunächst einmal als Widerspruch gesehen werden, aber das Gegenteil ist der Fall: Wer sich auf den Weg der Inklusion begibt, kann das nur über den Weg einer Individualisierung des Unterrichts tun. Individualisierung ist nicht nur für durchschnittlich begabte, sondern auch für besonders schwach oder stark begabte Kinder das Prinzip des förderlichen Unterrichts. Was aber bedeutet »besonders schwach« und »besonders stark« begabt? Lehrer:innen sollten ein Grundwissen zum Thema »Begabungsentwicklung« haben – sowohl für die Förderung aller Kinder als auch zum Erkennen und Fördern auffallend schwach oder stark begabter Kinder. Nur so können sie jeder Schülerin, jedem Schüler hinreichend kompetent helfen, das eigene Potenzial so zu entfalten, dass sich dauerhafte Lernfreude und ein positives Selbstkonzept entwickeln können.

3.4.1 Erkennen und Fördern von Schüler:innen mit Lernschwächen bzw. Teilleistungsstörungen

Rico, Erzähler und Hauptfigur des Kinderbuchs »Rico, Oskar und die Tieferschatten« von Andreas Steinhöfel, sagt von sich selbst, er sei »ein tiefbegabtes Kind«. Was er darunter versteht, erläutert er auch: »Das bedeutet, ich kann zwar sehr viel denken, aber das dauert meistens etwas länger als bei anderen Leuten. An meinem Gehirn liegt es nicht, das ist ganz normal groß. Aber manchmal fallen ein paar Sachen raus, und leider weiß ich vorher nie, an welcher Stelle. Außerdem kann ich mich nicht immer gut konzentrieren, wenn ich etwas erzähle. Meistens verliere ich dann den roten Faden, jedenfalls glaube ich, dass er rot ist, er könnte aber auch grün oder blau sein, und genau das ist das Problem. In meinem Kopf geht es manchmal so durcheinander wie in einer Bingotrommel« (Steinhöfel 2008, S. 11).

In sachlichem Ton, unbeschwert und vor allem frei von jeder Bewertung lässt Andreas Steinhöfel seinen Rico davon erzählen, was es bedeutet, weniger begabt zu sein als andere Kinder.

Begabungen und Leistungen sind das Ergebnis von genetisch bedingten Anlagen eines Kindes im Zusammenwirken mit seiner nahen Lebensumwelt. Elternhaus, Kindergarten und Schule haben Einfluss auf die Begabungsentwicklung. Was bedeutet das, wenn Kinder bereits in den ersten Klassen der Grundschule offensichtlich Lernschwierigkeiten haben, wenn sie womöglich bereits früh anfangen, Probleme zu überspielen und die eigene Lernentwicklung zu verweigern? Und was ist zu tun, wenn Kinder sich gerade nicht verweigern, sondern stetig arbeiten, im Tempo und/oder den Ausführungen und Ergebnissen ihrer Arbeit aber auffallend langsam und unkonzentriert sind oder offensichtlich große Probleme haben, sich Regeln, Schreibweisen oder Arbeitsanweisungen zu merken? Liegt es am Entwicklungsstand des Kindes, an aktuellen Problemen in seinem Elternhaus oder am Unwohlfühlen in der Klasse? Liegt es am schwach ausgeprägten Selbstkonzept und mangelnden Selbstwertgefühl des Kindes? Gibt es anlagebedingte Grenzen im Bereich der kognitiven Möglichkeiten?

Fragen über Fragen, die man sich stellt, wenn Schüler:innen auffallende Lernschwierigkeiten oder ein besonders unkonzentriertes Arbeitsverhalten zeigen. Per definitionem spricht man bei einem IQ bis ca. 85 von »schwach begabt«. Der IQ ist allerdings nur durch standardisierte Tests zu ermitteln – Psychologinnen und Psychologen und manche Beratungslehrer:innen führen entsprechende Tests durch. Was können Klassenlehrer:innen in der Praxis (zunächst) tun, um zu verstehen, welche Schwierigkeiten das Kind haben könnte?

Hier gilt in besonderem Maße, was ohnehin zu einem Unterricht gehört, der auf Individualisierung setzt: beobachten, sprechen, bei Bedarf einfach zu erlernende Tests durchführen, dokumentieren. Wichtig ist, dass Kinder mit auffallenden Verhaltensproblemen und Lernschwierigkeiten nicht aus dem Blick geraten und ausreichend Förderung erhalten. Bei Kindern mit auffallenden Lernschwierigkeiten und Leistungen ist es ratsam, eine »pädagogisch-psychologische Diagnostik« vorzunehmen:

Praxistipp: Pädagogisch-psychologische Diagnostik

- Beobachtung des Kindes in verschiedenen Fächern, zu verschiedenen Tageszeiten und in wechselnden sozialen Zusammenhängen;
- genaue Beobachtung des Kindes im Hinblick auf seine Arbeitsweise und den Umgang mit Erfolgen bzw. Misserfolg;
- Gespräche mit dem Kind in Bezug auf konkretes Lernverhalten und Arbeitsprodukte;
- Gespräche mit Eltern und Kolleg:innen;
- Durchführung von sinnvollen Lernstandskontrollen, z. B. »Faszination des leeren Blattes« (Kinder schreiben gemeinsam auf ein leeres DIN-A3-Blatt, was sie schon können) oder HSP (»Hamburger Schreibprobe«, für alle Klassenstufen erhältlich);
- Auswertung aller Informationen aus Beobachtung, Gesprächen und Tests.

Wenn sich aufgrund der Diagnose der Eindruck bestätigt, dass das Kind auffallende Lernbeeinträchtigungen bzw. eine Teilleistungsstörung hat, dann sollten folgende unterrichtliche Konsequenzen gezogen werden:

Praxistipp: Kinder mit Förderschwerpunkt Lernen

- Anfertigen individueller Arbeitspläne: strukturiert, mit Symbolen/Piktogrammen
- Handlungsorientierung
- Visualisierungen von Arbeitsabläufen
- reduzierte, klare Lehrer:innensprache
- Strukturiertheit, Übersichtlichkeit des Unterrichts
- Abschirmungsmöglichkeiten, Rückzugsmöglichkeiten
- Prinzip: Verständnisenergie schonen, Orientierung bieten, Lernbereitschaft fördern

Bei Unsicherheiten im Hinblick auf das individuelle Potenzial des betreffenden Kindes oder bezüglich der Frage, ob weitere Fachkräfte (Sonderpädagog:innen, Lern- oder Ergotherapeut:innen etc.) hinzugezogen werden sollen, können die schulische Beratungslehrkraft, schulische Beratungsstellen oder Psycholog:innen zurate gezogen werden. Diese können

- einen standardisierten Begabungstest durchführen (zurzeit »CFT 20-R«),
- eine vorläufige Diagnose der besonderen Lernschwierigkeiten bzw. Teilleistungsstörungen vornehmen,
- die zur Diagnose passenden Fördermaßnahmen innerhalb des Unterrichts, möglicherweise innerhalb eines »Förderbandes« der Schule empfehlen und deren Erfolg evaluieren. Letzteres kann durch die Beratungslehrkraft oder Lern- bzw. Ergotherapeuten – je nach Lernschwierigkeit bzw. -bedürftigkeit des Kindes – geschehen.

Für Kinder mit besonderen Lernschwierigkeiten gilt ebenso wie für Hochbegabte: Die Förderung durch individuelle Wochenpläne bzw. spezielle Arbeitsmaterialien innerhalb des individualisierten Unterrichts ist die beste Möglichkeit der Förderung. Allerdings gilt es zu beachten, dass es Kindern mit Lernschwierigkeiten oder Teilleistungsstörungen oft schwerfällt, selbstständig mit einem Arbeitsplan umzugehen. Hilfreich kann es sein, die Reihenfolge der zu bearbeitenden Aufgaben festzulegen. Die Arbeit muss angemessen pädagogisch-kommunikativ begleitet werden.

3.4.2 Erkennen und Fördern von Schüler:innen mit besonderen Begabungen

»Wenn die wirklich so begabt sind, können sie sich doch selbst helfen und brauchen nicht noch mich zur Förderung – ich habe genug andere, um die ich mich kümmern muss!« Auf den ersten Blick mag eine solche Aussage von Lehrkräften verständlich erscheinen. Haben es nicht die weniger stark begabten Schüler:innen nötiger, mit ihrem Entwicklungsbedarf gesehen und gefördert zu werden?

Es sollte nicht um ein Entweder-oder der Förderung gehen. Wenn sich ein:e Schüler:in in bestimmter Hinsicht besonders auffällig verhält – z. B. oft durch kritische Bemerkungen stört, die Arbeit verweigert oder über einen längeren Zeitraum Leistungen und Arbeitsweisen zeigt, die seinem:ihrem kognitiven Potenzial vermutlich nicht entsprechen –, stellt sich die Frage nach den Ursachen. Unter verschiedenen denkbaren Ursachen sollte dabei unbedingt auch das Begabungspotenzial des jeweiligen Kindes oder Jugendlichen in den Blick genommen werden.

Der pädagogische Auftrag, alle Kinder und Jugendlichen möglichst gut in ihren Begabungen wahrzunehmen und ermutigend zu fördern, gilt für alle – für schwächer und durchschnittlich Begabte genauso wie für Hochbegabte. Immerhin gehören zu dieser Gruppe zwei bis drei Prozent eines Jahrgangs.[13]
Schüler:innen mit einem hohen kognitiven Potenzial haben deshalb nicht mehr Recht auf besondere Zuwendung (aber auch nicht weniger!), stellen aber manchmal besondere Anforderungen an sich selbst und damit auch an ihre Lehrkräfte. Es bedarf eines *unaufgeregten, kompetenten Umgangs* mit ihnen.

Wie sind besonders begabte Kinder zu erkennen? Wie stellt man sich ganz spontan ein hochbegabtes Kind vor? Als einen Jungen, der zufällig eine Brille trägt und ein wenig verhaltensauffällig wirkt?

! Es gibt nicht das »typische« besonders begabte oder hochbegabte Kind.

Allerdings gibt es eine Vielzahl von Merkmalen, die bei Kindern mit hohen Begabungen vermehrt beobachtet wurden und insofern einen Hinweis auf eine mögliche Hochbegabung geben können. Einige dieser Merkmale werden im Folgenden genannt. Dabei ist zu beachten, dass auf kaum ein Kind all diese Merkmale zutreffen. Die Fähigkeit zu *auffallend schnellem Denken* und *hoher Merkfähigkeit* ist bei hochbegabten Kindern grundsätzlich vorhanden.

Praxistipp: Indikatoren für Begabung

Weitere Indikatoren für besonders hohe Begabungen sind:
- vielseitiges Interesse, schnelle Auffassungsgabe
- lange Aufmerksamkeitsdauer
- hohe Eigenmotivation
- hohes Detailwissen
- ausgeprägter Sinn für Zusammenhänge

13 Diese und weitere Informationen für dieses Kapitel verdanken wir der »Beratungsstelle besondere Begabungen« in Hamburg und der Karg-Stiftung in Frankfurt am Main. Weiterführende Literatur findet sich im Literaturverzeichnis unter Arnold/Preckel 2011; Huser 2007; Steenbuck/Quitmann/Esser 2011; Winebrenner 2007.

- auffallend umfangreicher und oft auch für das Alter ungewöhnlicher Wortschatz
- Orientierung an älteren Kindern und Erwachsenen
- Beschäftigung mit sozialen und philosophischen Fragen
- Einbringen kritischer Fragen
- ausgeprägter Gerechtigkeitssinn
- hohe Ansprüche an sich selbst (Perfektionismus)
- Abneigung gegen Routinearbeiten und -aufgaben
- selbstgesteuerte, frühe Lesemotivation
- Freude an mathematisch-logischem Denken

Noch einmal: Viele dieser Merkmale können zu beobachten sein, lassen deswegen aber noch keine eindeutige Schlussfolgerung zu. Es geht immer um die weitere Beobachtung, sowohl frei als auch kriteriengeleitet. Das Erkennen von besonderen Begabungen ist Klassenlehrer:innen besonders gut möglich, da sie viel Zeit mit den Schüler:innen verbringen und vergleichsweise viel über das Kind und dessen Lern- und Lebensbedingungen wissen.

Besteht die Vermutung, dass bei einer Schülerin, einem Schüler besondere Begabungen bzw. eine Hochbegabung vorliegen könnte, dann ist wie bei der Diagnose besonders schwach begabter Kinder zunächst die »pädagogisch-psychologische Diagnostik« zu empfehlen, die im ganz normalen schulischen Rahmen durchgeführt wird und – in etwas geringerem Umfang – auch alle anderen Schüler:innen betreffen sollte.

Praxistipp: Pädagogisch-psychologische Diagnostik

Die »pädagogisch-psychologische Diagnostik« beinhaltet

- die systematische, prozesshafte Beobachtung des Kindes in Bezug auf sein Lernverhalten, seine Lernbedürfnisse und -strategien, auf Selbstständigkeit, Konzentrationsfähigkeit, kooperatives Verhalten, kritisches Fragen, möglicherweise auch Verweigerungsverhalten;
- Gespräche mit dem Kind, seinen Eltern und Fachlehrkräften;
- Tests zur Erfassung von Lernausgangslage und -fortschritt (z. B. »Hamburger Schreibprobe«: Gibt es eine Beratungslehrerin an der eigenen Schule, kann diese oft den »CFT 20-R«, einen eindimensionalen, sprachunabhängigen Intelligenztest durchführen).

Wichtig ist, dass auch Persönlichkeitsmerkmale des Kindes wie Motivation, Wille, Selbstkonzept (siehe S. 80) und Umwelteinflüsse (Einflüsse von Familie und Gleichaltrigen) in den Diagnoseprozess einfließen.

Hochbegabt zu sein ist in unserem Schulsystem für viele Kinder mit Schwierigkeiten verbunden: Es ist eine anspruchsvolle Aufgabe, neben der besonderen Fürsorge für verhaltensauffällige und leistungsschwache Kinder auch noch regelmäßig spezifische Angebote für die besonders leistungsstarken Kinder bereitzustellen. Oft fehlen Gesprächspartner in der eigenen Klasse, die sich für dieselben Themen wie das hochbegabte Kind interessieren oder mit denen es forschen könnte – interessante Diskussionen, spürbarer Lernzuwachs im Unterricht, all dies, was für viele Kinder selbstverständlich ist, erleben besonders begabte Kinder im »normalen« Unterricht nur sehr selten.

Um nicht als »Streber« stigmatisiert zu werden, vollbringen viele Hochbegabte enorme Anpassungsleistungen: Sie bemühen sich darum, einfach zu formulieren, Fremdwörter, die den Mitschüler:innen vermutlich nicht vertraut sind, wegzulassen, die Darstellung komplexer Sachverhalte so stark zu vereinfachen, dass die anderen ihnen folgen können. Das ist weder spannend noch anregend für sie, dafür aber anstrengend. Einige Kinder mit hoher Begabung ziehen für sich – im Grundschulalter eher unbewusst – die Konsequenz, sich zurückzuziehen; andere entwickeln Verhaltensauffälligkeiten, die von der Umgebung als Störung wahrgenommen werden, oder Verweigerungshaltungen. Letzteres trifft insbesondere für die sogenannten Underachiever zu, deren tatsächliche Leistungen signifikant von ihrem kognitiven Potenzial abweichen.

Begabungsförderliche Lernarrangements

Generell lässt sich feststellen, dass folgende Lernarrangements begabungsförderlich sind – die meisten nicht nur für besonders begabte Kinder, sondern für alle Schüler:innen –, allerdings sind sie für besonders begabte Kinder geradezu notwendig, um ihre Motivation zu erhalten:

Praxistipp: Begabungsförderliche Lernarrangements

- ergebnisoffene Nachdenkgespräche (siehe S. 32 ff.)
- individualisiertes Lernen (z. B. Wochenplanarbeit) in leistungsheterogenen Lerngruppen
- projektorientiertes oder forschendes Lernen (verbunden mit einer Forscherarbeit, begleitet durch einen Mentor bzw. eine Mentorin)
- Lernen, Nachdenken und Forschen in relativ leistungshomogenen, klassenübergreifenden Kleingruppen, z. B. Forscherprojekte, mathematische Knobeleien, Philosophieren mit Kindern, kreatives Schreiben (z. B. »Drehtürmodell«, siehe S. 59)
- Teilnahme an Wettbewerben (z. B. Mathematik-Olympiade, »Jugend forscht«, aber auch schulintern veranstaltete Schreibwettbewerbe und Ähnliches)

Neben diesen Möglichkeiten im Rahmen der Binnendifferenzierung gibt es natürlich auch die Möglichkeit, das betreffende Kind eine Klasse überspringen (»Springen«)

oder aber nur teilweise am Fachunterricht der nächsthöheren Klassenstufe teilnehmen zu lassen (»Teilspringen«). Falls die Klassen ohnehin jahrgangsübergreifend sind oder Individualisierung und Projektorientierung bzw. das »forschende Lernen« konstitutiv für die Unterrichtspraxis sind, stellt sich das Problem in der Regel nicht mehr. Beratungsstellen der Schulbehörden oder anderer Institutionen (siehe unten) können bei konkreten Fragestellungen der Diagnose und der Förderung weiterhelfen.

Eine weitergehende Diagnose von besonderen Begabungen bzw. Hochbegabung macht nur dann Sinn, wenn diese wichtig für Entscheidungsprozesse ist. Falls die tatsächlichen Leistungen eines Kindes deutlich hinter dem bei ihm vermuteten Potenzial zurückbleiben, kann eine professionelle Diagnose wichtig sein, um zu überprüfen, ob der Eindruck besonderer Begabungen zutrifft. Ein Beispiel:

Tim, von dem die Eltern meinen, er sei hochbegabt, schreibt immer wieder schlechte Arbeiten. Woran mag dies liegen? Eltern und Lehrer:innen vermuten überhöhte Ansprüche an sich selbst, große Aufregung und Unsicherheit, hohen Erwartungsdruck des Kindes (so meinen die Eltern) oder der Eltern (vermuten die Lehrer:innen), vielleicht auch der Versuch, nicht aufzufallen? Um erfolgreich mit Tim arbeiten zu können, ist eine Diagnose vonnöten – ohne diese besteht die Gefahr, dass viel Energie und Zeit in ungeeignete Maßnahmen investiert wird.

Das heißt: Einen Intelligenztest durchzuführen ist nur dann ratsam, wenn das Ergebnis im Zusammenhang mit einer Schullaufbahnentscheidung steht oder wenn besondere Verhaltensauffälligkeiten bestehen, die vermutlich im Zusammenhang mit einer Hochbegabung stehen könnten, etwa gehäuft auftretende depressive Gefühle oder die Vermutung, ein Kind könne ein Underachiever sein.

Zur Beratung und auch zur Durchführung standardisierter Intelligenztests kann man sich an folgende Personen bzw. Institutionen wenden:

- Schulpsychologinnen und -psychologen;
- Beratungsstellen für besondere Begabungen. Diese beraten und führen unter Umständen Intelligenztests durch, beispielsweise die Karg-Stiftung für hochbegabte Kinder (Beratungsstellen unter www.karg-stiftung.de);
- Psychologinnen und Psychologen, die Intelligenztests durchführen dürfen (z. B. »HAWIK IV«, ein mehrdimensionaler Intelligenztest).

3.5 In der »inklusiven Klasse« Leistungen gerecht bewerten?

Ob man sie mag oder nicht, sie gehören zum Klassenlehrerdasein: Rückmeldungen zum Leistungsstand in Form von Zeugnissen.

3.5.1 Formen von Zeugnissen

Gegenwärtig sind drei verschiedene Zeugnisformen gebräuchlich:

- der Lernentwicklungsbericht/das Berichtszeugnis (an bestimmten Privatschulen, Schulen mit besonderem Profil und für Schüler:innen mit sonderpädagogischem Förderbedarf)
- das Kompetenzraster bzw. »Rasterzeugnis«
- das Notenzeugnis

Der Lernentwicklungsbericht/das Berichtszeugnis

Der Lernentwicklungsbericht knüpft an die verschiedenen Lerngespräche, Lernbeobachtungen und Leistungen des Kindes im vergangenen Halb- bzw. Schuljahr an, besonders an die Lernentwicklungsgespräche (siehe S. 34 und 125).

Die Klassenlehrerin formuliert das Berichtszeugnis als Lernentwicklungsbericht. Der Bericht enthält Angaben zur individuellen Lernentwicklung, zum Entwicklungsstand der überfachlichen Kompetenzen im zurückliegenden Schuljahr und zum erreichten Lernstand in den Fächern. Er enthält aber auch einige wenige Wünsche und Anregungen der Lehrkraft für die Lernentwicklung im kommenden Schuljahr. Der Bericht ist konkret, ehrlich und wertschätzend formuliert. Lernentwicklungsberichte werden an staatlichen Schulen kaum noch geschrieben, sondern sind in der Regel durch Kompetenzraster-Zeugnisse ersetzt worden.

Das Kompetenzraster bzw. »Rasterzeugnis« (siehe Abb. 9)

Das Rasterzeugnis hat eine tabellarische Form. Für die verschiedenen Fächer sowie für das Arbeitsverhalten sind viele Teilkompetenzen differenzierend angeführt. Mit einem Kreuz wird markiert, wie gut das Kind die Teilkompetenzen erworben hat. Es gibt mehrere Kompetenzstufen, die das Kompetenzniveau kennzeichnen. Ein (kurzer) persönlicher Text nach den fachbezogenen Kompetenzen und am Ende des Zeugnisses ergänzt das Rasterzeugnis.

Das Notenzeugnis

Spätestens am Ende des 4. Schuljahres erhalten Kinder an Regelschulen ein Notenzeugnis. Neben den Noten gibt es auf dem Formular Platz für einen Bericht der Leh-

Schule **Datum:**
Name: **Klasse: 2**

Sozialverhalten	⚠⚠	⚠	☺	☺☺
Du zeigst dich freundlich und ausgeglichen.				
Du verhältst dich hilfsbereit.				
Du hältst Vereinbarungen und Regeln ein.				
Du versetzt dich in andere Personen hinein.				
Du löst Konflikte friedlich.				

Arbeitsverhalten	⚠⚠	⚠	☺	☺☺
Du verfolgst den Unterricht aufmerksam.				
Du beteiligst dich aktiv am Unterricht.				
Du setzt mündliche Arbeitsanweisungen selbstständig um.				
Du bewältigst schriftliche Arbeitsanweisungen selbstständig.				
Du zeigst dich bei Schwierigkeiten anstrengungsbereit.				
Du arbeitest konzentriert.				
Du führst Arbeiten sorgfältig und gewissenhaft aus.				
Du hältst ein altersgemäßes Tempo ein.				
Du arbeitest planvoll.				
Du arbeitest mit Partnern am Thema.				
Du fertigst Hausaufgaben zuverlässig an.				

Ordnung	⚠⚠	⚠	☺	☺☺
Du führst Mappen und Hefte ordentlich.				
Du hast die Arbeitsmaterialien vollständig bei dir.				
Du gehst mit Arbeitsmaterialien sorgfältig um.				

Deutsch	⚠⚠	⚠	☺	☺☺
Sprechen und Zuhören				
Du sprichst und erzählst zusammenhängend und verständlich von Erlebnissen und Erfahrungen.				
Du hörst anderen zu und verstehst sie.				
Du trägst eigene Anliegen mündlich vor.				
Du fragst nach, wenn du etwas nicht verstehst.				
Du hältst Gesprächsregeln ein.				
Lesen				
Du erarbeitest dir altersgemäße Texte selbstständig und sinnentnehmend.				
Du liest einfache Arbeitsanweisungen selbstständig und kannst sie befolgen.				
Du beantwortest Fragen zu Texten und gibst den Inhalt mit eigenen Worten wieder.				
Du trägst altersgemäße Texte nach Vorbereitung flüssig und verständlich vor.				

⚠⚠ In diesem Lernbereich fehlen dir wichtige Grundlagen. Diese musst du dir im kommenden Halbjahr erarbeiten!
⚠ In diesem Lernbereich hast du dir einige Grundlagen erarbeitet. Diese musst du noch erweitern und vertiefen!
☺ In diesem Lernbereich bewegst du dich überwiegend sicher und machst wenige Fehler!
☺☺ In diesem Lernbereich bewegst du dich sehr sicher und machst kaum Fehler.

Schule **Datum:**
Name: **Klasse: 2**

Texte schreiben				
Du hast eine lesbare Handschrift und schreibst übersichtlich.				
Du schreibst eigene Ideen und Gedanken verständlich auf.				
Richtig schreiben				
Du schreibst einfache Sätze fehlerfrei ab.				
Du schreibst geübte Wörter richtig.				
Du schreibst eigene Wörter lautgetreu und vollständig.				
Du wendest erste Rechtschreibregeln an.				
Du ordnest Wörter nach dem ABC.				
Sprache und Sprachgebrauch untersuchen				
Du erkennst die erlernten Wortarten.				
Du findest ähnliche Wörter (Wortfelder).				
Du entdeckst gegensätzliche Wortbedeutungen.				

Mathematik	⚠⚠	⚠	☺	☺☺
Du beteiligst dich im Mathematikunterricht aufmerksam und interessiert.				
Du erledigst deine Aufgaben zügig und selbstständig.				
Du setzt dich mit Fragestellungen auseinander und sprichst über deine Ideen.				
Du wendest Rechenstrategien an und rechnest geschickt.				
Leitidee Zahl				
Du orientierst dich in unterschiedlichen Darstellungsarten des Zahlenraums bis 100.				
Du zählst vorwärts, rückwärts und in verschiedenen Schritten.				
Du addierst im Zahlenraum bis 100.				
Du subtrahierst im Zahlenraum bis 100.				
Du weißt, was Multiplizieren bedeutet, und kannst Aufgaben lösen.				
Leitidee Messen				
Du kennst die Geldwerte und rechnest damit.				
Du liest die Uhrzeiten ab und schreibst sie auf.				
Du kennst Längenmaßeinheiten und kannst messen.				
Leitidee Raum und Form				
Du erfasst und beschreibst ebene Formen.				
Du erkennst Spiegelachsen und ergänzt Spiegelbilder.				
Du erkennst Körper und ihre Merkmale.				

⚠⚠ In diesem Lernbereich fehlen dir wichtige Grundlagen. Diese musst du dir im kommenden Halbjahr erarbeiten!
⚠ In diesem Lernbereich hast du dir einige Grundlagen erarbeitet. Diese musst du noch erweitern und vertiefen!
☺ In diesem Lernbereich bewegst du dich überwiegend sicher und machst wenige Fehler!
☺☺ In diesem Lernbereich bewegst du dich sehr sicher und machst kaum Fehler.

Abb. 9: Kompetenzrasterzeugnis für Klassenstufe 2 (Wir danken der Schule Alsterredder in Hamburg für die freundliche Abdruckgenehmigung.)

Schule **Datum:**
Name: **Klasse: 2**

Leitidee Muster und Strukturen				
Du setzt Muster fort und erfindest Bandornamente.				
Leitidee Daten und Zufall				
Du kannst Daten aus Tabellen und Diagrammen ablesen.				

Sachunterricht	⚠⚠	⚠	☺	☺☺
Du zeigst Interesse an Themen des Sachunterrichts.				
Du kannst Arbeitsergebnisse allein oder in einer Gruppe darstellen und präsentieren.				
Du erstellst genaue Zeichnungen.				
Du baust einfache Versuche nach Anleitung auf und führst sie durch.				
Du stellst deine Beobachtungen und Ergebnisse verständlich dar.				
Du verstehst Sachverhalte richtig und gibst sie in eigenen Worten wieder.				

Englisch	⚠⚠	⚠	☺	☺☺
Du verstehst häufig wiederkehrende, einfache Arbeitsanweisungen und Wörter, die von Gesten gestützt werden.				
Du sprichst Wörter und einfache Sätze mit und nach.				
Du benennst vertraute Personen, Gegenstände und Tiere.				
Du kannst oft geübte, auswendig gelernte, kurze und einfache Sätze, Fragen, Gedichte, Reime, Raps oder Lieder vortragen.				

Musik	⚠⚠	⚠	☺	☺☺
Du singst Lieder mit.				
Du kennst die Namen und Spielweisen unserer Instrumente.				
Du setzt einfache Begleitungen auf Rhythmusinstrumenten- und Melodieinstrumenten um.				
Du entwickelst Ideen auf einem Instrument.				
Du hörst dir und anderen gut beim Musizieren zu.				

⚠⚠ In diesem Lernbereich fehlen dir wichtige Grundlagen. Diese musst du dir im kommenden Halbjahr erarbeiten!
⚠ In diesem Lernbereich hast du dir einige Grundlagen erarbeitet. Diese musst du noch erweitern und vertiefen!
☺ In diesem Lernbereich bewegst du dich überwiegend sicher und machst wenige Fehler!
☺☺ In diesem Lernbereich bewegst du dich sehr sicher und machst kaum Fehler.

Schule **Datum:**
Name: **Klasse: 2**

Kunst	⚠⚠	⚠	☺	☺☺
Du zeigst Interesse an gestalterischen Aufgaben.				
Du kennst verschiedene Materialien und Werkzeuge und kannst mit ihnen umgehen.				
Du erprobst verschiedene Materialien und Werkzeuge experimentell.				
Du entwickelst eigene Ideen und kannst diese umsetzen.				
Du achtest auf die Vorgaben.				
Du betrachtest deine und andere Bilder genau und sagst etwas dazu.				

Sport	⚠⚠	⚠	☺	☺☺
Du zeigst Freude und Anstrengungsbereitschaft.				
Du verhältst dich fair bei Spielen.				
Du zeigst Geschick im Umgang mit Geräten.				
Du entwickelst selbstbewusst eigene Fähigkeiten zur Improvisation.				

Religion
Am Religionsunterricht hast du teilgenommen.

Wahlpflicht

⚠⚠ In diesem Lernbereich fehlen dir wichtige Grundlagen. Diese musst du dir im kommenden Halbjahr erarbeiten!
⚠ In diesem Lernbereich hast du dir einige Grundlagen erarbeitet. Diese musst du noch erweitern und vertiefen!
☺ In diesem Lernbereich bewegst du dich überwiegend sicher und machst wenige Fehler!
☺☺ In diesem Lernbereich bewegst du dich sehr sicher und machst kaum Fehler.

Abb. 9: Kompetenzrasterzeugnis für Klassenstufe 2 (Fortsetzung)

rerin zum Arbeits- und Sozialverhalten des Kindes und zu seinen Leistungen in den unterschiedlichen Fächern oder Bereichen.

Wenn die Anfertigung von Notenzeugnissen vorgeschrieben ist, gibt es verschiedene Möglichkeiten der »freundlichen Rahmengestaltung«. Kinder freuen sich z. B. immer über einen Begleitbrief, den ihre Klassenlehrerin ihnen zum offiziellen Zeugnis persönlich schreibt. Der Vormittag der Zeugnisausgabe kann besonders schön gestaltet werden durch ein gemeinsames Klassenfrühstück, eine Spielstunde mit Brettspielen, die die Kinder mitbringen, oder ein großes Kuchenessen, verbunden mit einer kleinen Feier.

3.5.2 Leistungsbewertung in der »inklusiven Klasse«

»Wer sein Bestes gibt,
muss sich gut fühlen dürfen.«
(Heide Bambach)

Heide Bambach macht auf ein grundlegendes Problem der Leistungsbewertung in heterogenen Klassen aufmerksam: »Bei manch einem, dessen Leistung mit der Note 5 quittiert wird, waren Bemühen und Fortschritte so groß, dass sie ein Prädikat wahrlich verdient hätten. Und manch einer, dessen Leistung mit der Note 2 honoriert wurde, hat diese gleichsam im Vorbeigehen abliefern können« (zit. nach Prengel 1999, S. 99).

Es liegt auf der Hand: Die Leistungsbewertung in einer »inklusiven Klasse« kann äußerst herausfordernd sein, weil Leistungen allgemein bewertet werden, kaum aber individuelle Leistungsentwicklungen und Anstrengungen beschrieben werden können. Umso wichtiger ist es, die Zeugnisse am Ende des Schuljahres als eine Form von Rückmeldung innerhalb von vielen anderen – schuljahresbegleitend – zu verstehen und zu vermitteln. Als Klassenlehrerin einer »Klasse für alle« ist man nicht nur als Pädagogin im Unterricht, sondern auch hinsichtlich eines pädagogischen Leistungsverständnisses gefragt.

Ein **pädagogisches Leistungsverständnis**
- orientiert sich am Grundsatz der ermutigenden Förderung;
- vermeidet, Kinder miteinander zu vergleichen;
- vermeidet, alle Kinder an der gleichen »Messlatte« zu messen;
- beinhaltet eine lernförderliche Umgebung sowie individualisierte und kompetenzorientierte Arbeitspläne als Teil einer ausgeprägten Reflexionskultur;
- legt Wert auf regelmäßige Lernentwicklungsgespräche und ist prozessual ausgerichtet;
- geht davon aus, dass sich jeder aufgrund seiner individuellen Möglichkeiten entwickeln kann und will und dafür die Herausforderung zum individuell nächsten Entwicklungsschritt benötigt;
- vermeidet Festschreibungen, z. B. in Form von Zensuren.

Zu einem solchen Leistungsverständnis und Unterricht gehören regelmäßige individuelle Lerngespräche zum individuellen Lern- und Sozialverhalten, schriftliche differenzierte Rückmeldungen zu Arbeitsprodukten, ein regelmäßiger Austausch von Selbsteinschätzungen der Kinder und Einschätzungen der Lehrkräfte und auch differenzierte Rückmeldungen zu Leistungen in Form von Tests und Arbeiten.

Wenn Notenzeugnisse oder »Rasterzeugnisse« erteilt werden, sollte man sich Mühe geben, den begleitenden Text so individuell wie möglich auf die Stärken, Probleme und nächsten Entwicklungsschritte des Kindes zu beziehen.

3.5.3 Lern- und Leistungsbeurteilung

Das »Wie« der Beurteilung ist entscheidend für ihre Wirkung.

Leisten und Lernen hängen eng miteinander zusammen. Das Beschreiben einer Lernentwicklung wird immer auch die Beurteilung von Leistungen beinhalten, die das Kind in Form von Fertigkeiten, Fähigkeiten oder Wissen vielfältig erbracht hat. Nicht wenige Kinder fühlen sich durch die Beurteilung ihrer Leistungen entmutigt. Dies sind nicht nur Kinder mit Lern- oder Konzentrationsschwierigkeiten, sondern generell die Kinder, deren schulisches Selbstkonzept noch nicht ausgeprägt genug ist, um mit einer Lehrerbeurteilung selbstbewusst und konstruktiv umzugehen.

Dennoch ist es Aufgabe von Lehrer:innen, Leistungen zu beurteilen. Die Leistungsbeurteilung bezieht sich auf viele Einzelleistungen des Kindes (mündliche Mitarbeit, Hausaufgaben, Gruppenarbeit, Leistungsnachweise). Es geht also nicht um die Frage des Ob, sondern des Wie der Leistungsbeurteilung. Beurteilungen sind am besten, wenn sie einfühlsam, aber zugleich möglichst sachlich und konkret formuliert werden. So können z. B. ausgewählte besondere Einzelleistungen erwähnt werden, genauso wie ein konkretes Arbeitsverhalten, das wenig konstruktiv ist und weiterentwickelt werden sollte. Jeder Vergleich mit Mitschüler:innen und subjektive Bewertungen sind zu vermeiden!

Kinder, die es gewohnt sind, sich z. B. nach der Arbeit an einem Themenheft oder Wochenplan selbst einzuschätzen und immer auch die Fremdeinschätzung der Lehrkraft zu lesen, können in der Regel mit Leistungsbeurteilungen im Zeugnis gut umgehen. Sie hatten durch viele Selbst- und Fremdeinschätzungen ihrer Arbeit, durch Lerngespräche und die offiziellen Lernentwicklungsgespräche die Möglichkeit, allmählich ein differenziertes Bewusstsein des eigenen Lernens und Leistens als wichtigen Teil ihres schulischen Selbstkonzeptes zu entwickeln.

3.5.4 Zeugnisse schreiben, mit Zeugnissen umgehen

> *»Zeugnisse sind nicht Zutat zum Unterricht, sondern Teil des Unterrichts, in dem das Nachdenken über das Lernen ein durchgehender, jeden Unterricht begleitender Arbeitsstrang ist.«*
> (Horst Bartnitzky)

Zeugnisse als Teil des Unterrichtsalltags – im Idealfall könnte es so sein, wie Horst Bartnitzky es formuliert. Die Realität aber ist, dass Zeugnisse am *Ende* eines Halbjahres oder Ganzjahres geschrieben und ausgeteilt werden. Leistungsbeurteilungen und -bewertungen nehmen alle in einer Klasse tätigen Lehrkräfte vor, die Klassenlehrer:innen schreiben die Zeugnisse.

Zwei **Funktionen von Leistungsbewertungen** sind grundsätzlich zu unterscheiden und prägen die Einstellung zu Notenzeugnissen bzw. Berichtszeugnissen:

- Die *Selektionsfunktion* zielt auf Auslese, deshalb ist sie am Vergleich der Schülerleistungen orientiert (passt zum Notenzeugnis).
- Die *Entwicklungsfunktion* zielt auf die Entwicklung des einzelnen Kindes mit seiner Disposition und seinen individuellen Entwicklungsmöglichkeiten (passt zum Lernentwicklungsbericht).

Eigentlich sind beide Funktionen kaum miteinander zu verbinden. Wenn aber Noten- bzw. Ziffernzeugnisse erteilt werden müssen, ist es wichtig, dem Notenzeugnis einen hilfreichen Bericht hinzuzufügen. So kann das betreffende Kind sehen, unter welchen Bedingungen es seine Leistungen erbracht, wie das Arbeitsverhalten sich auf die Leistungen ausgewirkt und wie es sich – aus Lehrer:innensicht – in der Lerngruppe verhalten hat. Daran kann im folgenden Halbjahr sinnvoll angeknüpft werden. Ob im Bericht zum Notenzeugnis konkrete Empfehlungen zur Weiterentwicklung im Stil eines Lernentwicklungsberichts stehen dürfen, ist im Zweifelsfall mit der Schulleitung zu klären. Empfehlenswert ist es, rechtzeitig an der Schule bzw. mit der Teamkollegin zu klären,

- welchen Umfang die Berichtszeugnisse bzw. die Texte, die das Notenzeugnis begleiten, maximal haben dürfen;
- ob die Kinder direkt angesprochen werden oder über sie geschrieben werden soll, also »du« oder »er:sie«;
- ob die Berichte zu Arbeits- und Sozialverhalten rein beschreibend und feststellend formuliert sein müssen oder ob sie auch Empfehlungen zu konkreten Entwicklungsschritten im neuen Schuljahr enthalten dürfen;
- wie die Arbeit des Zeugnisschreibens im Team unter den Klassenlehrer:innen aufgeteilt werden soll (z. B. Aufteilung der Schüler:innen, für die man schreibt; Aufteilung der Teile des Zeugnisses; Aufteilung des Schreibens, indem eine schreibt und die andere das Überarbeiten, Eingeben in den PC und Ausdrucken übernimmt).

Darüber hinaus ist es ratsam, sich die Zeugnisformulare frühzeitig genau anzuschauen und sich mit dem PC-Programm zum Schreiben der Zeugnisse vertraut zu machen. Hilfreich ist ferner, allen Fachlehrer:innen der Klasse frühzeitig einen Erinnerungszettel ins Fach zu legen, auf dem das Datum notiert ist, an dem die Texte der Kolleg:innen spätestens als Datei vorliegen sollten, und an welche E-Mail-Adresse sie ihre Texte und Noten schicken können. Es ist unbedingt die rechtliche Regelung zum Verfassen und Senden von Zeugnissen zu beachten, insbesondere die Frage, auf welchem PC die Zeugnisse geschrieben und gespeichert werden dürfen.

Das Schreiben der Zeugnisse wird erfahrungsgemäß am besten vier bis sechs Wochen vor dem Zeugnistag begonnen, damit die Zeugnisse pünktlich zu den Zeugniskonferenzen als »Rohentwurf« fertig sind. Nach der Zeugniskonferenz überarbeitet die Klassenlehrerin die Zeugnisse ein letztes Mal, druckt sie aus und unterschreibt sie. Alle Zeugnisse müssen der Schulleitung dann rechtzeitig zur Durchsicht vorgelegt werden. Die Schulleitung liest alle Zeugnisse, unterschreibt sie und gibt sie an die Klassenleitung zurück. Es kann auch sein, dass die Zeugnisse mit einem Vermerk zurückgegeben und teilweise überarbeitet werden müssen. Deswegen sollte die Phase des Zeugnisschreibens bis zum Schluss so weit als möglich von anderen Verpflichtungen freigehalten werden.

Wann die Zeugnisse verteilt werden, ist unterschiedlich. Meistens werden sie am letzten Schultag ausgegeben; an manchen Schulen hingegen werden bereits einen Tag vor dem letzten Schultag Kopien verteilt, damit diese am letzten Schultag unterschrieben wieder eingesammelt und die Originale ausgeteilt werden können.

3.5.5 Vorbereiten und Durchführen von Zeugniskonferenzen

Zeugniskonferenzen werden im Wesentlichen durch intensive Vorüberlegungen zu allen Kindern und das damit verbundene Vorschreiben der Zeugnisse vorbereitet. Die Schulleitung setzt die Termine für die Zeugniskonferenzen – teilweise in Absprache mit den Kolleg:innen – fest. An der Zeugniskonferenz nehmen die Schulleiterin oder ihre Stellvertreterin als Leitung, die Klassenleitung und alle Kolleg:innen teil, die in der Klasse unterrichten. Ob die Elternvertreter:innen teilnehmen und rechtzeitig eine Einladung erhalten müssen, liegt in der Regelung der jeweiligen Schulbehörde. In Hamburg ist vor der Zeugniskonferenz eine Klassenkonferenz durchzuführen, auf der die Elternvertreter:innen über den Entwicklungsstand der Klasse, nicht aber über einzelne Schüler:innen informiert werden.

Als Klassenlehrerin bereitet man die Inhalte der Zeugnisse vor und trägt – bei Notenzeugnissen – die Noten aller Schüler:innen zur Übersicht für die Konferenzteilnehmer in eine Tabelle mit Spalten für alle Fächer ein. In der Zeugniskonferenz werden die Leistungen der Schüler:innen nacheinander betrachtet und teilweise besprochen. Wenn dies zeitlich möglich ist, sollte in der Besprechung jedes Kind und nicht nur die »Problemschüler:innen« die Aufmerksamkeit aller erhalten.

3.5.6 Den rechtlichen Rahmen beachten

Die Ausbildungs- und Prüfungsordnung variiert je nach Bundesland. Sie lässt sich im Schulgesetz nachlesen und ist bei der Zeugniserstellung unbedingt zu berücksichtigen. In der Ausbildungs- und Prüfungsordnung stehen Angaben

- zur Leistungsbewertung und ihrem Zusammenhang mit den Noten,
- zur Art der Zeugnisse, die in den Klassenstufen erteilt werden dürfen,
- zum Verlauf der Bildungsgänge und
- zu Versetzungsfragen.

4. Die Entwicklung der Klasse als Gruppenprozess

4.1 Aus Individuen wird eine Klasse

Eine junge Kollegin übernimmt nach ihrem Referendariat hoch motiviert die Klassenleitung einer 1. Klasse. Der Klassenraum kann sich sehen lassen – Ordnungssysteme, Arbeitsecken, ästhetisch Ansprechendes wie ein Jahreszeitentisch und eine klare Raumaufteilung prägen die lernförderliche Atmosphäre von vornherein. Die Lernumgebung ist sorgfältig vorbereitet, der Unterricht geplant. Das Lernen kann beginnen!
Dann kommen die Schüler:innen ihrer ersten Klasse. Es kommen Katharina, Anne, Onur, Jordan, Céline und viele andere. Der jungen Kollegin fällt an den ersten Schultagen vor allem eines auf: Bei aller Freude, die in den Gesichtern der ihr anvertrauten Kinder zu sehen ist – der Eintritt in die Schule, die Lerngruppe und den Unterricht ist für viele Kinder zunächst (auch) der Eintritt in eine neue Gemeinschaft.

Diese neue Gemeinschaft hat immer auch etwas von einer »Zwangsgemeinschaft«: Wie auch immer die Lerngruppe zusammengesetzt ist, jede:r verliert ein Stück Freiheit zugunsten der Lern- und Lebensgemeinschaft, die wachsen und funktionieren soll. Die Schüler:innen müssen lernen, sich zu integrieren, zu gedulden und zu disziplinieren – um der Gemeinschaft und des eigenen Wohlfühlens willen.

> »Disziplin ist kein Selbstzweck, sondern ein Nebenprodukt guter Pädagogik« (Bauer 2008). Ohne gegenseitigen Respekt und Selbstdisziplin geht es nicht.

Damit aus jungen Individuen in der Schulklasse eine gute Lerngemeinschaft wird, gilt es, vom ersten Schultag an auf die von gegenseitigem Respekt geprägte Gemeinschaftsbildung zu achten – mithilfe guter, konsequenter Pädagogik, nicht durch Druck oder ohne Konzept. Solange die Integration von Kindern in die neue Lerngemeinschaft unter Druck funktionieren soll, funktioniert sie nicht bzw. nicht gut, und vor allem: nicht nachhaltig. Unter dem Druck von Disziplinierungsmaßnahmen spielt der nur türkisch sprechende Onur am liebsten Katz und Maus mit seiner Lehrerin, wendet sich Jordan seinen Mitschüler:innen gegenüber vor allem aggressiv zu, singt Céline »fröhlich« vor sich hin und sitzt Katharina vorwiegend unter dem Tisch. Zugegeben ein nicht zu generalisierendes Beispiel, aber doch aus dem realen Alltag einer Brennpunktschule gegriffen.

In anderen Schulen, deren Einzugsgebiet heterogener geprägt ist, reagieren die Schüler:innen im Allgemeinen weniger auffällig. Der Weg des Individuums in die Gemeinschaft ist aber auch hier einer, der von der Lehrerin Geduld, Mut und ein pädagogisches Konzept erfordert. Allerdings machen Klassenlehrer:innen, die sich bewusst dem Aufbau einer respektvollen Klassengemeinschaft widmen, die Erfahrung, dass das Erleben von Gemeinschaft Freude und Sicherheit bringt und somit auch ein *lernförderliches Klassenklima* schafft. Wichtig ist, dass jedes Kind immer wieder erlebt, dass es dazugehört und einen Platz in der Gemeinschaft der Klasse hat.

Außerdem muss jede Schülerin, jeder Schüler von Beginn an viele positive gemeinschaftliche Erfahrungen machen, die es ihm ermöglichen, den Sinn disziplinierten und respektvollen Verhaltens zu begreifen. Die junge Kollegin hat das verstanden und ihre Schüler:innen auf verschiedene Weise miteinander spielen, reden und verantwortlich handeln lassen. Zu Beginn der 3. Klasse waren die Individuen – glücklicherweise – immer noch Individuen, hatten sich aber zu einer Klassengemeinschaft entwickelt, in der das Klima grundlegend respektvoll und das Lernen diszipliniert und selbstständig ablief.

Die hier skizzierte Geschichte einer Grundschulklasse enthält Aspekte, die typisch für die Entwicklung von Klassen und anderen Gruppen sind. Um eine Klasse gut in ihrer Entwicklung unterstützen zu können, hilft es, mit der Dynamik von Gruppenentwicklung vertraut zu sein. Deshalb widmen wir uns im Folgenden ausführlich dem Thema »Phasen der Gruppenentwicklung«. Im Anschluss daran werden Spiele und Rituale vorgestellt, die in den unterschiedlichen Phasen der Gruppenentwicklung für den Weg zur Klassengemeinschaft förderlich sein können.

4.2 Phasen der Gruppenentwicklung

In einer Untersuchung zur sozialen Gruppenarbeit aus dem Jahre 1965 (deutsch 1969) haben Saul Bernstein und Louis Lowy fünf Phasen ermittelt, die sozialpädagogisch betreute Gruppen in der Regel durchlaufen. Dieses Modell der Gruppenentwicklung wurde am Beispiel der Arbeit von Sozialarbeitern mit kleinen Gruppen entwickelt und hat sich dort bewährt. Es lässt sich auf den schulischen Bereich übertragen und wird in modifizierter Form in schulpädagogischen Publikationen aufgegriffen (Kaletsch 2001 und 2003).

Eine Klasse ist eine über längere Zeit bestehende Gruppe, die sich – wie alle Gruppen – entwickelt. Was banal klingt, hat weitreichende Folgen: Die einzelnen Kinder wie auch die Klasse als soziales Gefüge folgen in den unterschiedlichen Phasen der Gruppenentwicklung spezifischen Bedürfnissen. Diese zu kennen kann davor bewahren, sich Illusionen oder falschen Bildern von einzelnen Schüler:innen und vom Gruppengefüge hinzugeben; es schützt aber auch davor zu verzagen.

Das Phasenmodell kann hilfreich sein, wenn man als Lehrerin vor der Frage steht, wie man die eigene Rolle in unterschiedlichen Situationen professionell ausfüllen soll: Wann muss ich besonders präsent sein? An welchen Stellen ist mein lenkendes Eingreifen angebracht? Wann sollte ich mich zurücknehmen und auf die Aufgabe der Lernbegleitung beschränken? Welches Verhalten von Kindern ist in der jeweiligen Phase der Gruppenentwicklung »normal« und nachvollziehbar, sodass ich mich auf ruhiges Beobachten beschränken kann? Wie ist ein rein äußerlich ähnliches Verhalten einzuschätzen, wenn es in einer anderen Phase der Gruppenentwicklung auftritt? Ein Beispiel:

Anna zeigt sich anderen gegenüber verschlossen. Sie beobachtet das Geschehen um sich herum aufmerksam, geht aber nie auf andere Kinder zu und hält sich in Gruppenarbeiten zurück. In Situationen, in denen sie mit einem anderen Kind alleine ist, scheint sie manchmal fliehen zu wollen: Sie räumt dann hektisch ihren Platz auf oder geht zur Toilette.

Ein solches Verhalten kann in der Phase der Annäherung und Orientierung (Phase 1) durchaus normal sein. Anna braucht Zeit, um anzukommen und Sicherheit zu gewinnen. Es beschäftigt sie die Frage, mit wem sie es in der neuen Gruppe, ihrer Klasse, zu tun hat, welche Regeln hier gelten und was von ihr erwartet wird. Für Anna ist es hilfreich, wenn ihr das Gefühl vermittelt wird: Wir nehmen dich wahr, es ist schön, dass du da bist, als Lehrerin achte ich darauf, dass du einen Platz in der Klasse findest und bei unseren Aktivitäten dabei bist. Wenn du so weit bist, dann wirst du dich auch äußern, darauf vertraue ich.

Zeigt Anna hingegen in Phase 3 dieses Verhalten, der Phase der Vertrautheit und Arbeitslust, dann sollte dies Anlass dafür sein, sich Gedanken zu machen: Warum ist es Anna nicht gelungen, Vertrauen zu ihren Mitschüler:innen und Lehrer:innen zu entwickeln? Was beschäftigt sie? Fühlt sie sich nicht akzeptiert? Oder belasten sie familiäre Probleme?

4.2.1 Bedeutung der Gruppenentwicklung für kognitives Lernen

Eine wesentliche Aufgabe von Klassenlehrer:innen besteht darin, ihre Klasse darin zu unterstützen, dass sie sich zu einer sozialen Gruppe entwickelt, in der jede:r Einzelne respektiert wird und in der sich alle für die Gemeinschaft verantwortlich fühlen. Dies ist neben dem Erziehungsauftrag auch für den Bildungsauftrag der Schule von nicht zu unterschätzender Bedeutung: »Je gesünder die psychosoziale Ebene der Gruppe ist, je mehr der Einzelne auf seine Kosten kommt, desto mehr wird die Gruppe auch auf der Sachebene leisten können« (Langmaack/Braune-Krickau, zit. nach Kaletsch 2003, S. 24). Idealtypisch gestaltet sich die Gruppenentwicklung wie in Abbildung 10 dargestellt.

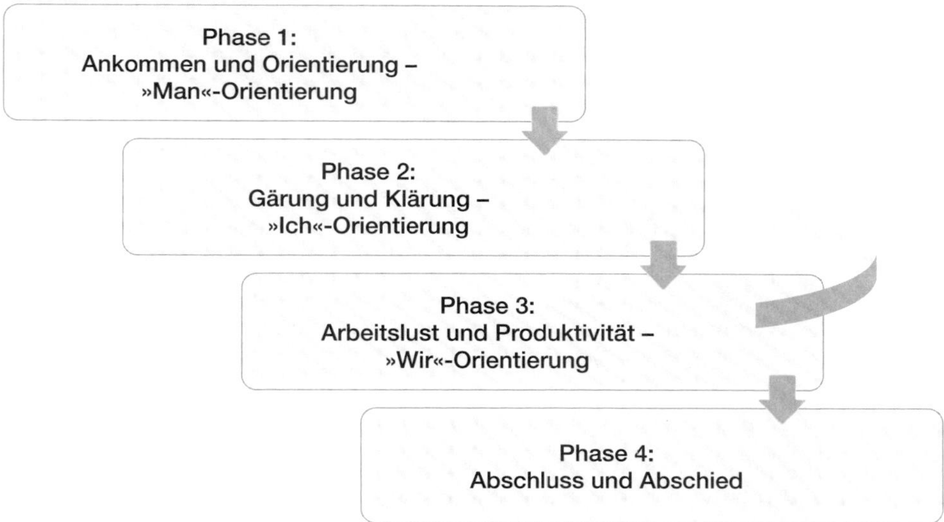

Abb. 10: Phasen der Gruppenentwicklung I

Von besonderer Bedeutung sind die Phasen 1 und 2. Werden sie gut gemeistert, dann ist die Klasse in der Lage, sich in Ruhe dem inhaltlichen Arbeiten zu widmen. Deshalb legt die folgende Darstellung der Gruppenentwicklung ihren Schwerpunkt auf die Phasen des Ankommens (1) und der Gärung und Klärung (2).

4.2.2 Phase 1: Ankommen und sich orientieren (»forming«)

Bernstein und Lowy nennen das Thema der Nähe als zentrales Thema von Gruppen. In der Anfangsphase spielt dies eine besondere Rolle: Wo positioniert sich jemand in der neuen Gruppe zwischen Annäherung und Ausweichen? Wie viel Nähe lässt er zu? An welchen Stellen hält er sich im Hintergrund oder versucht, sich dem Gruppengeschehen zu entziehen?

Typisch für die Phase des Ankommens ist, dass Kinder sich aufgrund der unsicheren Situation nicht natürlich geben. Die einen sind besonders zurückhaltend, andere spielen sich in den Vordergrund; einige versuchen, sehr schnell mit vielen in Kontakt zu treten, andere nehmen eher eine Beobachterrolle ein. Dies lässt sich auch bei Schüler:innen beobachten, die in eine bereits bestehende Klasse kommen.

Tobias ist mit seiner Familie umgezogen, deshalb kommt er neu in die 4a. Kurz vor seinem ersten Schultag bittet die Klassenlehrerin, Frau Schulz, einige Jungen, sich um ihn zu kümmern. Nach einigen Tagen kommen die Jungen auf ihre Lehrerin zu und schildern, der Neue sei ganz komisch und wolle gar keinen Kontakt. Frau Schulz erklärt ihnen daraufhin, dass sie sein Verhalten nicht für ungewöhnlich halte und denke, dass er einfach noch unsicher sei – sie seien in ihren ersten Tagen in der Schule auch anders gewesen als normalerweise. Das leuchtet ihnen ein, sie bemühen sich weiterhin um Tobias – und stellen nach wenigen Tagen fest, dass er viel netter und aufgeschlossener ist, als sie zunächst gedacht hatten.

Wie neue Mitglieder einer Gruppe die Situation erfassen, machen Bernstein und Lowy deutlich, indem sie Fragen aufzählen, die Kinder und Jugendliche vermutlich – bewusst oder unbewusst – beschäftigen: »Wie wird der Leiter sein? Ist er wie der Schullehrer […], wie meine Eltern […]? Ist er streng? […] Was habe ich zu tun, dass er mich mag? Wie sind die anderen Mitglieder: größer, stärker, schwächer, ›blöder‹ als ich? Wen wird der Leiter bevorzugen? Sind die anderen geschickter als ich? […] Werden wir zusammen Spaß haben?« (Bernstein/Lowy 1969, S. 64). All dies sind Fragen, die 1965 für den Bereich der außerschulischen Sozialarbeit galten und die auch heute noch Kinder bewegen, wenn sie neu in eine Klasse kommen.

Das bedeutet: In der Ankommensphase herrscht ein Gefühl der Unsicherheit vor, und es geht darum, sich allgemein zu orientieren. Wer geht mit mir in die Klasse? Wer sind die anderen? Wie ist meine Lehrerin? Wird sie mich mögen? Wo kann ich meinen Platz in dieser Gruppe finden? Welche Regeln gelten hier – in den verschiedenen Beziehungsgefügen (in der Klasse, bei unterschiedlichen Lehrer:innen, auf dem Schulhof, gegenüber Hausmeister und Sekretärinnen)? Werde ich mich in dem großen Schulgebäude zurechtfinden?

»Man«-Orientierung

Viele Kinder verhalten sich zunächst relativ angepasst und richten sich stark nach Regeln, von denen sie vermuten, dass diese in der Schule gelten. Sie orientieren sich daran, was »man« – ihrer Wahrnehmung nach – macht.

Häufig ziehen Schüler:innen in dieser Zeit den Vergleich zum Kindergarten und wünschen sich Kontinuität. Wenn sie Vertrauen zu ihren neuen Lehrer:innen gefasst haben, machen sie Vorschläge, die aus ihrem Erfahrungsschatz aus dem Kindergarten stammen. Da die Kinder aus unterschiedlichen Einrichtungen kommen, entsteht häufig ein angeregter Austausch über Erlebtes – in dieser Phase für gewöhnlich mit der Tendenz, das Vertraute zu favorisieren.

Praxistipp: »Wer sieht das auch so?«

Der Drang, sich zu äußern und eigene Erlebnisse einzubringen, ist in der Phase des Ankommens besonders ausgeprägt. Sobald ein Kind etwas von seinen Vorerfahrungen erzählt, gehen die Finger in die Höhe. Um dem darin zum Ausdruck kommenden Bedürfnis, mit der eigenen Geschichte gesehen zu werden, gerecht werden zu können, ohne endlose Erzählrunden zulassen zu müssen, bietet es sich an, im Anschluss an die Erzählung eines Kindes zu fragen:

»Wer sieht das auch so?«, »In wessen Kindergartengruppe wurde das so oder ähnlich gemacht?«
Alle Kinder, auf die dies zutrifft, können sich daraufhin melden oder hinstellen – sie werden damit gesehen, ohne dasselbe noch einmal erzählen zu müssen. Wenn die Klasse im Kreis steht, treten alle Kinder, auf die eine Aussage zutrifft, einen Schritt in den Kreis.

Kinder mit sozialer Angst

Einige Kinder fallen durch besonders ausgeprägte und oft wiederholte Verhaltensweisen auf, beispielsweise »ein Kind, das ständig im Unterricht aufsteht und durch die Klasse wandert (Müll wegbringt, Fenster öffnet etc.); ein Kind, das während des Unterrichts die Kapuze über den Kopf zieht, sowie jenes Kind, das wild lärmend während des Unterrichts durch die Klasse rennt, andere Kinder schlägt etc.; ein Kind, das sofort einen festen formalen Rahmen (Regeln) fordert oder jenes Kind, das vor Hilfsbereitschaft platzt« (Großmann 2002, S. 69).

Als Ursache für dieses so unterschiedliche Verhalten sieht Großmann soziale Angst: »Alle diese Kinder schützen sich vor zu großer Nähe, vor seelischem Kontakt mit den anderen Gruppenmitgliedern« (ebd.). Soziale Angst findet ihren Ausdruck in

- »betont aggressivem Verhalten Mitschülern und Lehrkräften gegenüber,
- Verweigerung von Gruppenaktivitäten, Bevorzugung von Einzelarbeit,
- Wunsch nach sofortiger Aufstellung von Gruppenregeln und Planung von Unterrichtsstunden« (ebd., S. 68).

Welche – den Kindern in der Regel unbewussten – Befürchtungen könnten hinter dieser Angst stecken? Großmann sieht als Ursache die Furcht vor einem Verlust der »eigenen Makellosigkeit« (ebd.), also eines idealisierten Selbstbildes, und vor emotionaler Verletzung. Das für Außenstehende schwer nachvollziehbare, zum Teil störende Verhalten ist für das Kind eine Möglichkeit, »ein gewisses Maß an Distanz und Kontrolle über seine Handlungen und ebenso über die äußere Situation zu wahren« (ebd.).

Zurechtweisungen oder gar Strafen wären in dieser Situation fatal, weil ein Kind mit sozialer Angst in seiner Sorge, mit seiner Persönlichkeit nicht angenommen zu werden, bestätigt würde. Deshalb ist hier besonderes Fingerspitzengefühl erforderlich, um auszudrücken: »Ich mag dich und traue dir zu, dass du es schaffen wirst, dich in die Klasse einzufinden – auch wenn du noch Zeit dafür benötigst.« Für Kinder mit sozialer Angst ist es besonders wichtig, dass gruppendynamische Übungen die Klasse dabei unterstützen, sich besser kennenzulernen. »Durch ein ›akzeptierendes Klima‹ können Lehrer:innen den Schüler:innen in dieser für sie aufreibenden Zeit helfen« (Kaletsch 2003, S. 25).

Wichtig ist außerdem, dass die Kinder Zeit und Unterstützung dabei erhalten, die neue Umgebung zu erkunden: den Klassenraum, das Schulgebäude und auch Ansprechpersonen wie Sekretärinnen, Hausmeister oder die Schulleitung. Eine weitere Aufgabe von Lehrer:innen ist es in dieser Phase, so viel Struktur wie möglich vorzugeben, um Sicherheit zu vermitteln und damit die Entwicklung von Selbstbewusstsein zu fördern.

Praxistipp: Spiele für Phase 1 – Ankommen und sich kennenlernen

»Ich mag gerne …«

Alle sitzen auf Stühlen im Kreis, ein Stuhl fehlt. Ein Kind steht in der Kreismitte und sagt: »Ich bin … und mag gerne …!«. Alle Schüler:innen, die gerne dasselbe essen, tun, anschauen, lesen oder spüren wie das Kind, das in der Mitte steht, stehen auf und suchen sich schnell einen neuen Platz. Wer in der Mitte steht, sucht sich ebenfalls einen Platz, sodass ein anderes Kind in der Mitte stehen bleibt und die nächste Runde einleitet. Neben Vorlieben können auch andere Merkmale genannt werden, z. B.: »Ich bin Tim und mag gerne Kinder, die eine Brille tragen!« oder »… Kinder mit Sandalen!«.

Gemeinsam vereint (auch bekannt als »Welcome diversity«)

Alle bilden einen Stuhlkreis. Die Lehrkraft ruft verschiedene Kategorien aus, z. B. »Alle, die einen kleinen Bruder haben«, »Alle, die gerne dicke Bücher lesen« oder »Alle, deren Lieblingsgericht nicht Nudeln sind«. Alle, auf die die angesprochene Kategorie zutrifft, gehen in die Mitte und begrüßen sich dort gegenseitig mit Handschlag.

Grußmix

Alle Schüler:innen gehen ruhigen Schrittes durch den Raum, bis die Lehrkraft einmal die Klangschale oder den Klangstab anschlägt, dann bleiben alle stehen. Jedes Kind begrüßt nun ein anderes Kind, das ihm am nächsten steht. Besonders lustig ist es, wenn die Lehrkraft ansagt, wie die Kinder sich begrüßen sollen: »Begrüße deinen Nachbarn mit dem Knie/der linken Schulter/der Stirn/der Fußsohle!«

Variante: Die Kinder erhalten die Aufgabe, ihrem Nachbarn eine kurze Frage zu stellen. Das Thema wird von der Lehrkraft vorgegeben, in jeder Runde gibt es eine neue Frage: »Welches ist dein Lieblingstier?«, »Was isst du besonders gerne?«, »Wohin würdest du gerne mal reisen?«, »Magst du gerne Sport?«, »Was möchtest du mal werden?«.

»Wir sortieren uns«

Alle Kinder gehen durch den Raum, dabei läuft Musik. Sobald die Musik angehalten wird, nennt die Lehrkraft eine Zahl zwischen 3 und 8. Damit ist die Gruppengröße angegeben, zu der sich die Kinder nun so schnell wie möglich zusammenfinden müssen. Wenn die Zahl nicht aufgeht, setzen für diese eine Runde die übrig bleibenden Kinder aus (sie können die Jury bilden, die am Ende der Runde kontrolliert, ob die Gruppen sich richtig sortiert haben).
Sobald sich die Gruppen gebildet haben, wird ein Kriterium genannt: Haarlänge, Größe, Alter, Schuhgröße, Geschwisterzahl, Entfernung der Wohnung zur Schule, Anzahl der Haustiere, Hausnummer, Vorname im Alphabet, Anzahl der Buchstaben des Vornamens … Nach diesem Kriterium müssen sich die Kinder in ihrer Gruppe nun aufstellen – die Gruppe, die dies als Erste geschafft hat, gewinnt die Runde, allerdings nur, wenn alle richtig stehen, denn sobald sich alle sortiert haben, wird kontrolliert.

Händeticken[14]

Die Übung »Händeticken« eignet sich zur Stärkung des Teamgeistes: Nur wenn alle aufeinander achten, kann das Ziel – einen Impuls in möglichst kurzer Zeit im Kreis herumzugeben – erreicht werden.

Material: Stoppuhr
Ablauf: Die Kinder stehen oder sitzen mit angewinkelten Armen im Kreis. Die Innenfläche der linken Hand zeigt nach oben, die Innenfläche der rechten Hand Richtung Boden, wenige Zentimeter über der linken Hand des rechten Nachbarn. Ein Zeitnehmer steht mit Stoppuhr außerhalb des Kreises.

Die Aufgabe besteht darin, ein Signal – das Berühren der »Nachbarhand« – möglichst schnell im Kreis herumzugeben. Das heißt konkret: Kind A schlägt mit der rechten Hand leicht auf die linke Hand des Nachbarn, dieser gibt den Impuls weiter, indem er nun seinerseits mit der rechten Hand die linke Hand seines rechten Nachbarn berührt. So macht das »Anticken« der Hände von Kind zu Kind seine Runde.
Nach einer langsamen Proberunde (ohne Zeitnehmer), in der es nur darauf ankommt, den Vorgang auszuprobieren, läuft das »Händeticken« auf Zeit. Ein Kind A wird bestimmt, das das Signal sendet, sobald der Zeitnehmer »Los« ruft. Wenn das Signal bei Kind A wieder ankommt, ruft es »Stopp«, der Zeitnehmer drückt auf Stopp und nennt die benötigte Zeit. Zunächst wird angekündigt, in welche Richtung das Signal gesendet wird. Die Konzentration steigt, wenn der Signalgeber nicht mehr verrät, in welche Richtung er das Händeticken in Gang setzen wird.

14 Nach Großmann 1996, S. 19–21

Spannend ist es nun, in einen Wettkampf einzutreten:

- mit sich selbst, indem eine Kurve angelegt wird, auf der die Zeit eingetragen wird, die bei der Übung jeweils benötigt wurde (Wie gut entwickeln wir uns als Team?);
- mit der Nachbarklasse – eine sehr motivierende Herausforderung (Die Lehrkraft behauptet: »Die 1c schafft das Händeticken in 13 Sekunden – mal sehen, ob wir es schneller schaffen!«);
- mit den Eltern auf dem nächsten Elternabend – eine Übung, die auch Erwachsenen Spaß macht und bei Elternabenden gut funktioniert!

Tipp: Wenn die Übung »Händeticken« bekannt ist, dann eignet sie sich auch als kurze Auflockerungsübung in Kreisgesprächen.

4.2.3 Phase 2: Gärung und Klärung (»storming«)

Nach etwa zwei Monaten, ungefähr zur Zeit der Herbstferien, beginnt erfahrungsgemäß die Phase der »Gärung und Klärung«. Bruce W. Tuckman, der etwa zeitgleich mit Bernstein und Lowy ein ähnliches Modell der Gruppenentwicklung entwickelte (Tuckman 1965), hat für diese Phase den treffenden Begriff »storming« geprägt. In der Tat ist die nun folgende Phase energiegeladen, unruhig und geradezu turbulent. In der Regel haben die Kinder nun Vertrauen zu ihrer neuen Gruppe, der Klasse, gefasst, sie sind angekommen und fühlen sich sicherer. Deshalb beginnen viele, in dieser Phase mehr von sich zu zeigen. Dies bedeutet auch: Sie wagen es, eigene Bedürfnisse und Vorstellungen zu vertreten.

»Jetzt will der Einzelne seine Interessen klarer ausdrücken. Damit wird auch die Unterschiedlichkeit der Interessen und Erwartungen der Teilnehmer deutlicher, ohne dass schon klar ist, wie man mit so viel Unterschiedlichkeit zurande kommen soll. Die Entscheidungsregeln sind noch nicht erprobt. Die Brücken zueinander fehlen noch« (Langmaack/Braune-Krickau, zit. nach Kaletsch 2003, S. 25). Konflikte treten auf, es kommt zu Polarisierungen und Gruppenbildung innerhalb der Klasse, Machtkämpfe werden ausgetragen.

In dieser Phase zeigen die Kinder viel von sich, von ihren Stärken und Schwächen, von ihren Interessen, Vorlieben und von dem, was sie, auch am Verhalten anderer, nicht mögen. Das gilt bereits für Erstklässler, ausgeprägter für Schüler:innen höherer Klassen. Ältere Schüler:innen und vor allem Erwachsene gehen in dieser Phase der Gruppenentwicklung weiter: Sie opponieren gegen die Leitung und lehnen deren Anforderungen emotional ab (V. I. E. L. Coaching + Training 2004). Wenn es um Machtkämpfe geht, sind diese meistens durch ein Interesse an Mitbestimmung und Mitverantwortung motiviert.

Im Interesse einer demokratischen Schule ist hier der richtige Zeitpunkt, um Kindern mehr Verantwortung zu geben.

Aufgaben der Lehrer:innen

Lehrer:innen haben in dieser Phase die Aufgabe,

- die Entwicklung von Regeln zu initiieren;
- das Entstehen erster Bindungen wertschätzend zu begleiten, indem sie Interesse zeigen, wenn ein Kind davon erzählt, dass es sich mit einem anderen verabredet, und Freude über entstehende Freundschaften äußern;
- der Ausbildung fester Kleingruppen entgegenzuwirken, indem sie die Kinder in *wechselnden* Gruppen arbeiten lassen und die Sitzordnung in relativ kurzen Abständen ändern;
- achtsam zu sein, wenn Kinder ausgegrenzt werden, in solchen Situationen einzugreifen und deutlich zu vermitteln: Ich möchte, dass sich jedes Kind in unserer Klasse wohlfühlt und gerne in die Schule geht, deshalb nehme ich es nicht hin, wenn ein Kind ausgeschlossen wird!

»Diese Phase kann für den Leiter [die Lehrerin] und die Teilnehmenden [die Schüler:innen] unruhig und belastend sein. Ihr Ausbleiben wäre allerdings eher ein Alarmzeichen. Die Fragen dieser Phase tauchen sonst später im Prozess wieder auf und können dann mehr Zeit in Anspruch nehmen, als es bei einer Bearbeitung am Anfang der Fall gewesen wäre« (Langmaack/Braune-Krickau 2000, S. 151).

Wichtig ist es nun, die in der Anfangsphase angemessene Autorität der Lehrerin langsam zurückzunehmen und zum »Lernbegleiter« zu werden, etwa indem man die Kinder ermutigt und durch geschicktes Anleiten befähigt, eigene Lösungen zu finden.

Regeln entwickeln – Teamgeist stärken

Kinder zum Entwickeln eigener Lösungen zu motivieren, dies gilt im Prinzip auch für die Entwicklung von Regeln. In der 1. Klasse wären Schüler:innen allerdings damit überfordert, eigenständig Regeln zu entwickeln. Deshalb sollten (Klassen-) Lehrer:innen frühzeitig einige wenige Regeln aufstellen. Grundsätzlich gilt dabei: Es sollten so wenige Regeln wie möglich vorgegeben werden, deren Einhaltung dann aber konsequent von allen Lehrer:innen eingefordert werden muss.

Praxistipp: Regeln als Schulordnung

Die Offene Schule Waldau, eine Versuchsschule des Landes Hessen für den Bereich der Sekundarstufe I, 2006 mit dem deutschen Schulpreis ausgezeichnet, hat für die Frage eines sinnvollen Regelapparats eine überzeugende Lösung gefunden – ihre »Schulordnung«. Diese hängt im Gemeinschaftsbereich jedes Jahrgangs aus, in schöner Handschrift auf großen Schildern notiert, reduziert auf vier Begriffe:
»Langsam und leise – freundlich – friedlich«

Diese Schulordnung ist beeindruckend, weil sie eigentlich alles enthält, was für ein gutes Miteinander von Schüler:innen und Lehrer:innen nötig ist. Sie überzeugt in der Praxis, weil alle Kolleg:innen sich darauf verständigt haben, die Einhaltung der Regeln konsequent einzufordern, insbesondere in der Anfangszeit der Kinder an ihrer neuen Schule. Konkret bedeutet dies: Wenn ein Kind lautstark durch das Gebäude läuft, wird es auf die Tafel »Langsam und leise« verwiesen und aufgefordert, noch einmal zurückzugehen und den Weg langsam zu gehen. Wenn ein Kind handgreiflich wird oder respektlose Äußerungen fallen, wird sofort eingegriffen.

Was »freundlich« und »friedlich« konkret im Umgang miteinander bedeuten, wird besprochen, wenn eine Situation es erfordert, wenn also ein Konflikt vorliegt. Ein guter Ort, um Probleme zu besprechen und bei Bedarf eigene Regeln zu entwickeln, ist der Klassenrat (siehe S. 43).

Daneben sind in der zweiten Phase Fragen zu klären, die das Verhalten im Unterricht betreffen:

- *Wann darf ich sprechen – wann bin ich leise?* Regel: Wer etwas sagen möchte, muss sich melden. Wenn ein Kind drangenommen wurde, hören alle anderen still zu. In Kreisgesprächen bekommt das Kind, das gerade reden darf, einen Redegegenstand, etwa einen Redestein.
- *Wann darf ich mich frei im Raum bewegen – wann bleibe ich auf meinem Stuhl sitzen?* Eine Möglichkeit: Wenn das Zeichen »Stuhl« an die Tafel gehängt wird, sitzen wir auf unseren Stühlen, sonst darf ich leise im Raum herumgehen.
- *Wann darf getrunken werden – wann wird gegessen?* Regel: Wasser trinken ist immer erlaubt, solange leise getrunken wird; gegessen wird immer in der Viertelstunde vor der großen Pause – beim Vorlesen.
- *Wann und wie gehen wir in die Pause bzw. nach Hause?* Oft laufen die Schüler:innen fröhlich durcheinander aus dem Raum, sobald es klingelt.
  - Wir achten darauf, dass allen schnell klar ist, wann eine Stunde beendet ist – nämlich dann, wenn die Lehrerin sie durch ein akustisches Signal, das Einleiten der Ein- und Aufräumrunde und Verabschiedungsworte beendet.
  - Auch beim Beginn der Pause und nach Unterrichtsschluss gilt: Im Klassenraum und Schulgebäude wird gegangen, nicht gerannt und auch nicht gerempelt.
  - Eine altersgerechte Idee ist es, im ersten Monat für Erstklässler einen Haltestrich dicht vor der Klassentür zu zeichnen. Dort bleibt jedes Kind kurz stehen und erinnert sich an die Regeln. Wenn dieses Verhalten regelhaft in den ersten Tagen und Wochen eingeübt wird, kann man den Haltestrich anschließend weglassen.

Die Klasse in der »Phase der Gärung und Klärung« zu begleiten und dabei zu unterstützen, ihre Konkurrenz- und Machtkämpfe konstruktiv zu meistern, ist eine anstrengende Aufgabe. Wenn man sich dieser stellt und nicht versucht, die Gruppendynamik zu unterdrücken, dann entsteht in der Regel etwa mit Beginn des zweiten Schulhalbjahres eine beruhigte Situation. Spätestens jetzt wird der Wert des »storming« erlebbar:

> »Es mag so scheinen, als sei diese Phase mehr oder minder von Rangelei und Turbulenz bestimmt […]. Doch mit der Auseinandersetzung entsteht viel Beziehung. Man hat seine Kräfte aneinander gemessen und sich dabei besser kennengelernt […]. Meist schneller als erwartet entsteht das Gefühl von Zusammengehörigkeit. Man geht Bindungen ein […]. Viele haben in dieser Phase Stärken und Schwächen gezeigt, haben etwas investiert. Die Gruppe hat eine kleine gemeinsame Geschichte« (Langmaack/Braune-Krickau 2000, S. 152).

Wenn allerdings eine Phase nicht durchlebt, sondern quasi übersprungen oder nur »gestreift« wurde, dann wird sie zu einem späteren Zeitpunkt wiederkehren. Dies bedeutet: Das Aushandeln von Regeln und Rollen- bzw. Statusfragen wird in diesem Fall unterschwellig Thema bleiben, von Zeit zu Zeit an die Oberfläche kommen und dann den Arbeitsprozess stören.

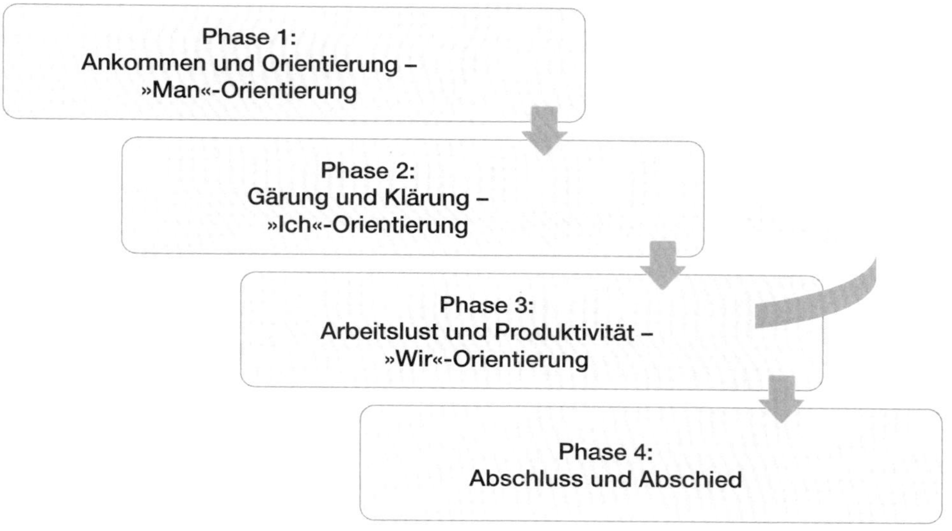

Abb. 11: Phasen der Gruppenentwicklung II

4.2.4 Phase 3: Arbeitslust und Produktivität (»norming«, »performing«)

Im Laufe der Auseinandersetzungen in Phase 2 haben die Kinder den Wert der Gemeinschaft erfahren. In Klärungsprozessen haben sie sich in ihrer Unterschiedlichkeit wahrgenommen und erlebt, dass es gut ist, verschieden zu sein, dass sie aufeinander angewiesen sind und voneinander lernen können. Sie haben sich gegenseitig besser kennengelernt und Interesse an anderen entwickelt. Dies ist eine gute Basis, auf der aufbauend man nun mit Lust und Erfolg arbeiten kann. Dementsprechend nennen Langmaack und Braune-Krickau diese Phase »Arbeitslust und Produktivität«.

Bernstein und Lowy nehmen in dieser Phase zwei unterschiedliche Schwerpunkte wahr, deshalb unterscheiden sie zwischen »Vertrautheit und Intimität« (Phase 3 nach Bernstein/Lowy) und »Differenzierung« (Phase 4 nach Bernstein/Lowy). Differenzierung meint in diesem Zusammenhang den bewussten Vergleich der eigenen Gruppe mit anderen. Die damit verbundene Abgrenzung gegenüber Parallelklassen hat für die Identifikation mit der eigenen Klasse eine wichtige Funktion – im Vergleich mit anderen tritt die eigene Klassenidentität deutlich zutage.

Die Dynamik geht jedoch oft über Erkenntnisprozesse hinaus und führt zu einer offen ausgetragenen Rivalität zwischen Parallelklassen. Hier ist die Vorbildfunktion von Lehrer:innen wichtig, denn Kinder lernen Sozialverhalten in erster Linie mimetisch, indem sie das Verhalten von wichtigen Bezugspersonen unbewusst verinnerlichen und nachahmen: Verhalte ich mich, wenn ich als Lehrerin in Konflikte zwischen »meinen« Schüler:innen und Kindern aus anderen Klassen einbezogen werde, parteiisch oder gehe ich respektvoll mit allen Schüler:innen um? Wenn es möglich ist, nehme ich in diesen Konflikten die Haltung der Mediation ein (siehe S. 157): Ich sorge für einen Lösungsaufschub und biete mich für einen späteren Zeitpunkt – der schon jetzt festgelegt wird – als Moderatorin an. In dieser Rolle ist es meine Aufgabe, den Kindern dabei zu helfen, eine eigene Lösung zu entwickeln, mit der alle Beteiligten einverstanden sind (Kaletsch 2003, S. 14–23).

Die Klassengemeinschaft weiterentwickeln

In der Phase »Arbeitslust und Produktivität« kann im Unterricht gut stoffbezogen gearbeitet werden. Neben der inhaltlichen Arbeit ist es wichtig, die Klassengemeinschaft weiterzuentwickeln. Die Kinder sind inzwischen in der Lage, eigene Vorstellungen von einer guten Klassengemeinschaft zu entwickeln und ins Gespräch einzubringen. Eine gute Übung dafür ist der »Teamkiller«.

Praxistipp: Übung »Teamkiller« (ab Klasse 2)[15]

Grundidee der Übung »Teamkiller« ist eine Umkehrung der Perspektive. Was eine gute Gruppe ist, wird »ex negativo« entwickelt. Die Grundfrage lautet: »Was müsste passieren, damit ich mich in dieser Klasse nicht wohlfühle und wir keine Klassengemeinschaft haben?«
Die Kinder sammeln nach dem Prinzip »think – pair – square – share« Verhaltensweisen, die einer guten Klassengemeinschaft entgegenwirken können, und notieren ihre Ideen stichwortartig – zunächst jedes Kind für sich (»think«), im zweiten Schritt im Austausch mit einem Partner (»pair«). Aufgabe der Partnerarbeit ist

15 Nach Altenburg 2005, S. 17

es, sich für einen »Teamkiller« zu entscheiden, den die beiden Arbeitspartner gemeinsam als wirksam einschätzen. In einer Kleingruppe (»square«) werden anschließend zwei bis drei Verhaltensweisen ausgewählt und im Plenum präsentiert (»share«). Diese Präsentation kann verbal oder noch besser in Form von Standbildern oder kleinen Spielszenen erfolgen, mit denen die Kinder je einen »Teamkiller« veranschaulichen.
Am Ende wird die Perspektive umgedreht: Was können wir tun, damit »Teamkiller« bei uns keine Chance haben?

Natürlich bleiben auch in der »Phase der Arbeitslust und Produktivität« Konflikte nicht aus. Es ist nun aber möglich und wichtig einzuüben, wie man sich konstruktiv auseinandersetzen kann. Im Klassenrat können die Kinder nun zunehmend Aufgaben eigenverantwortlich übernehmen.

Das Modell der Gruppenentwicklung ist idealtypisch. In der Realität kommt es in Phase 3 immer wieder zu Momenten, in denen sich in kleiner Form Prozesse der vorangegangenen Phasen, insbesondere der »Phase der Gärung und Klärung«, wiederholen. Dies ist insbesondere dann der Fall, wenn sich die Gruppenkonstellation verändert, weil Kinder die Klasse verlassen oder neue hinzukommen. Wenn Kinder die Klasse verlassen, ist dies ein kleiner Abschied, ein Verlust, der im Interesse des Kindes, der Mitschüler:innen und der Klassengemeinschaft mit einem Abschiedsritual begangen werden sollte.

4.2.5 Phase 4: Abschluss und Abschied (»adjourning«)

Die Gruppenentwicklung endet erst zu dem Zeitpunkt, an dem die Gruppe sich auflöst, bei Grundschulklassen also mit dem Wechsel der Kinder an weiterführende Schulen. Jeder, der schon einmal eine Klasse geleitet bzw. begleitet hat, kennt die mit dem Ende der Grundschulzeit verbundene Trauer, die umso größer ist, je besser die Gemeinschaft war.

Zum Abschluss der gemeinsamen Arbeits- und Lebenszeit heißt es, Abschied zu nehmen von den Mitschüler:innen und Lehrer:innen. Dies pädagogisch bedacht zu gestalten, ist eine anspruchsvolle Aufgabe: »Abschluss heißt, die bisherigen Themen zu einem Ende zu führen, und zwar auf der Sachebene ebenso wie auf der psychosozialen Ebene« (Langmaack/Braune-Krickau 2000, S. 156).

Im Laufe der Grundschulzeit gilt es immer wieder, Abschiede zu gestalten: Mit jedem Schuljahr geht ein Zyklus zu Ende, jedes neue Schuljahr beginnt mit einer kurzen Phase der Orientierung, Gärung und Klärung. Wenn Lehrer:innen wechseln oder Kinder die Klasse verlassen, ist dies in der Regel mit Trauer verbunden.

Der »große« Abschluss und Abschied jedoch steht Ende der 4. Klasse bevor. Wichtig ist hier die Frage einer angemessenen Terminierung: Wird die Trennungsphase zu früh eingeleitet, dann zieht sich das Abschiednehmen in die Länge, und die Zeit wird als wenig intensiv, vielleicht auch langweilig erlebt. Leitet die Lehrkraft den Abschied zu spät ein, dann kann er nicht mehr sinnvoll gestaltet werden, und die Trennung kommt zu abrupt. Wenn eine Klasse auseinandergeht, hat die Lehrerin die Aufgabe, den Abschied bewusst zu gestalten und eine Brücke zur weiterführenden Schule zu schlagen (siehe S. 124 ff.).

4.3 Spiele für ein positives Klassenklima

Einige Kennenlernspiele wurden bereits im Anschluss an Phase 1 beschrieben (siehe S. 104 ff.). Im Folgenden stellen wir weitere Spiele vor, die Kinder dabei unterstützen können, grundlegende Fähigkeiten zu üben. Zum großen Teil stammen die Spiele aus unserer eigenen pädagogischen Praxis oder gehen auf Tipps von Kolleg:innen zurück.

4.3.1 Spiele, die das Zuhören fördern

Praxistipps

Partnerinterview

Die Schüler:innen setzen sich zu zweit zusammen. Die Zweiergruppen werden nach dem Zufallsprinzip bestimmt (z. B. mithilfe von Memorykarten – jedes Kind zieht eine Karte, die beiden Kinder, die dasselbe Motiv gezogen haben, bilden eine Gruppe).
Die Aufgabe lautet beispielsweise: »Befrage deine Gesprächspartnerin oder deinen Gesprächspartner, was er in den Ferien unternommen hat.« Das erste Kind beginnt zu erzählen, das andere hört aufmerksam zu und fragt nach, wenn es etwas nicht verstanden hat oder gerne genauer wissen möchte. Kommentare sind nicht erlaubt. Im Anschluss daran wiederholt das Kind, das zugehört hat, was das andere Kind ihm erzählt hat. Danach werden die Rollen gewechselt. Am Ende stellen sich die Schüler:innen im Plenum gegenseitig vor.
Als Thema bietet sich alles an, was die Kinder emotional anspricht: Familie, Freunde, Hunde oder andere Haustiere, aktuell wichtige Spiele, gerechte oder ungerechte Situationen, ein Buch, das sie besonders gerne gelesen haben.

Überlege, was du hörst

Von einer CD mit Geräuschen aus dem Alltagsleben oder der Natur werden verschiedene Geräusche abgespielt. Alle Kinder hören möglichst konzentriert zu. Ihre Aufgabe ist es zu erraten, was sie gehört haben. Am Ende werden die Hörergebnisse miteinander verglichen.

Musikhören

Beim Musikhören werden bekannte Stücke gespielt, die die Kinder ansprechen, z. B. Passagen aus »Der Karneval der Tiere« (Saint-Saëns), »Musikalische Schlittenfahrt« (Leopold Mozart) oder »Peer Gynt« (Edvard Grieg). Die Kinder erhalten einen Hörauftrag: »Finde heraus, welche Instrumente gespielt werden«, »Erfinde eine Geschichte, die sich in der Musik verbergen könnte« oder »Finde Adjektive, die gut zum Stück passen«. Die Schüler:innen berichten im Anschluss, was sie entdeckt haben.

Stille Post

Ein altes, aber immer noch beliebtes Spiel: Alle sitzen im Kreis. Ein Kind flüstert seinem Kreisnachbarn einen Satz ins Ohr. Dieser gibt das, was er gehört hat, leise flüsternd an seinen Nachbarn weiter, und so setzt sich die Flüsterbotschaft fort. Am Ende spricht das letzte Kind aus, welche Botschaft bei ihm angekommen ist. Damit dieses Spiel Freude macht, ist es ratsam zu vereinbaren, dass keine beleidigenden Nachrichten über Personen und auch keine »schlimmen Wörter« weitergesagt werden.

»Daumendrücken«

Vier Kinder werden ausgewählt, sie sind die »Daumendrücker« und stellen sich vor die Tafel. Auf das Signal »Die Klasse schläft« hin legen alle anderen Kinder die Arme auf den Tisch, den Kopf in die Arme, und schließen die Augen. Ein Arm wird ausgestreckt, der Daumen zeigt nach oben.

Sobald alle dies getan haben, schleichen die vier durch die Klasse. Jeder drückt bei einem Kind den Daumen herunter – die Ausgewählten müssen die Augen weiterhin geschlossen halten. Dann gehen die vier wieder zur Tafel, stellen sich nebeneinander auf und einer sagt: »Die Klasse wacht auf!« Nun dürfen die Kinder ihre Augen öffnen. Diejenigen, deren Daumen gedrückt wurden, gehen nach vorne und stellen sich vor das Kind, von dem sie meinen, es habe ihren Daumen heruntergedrückt: Wem ist es gelungen, am Schleichen zu hören, wer seinen Daumen gedrückt hat?

Haben sich alle aufgestellt, wird offengelegt, wer wen berührt hat, indem die »Daumendrücker« verraten, wen sie ausgewählt hatten. Wer richtig geraten hat, wird nun »Indianer«, die Kinder, die nicht erraten wurden, bleiben in der nächsten Runde noch einmal »Daumendrücker«.

4.3.2 Spiele, die die Persönlichkeit stärken

Praxistipps

Schatzkiste

Alle sitzen im Kreis. In der Mitte steht eine kleine Schatzkiste, die symbolisch für die Klassengemeinschaft steht. Die Lehrkraft verteilt in Ruhe aus einem kleinen Beutel an jede Schülerin, jeden Schüler einen kleinen Schatzstein, einen Halbedelstein oder »Handschmeichler«. Jedes Kind hält seinen Stein fest in der Hand und hat eine Minute Zeit, sich auf eine besondere eigene Stärke zu besinnen. Wenn die Minute vorüber ist, äußern sich alle nacheinander zu einer persönlichen Eigenschaft, die ein Schatz für die Klassengemeinschaft ist. Nach der Äußerung wird der Stein in die Schatztruhe »Klassengemeinschaft« gelegt.

Variante: Dieses Spiel, das eigentlich vor allem ein schönes Ritual ist, kann auch gut abgewandelt werden, indem das jeweilige Kind sich eine Stärke des jeweiligen Sitznachbarn überlegt und dessen Stärke benennt.

»Wenn ich … bin, dann …«

Alle sitzen im Kreis. Die Lehrkraft gibt einen Satzanfang vor oder würfelt ihn mit einem großen »Gefühlswürfel«, z. B. »Wenn ich richtig fröhlich bin, dann …« oder »Wenn ich wütend bin, dann …«. Die Kinder setzen den Satzanfang mit einer persönlichen Äußerung fort. Das erfordert Selbstreflexion und Mut. Es kann am Ende miteinander über die Äußerungen gesprochen und so die vertrauensvolle Kommunikation in der Klasse gestärkt werden. Ein weiterer Vorteil dieser Übung ist, dass die Aufmerksamkeit der Kinder auf den Bereich der Gefühle gelenkt wird. Sie können erfahren, dass Menschen unterschiedlich mit Gefühlen umgehen.

Aufrecht gehen

Alle Schüler:innen gehen durch den Raum und versuchen dabei, sich gleichmäßig im Raum zu verteilen (nicht im Kreis gehen!). Die Lehrkraft erzählt eine kleine Geschichte, die von Wohlfühlen und Starkfühlen, Verunsicherung, Sicherheit und Selbstbewusstsein handelt. Die Schüler:innen haben die Aufgabe, durcheinanderzugehen und dabei die Körperhaltung zum Ausdruck zu bringen, die zur Geschichte passt. Da die Person in der Geschichte vorwiegend als stark und selbstbewusst zu verstehen ist, gehen die Schüler:innen womöglich »übertrieben aufrecht« durcheinander. Im Anschluss an eine solche Gehgeschichte kann im Plenum darüber gesprochen werden, welche Haltung arrogant wirken kann und welche einfach nur stark ist.

Gute-Laune-Teller

Dieses Spiel macht viel Freude – während des Spielens und ganz besonders auch danach! Es wird am besten gespielt, wenn die Schüler:innen sich schon recht gut kennengelernt haben. Jede Schülerin, jeder Schüler bekommt einen Pappteller mit Tesakrepp auf den Rücken geheftet. Jede:r hat einen Stift in der Hand. Alle gehen im Raum herum. Aufgabe ist es, möglichst jedem Mitschüler etwas auf den Teller zu schreiben, was einem an ihm gut gefällt.

4.3.3 Spiele zur Vertrauensförderung

Praxistipps

Spiegelbilder

Zwei Schüler:innen stehen einander gegenüber. Einer von beiden beginnt damit, langsame Bewegungen zu machen. Der andere »spiegelt« mit seinen Bewegungen, so gut es geht. Interessant wird dieses Spiel, wenn nicht klar vorgegeben ist, wer die Bewegungen führt und wer spiegelt, sondern wenn die Rollen wechseln, ohne dass der Wechsel kommuniziert wird.

Blindenführung

Je zwei Kinder bilden ein Paar. Eins verbindet dem anderen die Augen und führt es einen geraden oder auch etwas schwierigeren Weg entlang. Wichtig ist, dass zu Beginn ganz klar angesagt ist, dass vertrauensvoll geführt werden muss. Anfang und Ende des Weges werden zu Beginn festgelegt und sind damit für alle transparent. Die Rollen werden getauscht.

Ich werde getragen

Eine gerade Anzahl von Schüler:innen, insgesamt etwa 20, steht eng aneinander und sich paarweise gegenüber. Die Paare fassen ihre Hände über Kreuz und halten sich ganz fest. Die Kinder, die nicht in der Reihe stehen, dürfen sich nun auf den Händeteppich legen und tragen lassen. Anschließend wird gewechselt, sodass jede:r einmal getragen wird.

5. Den Rahmen gestalten: Einschulung und Abschied

5.1 Vorbereitungen für den ersten Schultag

»Und jedem Anfang wohnt ein Zauber inne …«
(Hermann Hesse)

Blicken wir auf die Schüler:innen, die ihren Schulanfang erleben, gilt dieser Vers von Hermann Hesse sicherlich uneingeschränkt, welcher Art der Zauber auch sein möge. Die meisten Familien feiern den Schulbeginn ihrer Kinder und sind in freudiger Erwartung. Gespannt sind sie vor allem auf die zukünftige Klassenlehrerin ihres Kindes. Solche Erwartungen können als belastender Erwartungsdruck erlebt werden, wenn man selbst die Klasse übernimmt. Hört man dann noch, dass die Kolleg:innen der Klassenstufe bereits ein Konzept für die ersten Tage haben, können einem gerade diese Tage als ziemlich herausfordernd erscheinen. Was kann helfen? In erster Linie eine gute Vorbereitung!

Sinnvoll ist es, rechtzeitig zu beginnen, das heißt vor den Sommerferien, wenn sich die Viertklässler gerade in ihrer intensiven Abschiedsphase befinden. Eine frühzeitige Vorbereitung auf die Einschulung der Erstklässler kann erheblich dazu beitragen, zukünftige Eltern und Kinder, aber auch sich selbst von möglicher Anspannung zu befreien, indem erste Kontakte geknüpft und wichtige organisatorische Aspekte im Vorwege geklärt werden. Eltern von zukünftigen Erstklässlern warten äußerst gespannt mit ihren Kindern darauf, zu hören und zu sehen, wer die Klassenleitung übernehmen und mit wem das eigene Kind in einer Klasse sein wird. Auf einem Elternabend vor den Sommerferien können einige grundsätzliche Anmerkungen der künftigen Klassenlehrerin zu Unterricht und Klassenleben, ein paar ermutigende Worte für den Übergang in eine neue, spannende und schöne Lebensphase des Kindes die Sorgen der Eltern beruhigen und die Vorfreude von Eltern und Kindern steigern.

Klassenlehrer:innen, die gut auf ihre neue Klasse vorbereitet sind, haben den großen Vorteil, offen für die Wahrnehmung der neuen Schüler:innen zu sein. Sinnvoll ist es, die Vorbereitung in drei Etappen vorzunehmen. Das kann folgendermaßen aussehen:

Vor den Sommerferien

- Klassenliste sichten und Wohnorte der Kinder in einem Stadtplan markieren.
- Einen *Brief* schreiben, der sich an die künftigen Schüler:innen richtet, und diesen an jedes Kind schicken, oder Schüler:innen aus der 4. Klasse je einen Brief an ihre »Nachfolger« schreiben lassen. Der Brief kann mit einer kleinen Aufgabe verbunden werden. Diese kann beispielsweise darin bestehen, auf einem Bild, das die Schule und einen Weg dorthin zeigt, an jedem Tag zwischen Erhalt des Briefes und dem Tag der Einschulung ein Kästchen auf dem Weg zur Schule auszumalen oder ein Bild für die Lehrerin zu malen. Ein Beispielbrief findet sich im Download-Material (siehe M 22).
- Eine *Materialliste* erstellen, die dem Brief beigelegt wird oder die beim ersten Elternabend (vor den Sommerferien) verteilt wird. Solch eine Liste liegt an vielen Schulen bereits vor. Am besten ist es, die Kolleg:innen, die im letzten Jahr eine 1. Klasse übernommen haben bzw. die Kolleg:innen der Parallelklassen auf die Materialliste anzusprechen.
- Einen ersten *Elternabend* zum Vorstellen und Kennenlernen durchführen: Informationen darüber, was die Kinder am Einschulungstag und in den ersten Schultagen erwartet; erste Angaben zu generellen pädagogischen Grundlagen; Fragen von Eltern beantworten; unsichere Eltern beruhigen und ermutigen; schriftliches Einverständnis dafür einholen, dass man kleinere Anschaffungen für die Kinder tätigen kann, deren Kosten die Eltern tragen (z. B. einheitliche Ablagekörbe).
- Wenn man selbst neu an der Schule ist: Schulordnung lesen, offizielle und inoffizielle Regelungen des Kollegiums bzw. der Schule erfragen, Kolleg:innen der Parallelklassen kennenlernen.

In den Sommerferien

- Unterrichtsvorbereitung (grob für die Zeit bis zu den Herbstferien, konkret für die erste Schulwoche)
- vollständige Vorbereitung des in der ersten Woche zu verwendenden Materials
- Anfertigung von Schultütenbüchern (siehe S. 121) in der Zahl der Kinder
- erste wenige Klassenregeln überlegen und kinderfreundlich visualisieren (siehe M 7b)
- erste Rituale überlegen und planen
- Festlegen einer Garderoben- und Hausschuhordnung
- Besorgungen:
  - Ablagekörbe oder Schubladen für die Schüler:innen
  - Trinkbecher
  - Klassenkuscheltier (Klassenmaskottchen)
  - Klangstab als Ruhesignalgeber
  - Decke, Tücher, Figuren, Vase für den Jahreszeitentisch

  - kleine Geburtstagspräsente für die Geburtstagsfeiern der Klasse und Aufbewahrungsbox
- Einrichten des Klassenraums
- Beschriften der Garderobenhaken, möglicherweise ein Schuhregal für Hausschuhe beschaffen
- Anfertigung eines Namensschildes für jedes Kind, das es am ersten Schultag auf seinen Platz stellen kann
- Gestaltung eines schönen Plakats für die Klassenzimmertür, auf dem die Namen aller Kinder stehen

Am Ende der Sommerferien bzw. zu Beginn des neuen Schuljahres

- vorhandene Lehrwerke ins Klassenzimmer bringen, Kreidevorrat aufstocken
- Vollendung der Einrichtung des Klassenraums, sparsame Dekoration (damit noch Platz zum Selbstgestalten bleibt)
- Stundenplan von der Schulleitung erhalten und für die Kinder schreiben und kopieren
- Klassenbuch vorbereiten, d. h. Schülernamen und Wochendaten eintragen und auf dem Pult bereitlegen
- »Lehrerzeitplaner« für die persönliche Unterrichtsplanung und Notizen besorgen und zur Benutzung vorbereiten
- Begrüßungsritual, Lied, Ablauf und Hausaufgabe für den ersten Schultag genau planen und Material dafür vollständig vorbereiten und bereitlegen
- Namen der Kinder lernen; bei Kindern mit Vor- oder Nachnamen, die man nicht kennt: erfragen, wie diese ausgesprochen werden, damit man sie beim Aufrufen während der Einschulung richtig ausspricht
- einen Platz für das Klassenmaskottchen einrichten, ihm einen Namen geben und eine Geschichte überlegen, mit der sich das Klassenkuscheltier den Kindern vorstellen kann
- den Jahreszeitentisch aktuell gestalten (Tücher, die farblich zur Jahreszeit passen, kleine Blumenkinderpüppchen, Muscheln, ein kleiner Blumenstrauß aus dem Garten, eventuell ein Monats- oder Jahreszeitenspruch)
- frische Blumen auf das Lehrerpult stellen
- wenn man neu ist an der Schule:
  - Fachräume (Sport, Musik, Kunst) besichtigen und Regeln zur Nutzung bei den jeweiligen Fachleitungen erfragen
  - Getränkeregelung erfragen
  - Regeln für den Pausenhof erkunden

»Auf den Anfang kommt es an!« – nicht nur chronologisch gesehen gilt es, den Anfang gut vorzubereiten. Sich rechtzeitig vor der Einschulung auf die neue Klasse einzustellen lohnt sich auch in Bezug auf die »drei Pädagogen«:

1. die Klassenlehrerin als bedeutsame Bezugsperson,
2. die Mitschüler:innen als Lebens- und Lerngemeinschaft, die Regeln und Rituale benötigt,
3. der (Klassen-)Raum als Ort des Wohlfühlens, der Anregung und Ruhe und der vorbereiteten Lernumgebung.[16]

Überlegungen zu den »drei Pädagogen« finden sich besonders im ersten Teil dieses Buches (z. B. Kap. 1, Kap. 2.3, Kap. 3.2.1), aber auch in einigen Kapiteln zur konkreten Schulpraxis (z. B. Kap. 6, Kap. 8), weil sie so wichtig für das Wohlfühlen aller in der Klasse sind und damit den Rahmen für Motivation und nachhaltig gelingenden Unterricht bilden.

5.2 Die ersten Tage

5.2.1 Der erste Schultag ist da

Die neue Klassenlehrerin hat in ihrem Klassenraum letzte Vorbereitungen für den Empfang der Klasse getroffen. Zunächst beginnt der erste Schultag jedoch mit dem großen Einschulungsfest der Schule. Je nach räumlichen Möglichkeiten einer Schule füllt sich die Aula, die Turnhalle oder der Musikraum mit Eltern, Geschwistern, Großeltern, Patinnen und Paten und vor allem den zukünftigen Erstklässlern. Eine Feststunde mit Musik, Chor, einer Theaterdarbietung von älteren Schüler:innen, einer Ansprache der Schulleitung und eventuell der Elternvertretung der Schule nimmt ihren Lauf. Dann treten die Klassenlehrer:innen auf die Bühne und rufen »ihre« Schüler:innen auf – ein aufregender und sehr wichtiger Moment.

Es ist wenig Zeit, wenn die Kinder nacheinander auf die Bühne kommen, aber es ist genug Zeit dafür, jedes Kind mit Handschlag zu begrüßen, es freundlich anzuschauen, ihm ein vorbereitetes Namensschild anzuheften und z. B. eine Sonnenblume zur festlichen Begrüßung in die Hand zu geben. So viel Zeit muss sein – Zeit zum Ankommen und freundlichen Angenommenwerden auf der »anderen Seite« und im neuen Lebensabschnitt, der mit dem Schuleintritt beginnt. Schon hier können entscheidende Zeichen gesetzt werden: die Wahrnehmung und Würdigung eines jeden Kindes, das die Lehrkraft freundlich zugewandt begrüßt.

Die Eltern warten auf dem Schulhof oder in der Cafeteria bei einem Kaffee oder Tee des Schulvereins auf ihre Kinder, während die neuen Schüler:innen ihre erste Unterrichtsstunde erleben.

16 Loris Malaguzzi, der Begründer der Reggio-Pädagogik, sprach vom »Raum als drittem Pädagogen«.

Abb. 12: Seidentuch mit Namensschildern

Die Klasse ist in ihrem Klassenraum angekommen. Die Schulranzen werden zunächst an den Rand gestellt, und alle treffen sich im Sitzkreis. In dessen Mitte liegt ein buntes Seidentuch, auf dem Namensschilder mit den Namen der Kinder stehen.

Nach einer herzlichen Begrüßung, einem Bewegungs-Begrüßungslied und einer kurzen Ansage zum Ablauf ermuntert die Lehrkraft die Kinder, ihren Namen zu suchen. Anschließend darf ein Kind nach dem anderen sein Namensschild nehmen und sich mit seinem Namen vorstellen. Wenn es mag, kann es darüber hinaus eine Sache von sich erzählen: eine Eigenschaft, die Straße, in der es wohnt, den Namen des Kindergartens, den es bis vor Kurzem besucht hat. Wer noch nicht lesen kann, dem wird geholfen. Haben alle Kinder ihr Namensschild, dann dürfen sie sich einen Platz in der Klasse aussuchen. Das selbstbestimmte Wählen eines Sitzplatzes ist gerade ganz am Anfang sinnvoll, weil viele Kinder noch die Geborgenheit durch die direkte Nähe zu ihrer Freundin oder ihrem Freund brauchen, um sich für das Neue zu öffnen.

Ganz wichtig ist, dass die Kinder nun »so richtig« Schule erleben: eine Lehrerin, die an die Tafel schreibt, die etwas fragt, die einen Arbeitsauftrag und am Ende auch eine Hausaufgabe gibt. Eine Hausaufgabe am ersten Schultag ist für die meisten Kinder ein Muss: Das ist Schule. Da arbeitet man. Da lernt man etwas. Am Ende wird die Hausaufgabe gegeben, an- und abgeschrieben bzw. -gemalt (in das Hausaufgabenheft).

Praxistipp: Das Schultütenbuch[17]

Kinder wollen gerade am ersten Schultag solch eine »richtige« Schule. Eine schöne Idee ist es, Kinder an den ersten Schultagen ein kleines Buch herstellen zu lassen – ihr Schultütenbuch. Dafür erhalten sie ein von der Lehrerin vorbereitetes Buch in der Form einer Schultüte mit einigen vorbereiteten Seiten.
Hausaufgabe ist, in die noch leere Schultüte auf dem Buchdeckel einiges von dem zu malen, was in der eigenen Schultüte zu finden war. Außerdem werden die Kinder gebeten, das Büchlein und ihre echte Schultüte am nächsten Tag noch einmal mitzubringen – und ein Frühstück, denn am nächsten Tag wird zum ersten Mal gemeinsam gefrühstückt.

Hinweis: Alle im Folgenden erwähnten Rituale und Spiele finden sich in Kapitel 4.2.2 (S. 101 ff.), Kapitel 6.3 (S. 142 ff.) und im Download-Material (S. 213).

5.2.2 Der zweite Schultag

Der zweite Schultag widmet sich der Einführung von Ritualen, die in Zukunft, zum Teil auch nur in den nächsten Wochen, praktiziert werden:

- Begrüßung aller Kinder mit Handschlag beim Betreten des Klassenraums
- Spielerische Übung zur Verwendung des Klangstabes als Ruhesignal: Alle Kinder strecken einen Arm in die Luft. Die Lehrerin schlägt den Klangstab einmal an. Die Kinder hören dem langen Ton des Klangstabes zu und nehmen ihren Arm hinunter, wenn sie den Ton nicht mehr hören können.
- *Treffen im Morgenkreis* (siehe S. 30)
- Begrüßungsritual: Begrüßungslied mit Bewegung; Ruhe herstellen mit dem Klangstab; Begrüßung aller Kinder; fragen, ob jemand fehlt; Verweis auf Tafelanschrieb zu Wochentag, Datum und Monat; Vorstellen des Tagesablaufs an der Tafel; Vorstellen der Hausaufgaben
- Einführung des *Bewegungsrituals »Fahnenlauf«* (siehe S. 147)
- Einführung des *gemeinsamen Frühstücks*. Regeln für das Frühstück: Es wird in Zukunft immer in der Viertelstunde vor der großen Pause gefrühstückt, dabei liest die Lehrerin aus einer fortlaufenden Lektüre vor (siehe S. 138).
- Erläuterung der Regeln, die für die Pausen gelten
- *Stuhlkreis mit Schultüten*: Jedes Kind legt seine Schultüte in den Kreis, die spitze Seite zeigt in das Kreisinnere. Nun bekommen die Kinder die Aufgabe, die Schultüten zu ordnen, und kommen dabei miteinander über ihre Tüten ins Gespräch.

---

17 Siehe M 21. Die Idee des Schultütenbuchs stammt von Martin Kelpe und Christine Ritter, denen wir dafür danken, dass sie uns ihr Material zum Schultütenbuch zur Verfügung gestellt haben.

Wenn alle Schultüten geordnet und wertgeschätzt sind, macht die Klassenlehrkraft ein Foto für das Klassentagebuch. Dann dürfen die Kinder vom ersten Schultag bzw. zu ihrer Schultüte erzählen. Wichtig ist, dass es eine Leitfrage gibt, die klar verständlich ist, und dass die Frage so beantwortet werden kann, dass Kinder aus finanziell benachteiligten Elternhäusern sich nicht beschämt fühlen.

- *Arbeit am Platz*: Jedes Kind malt und schreibt (sofern es schon etwas schreiben kann) in seinem Schultütenbuch etwas zum Inhalt seiner Schultüte – wer mag, darf anschließend sein Schultütenbuch zeigen.
- Zählen und erstes Rechnen zu Dingen, die in Schultüten sein können. Eine Möglichkeit ist, dass das Klassenmaskottchen selbst eine Schultüte bekommen hat, die die Kinder nun auspacken dürfen. Welche Kinder dem Klassenkuscheltier beim Auspacken helfen dürfen, wird per Zufall bestimmt: Das Tier zieht aus einer Schachtel, in der ein Namenszettel jedes Kindes liegt, einige Zettel und lässt die Lehrerin vorlesen. Ist die Schultüte ausgepackt, dann werden erneut Namen gezogen. Diese Kinder dürfen nun die Dinge ordnen. Am Ende dürfen sich Kinder melden, die laut zählen, wie viele Exemplare einer Sache (Buntstifte, Radiergummi, auch etwas Süßes, von dem das Tier am Ende jedem Kind etwas abgibt) sich in der Schultüte befunden haben.
- Lied: »*Alle Kinder lernen lesen*« lernen (auf die Melodie von »Glory, glory, hallelujah«, Text im Internet oder bei Maierhofer/Kern/Kern 2005, S. 35)
- *Abschlussritual:* Hausaufgabe besprechen und mit Symbolen ins Hausaufgabenheft »schreiben«, Ranzen packen, Tisch aufräumen, Stillesignal, kurzes Feedback der Lehrkraft und – freiwillig – einzelner Kinder, Abschlusslied, »Abschlussrakete« im Kreis. Alternativ kann der Tag mit einem *Abschlusskreis* beendet werden: Alle fassen sich an den Händen, schauen sich noch einmal an und wünschen sich gemeinsam »einen schönen Tag bis zum Wiedersehen«.

Praxistipp: »Abschlussrakete«

Für die »Abschlussrakete« bilden alle Kinder und die Lehrkraft einen kleinen Kreis, hocken sich hin, trommeln mit den Händen leise auf den Boden, erheben sich dann langsam gemeinsam und rufen: »Wir sagen Tschüss!«

5.2.3 Die ersten Wochen

Dritter Schultag

- *Morgenkreis*: Begrüßungsritual (wie am zweiten Tag)
- *Arbeitsphase:* Arbeit im Schultütenbuch, Hausaufgabe: Fertigstellen des Schultütenbuchs
- *Einführung von Symbolen* für Hefte, Mappen, Arbeitsweisen, Hausaufgaben

- *erstes Rechnen*
- »*Faszination des leeren Blattes*«: Kinder schreiben gemeinsam auf ein leeres DIN-A3-Blatt, was sie schon schreiben können; die Übung dient unter anderem der Bestimmung der Schreibausgangslage
- Wiederholung des Bewegungsrituals »Fahnenlauf«
- neues *Kennenlernspiel:* »Ich mag gerne …« (siehe S. 104)
- Abschlussritual wie am zweiten Schultag

Vierter Schultag

- Begrüßungs- und Abschlussritual wie gewohnt
- Wiederholung des Bewegungsrituals »Fahnenlauf« und Reflexion: »Hat der Fahnenlauf gut geklappt?« Falls nicht: Was können wir tun, damit es morgen besser klappt?
- Übung von Partnerarbeit und Partnergespräch anhand einer konkreten Aufgabe, Vorstellen von Arbeitsergebnissen im Kreis
- Gestaltung einer eigenen Seite für den Geburtstagkalender der Klasse
- Hausaufgaben besprechen und mit den eingeführten Symbolen notieren

Fünfter Schultag

- Begrüßungs- und Abschlussritual wie gewohnt
- Wiederholung des Bewegungsrituals »Fahnenlauf« und kurze Reflexion, unter welchen Bedingungen es geklappt hat
- Formulieren und Visualisieren erster Regeln für das Klassenleben und für Gespräche im Unterricht
- Präsentation der Schultütenbücher und des Geburtstagskalenders
- Verteilen von »Wochentagebüchern« (Geschenk der Klassenleitung an jedes Kind: schönes Blanko-Heft, beschriftet mit: »Tagebuch von …«) und Einführung des Wochenabschlussrituals »Tagebuchschreiben«, dabei Hinweis auf Anlauttabelle
- kleine Rechenaufgaben
- Wochenabschlusskreis zum Wochenende, dabei bewusst auf die Einhaltung der visualisierten Gesprächsregeln achten

In der zweiten Schulwoche

- Klassen- und Schulrallye
- Wiederholung und konsequentes Üben und Einführung von (wenigen!) Bewegungs- und Ruheritualen
- Wiederholung und konsequentes Üben, auch gemeinsames Reflektieren des Miteinander-Sprechens in der Klasse
- Wiederholung und konsequentes Eintragen ins Hausaufgabenheft
- intensive Einführung des Schreibens mit der Anlauttabelle, Verteilen des Arbeitsheftes Deutsch zum Schreiben und Lesen mit Anlauttabelle

- Einführung von Rechengeschichten und Mathe-Arbeitsheft
- Tagebuchschreiben

In der dritten Schulwoche

- *Ausflug auf den Schulhof,* Aufsuchen eines Obstbaums, der im ersten Schuljahr wöchentlich besucht und durch das Jahr hindurch beobachtet wird, Eingehen auf die Jahreszeit, Einführung von Jahreszeitentisch, Jahreszeitenlied und -gedicht
- konsequentes Praktizieren der eingeführten Rituale und Gesprächskreise
- bewusst auf Gesprächsregeln achten und darüber reden
- *Einführung von (wenigen) Ämtern,* bewusst auf die Ausübung der Ämter achten
- *erste Klassensprecher:innenwahl* *(siehe Kasten S. 42)*
- Einführung in die Arbeit im Musik- und Kunstraum
- Tagebuchschreiben
- Einführung von »*Gefühlskreis*« (siehe S. 153) und eventuell auch von »*Pausengesprächen*«[18]

5.3 Klasse 4: Abschluss und Abschied

Im 3. Schuljahr, spätestens aber zu Beginn des 4. Schuljahres, beginnt das große Kribbeln. Ob in Flensburg oder am Bodensee, es stellt sich automatisch in den meisten Grundschulen ein. »Wer es heutzutage nicht auf das Gymnasium schafft, der hat sowieso in dieser Gesellschaft verloren«, so formuliert die Mutter eines Viertklässlers den ursächlichen Druck, der dieses Kribbeln auslöst.

Irgendwann ab November ist es für alle Viertklässlereltern so weit: Sie werden vor dem Verteilen der Halbjahreszeugnisse und der »Empfehlungen« (in den meisten Bundesländern) zu einem Elterngespräch mit der Klassenlehrerin eingeladen, in dem es vor allem um die Schullaufbahnberatung geht. Der Druck, der auf den Familien lastet, wird an der Reaktion eines bildungsbürgerlich geprägten Vaters deutlich, dessen Kind nicht die erhoffte Gymnasialempfehlung bekommen hat. Er erzählt: »In der Klasse meines Kindes finden zurzeit die Elterngespräche statt. Wir haben es gerade hinter uns. Es war furchtbar, sie hat keine Empfehlung bekommen. Heute hat sie sich kaum in die Klasse getraut. Und das Schlimmste: Ich konnte es verstehen!«

Viele Eltern fühlen heute genau denselben Druck, von dem dieser Vater erzählt. Es handelt sich nicht um die Sorge einzelner Eltern in einzelnen Klassen an wenigen Schulen, sondern um ein gesellschaftliches Phänomen, das quasi automatisiert auftritt, wenn der Übergang in die weiterführende Schule bevorsteht. Das gesamte 4. Schuljahr als »Zeit der Auslese« – das ist ein großes Problem an sehr vielen Grundschulen.

---

18 Pausengespräche sind ritualisiert direkt nach einer bestimmten Pause durchgeführte kurze Klassengespräche zu einem Konflikt, den es in der Pause gegeben hat. Sie können auf das ritualisierte Gespräch im Klassenrat vorbereiten.

Allerdings haben Lehrkräfte glücklicherweise trotz allem auch Einflussmöglichkeiten auf die Übergangsproblematik. Diese zu nutzen bedeutet, vom Beginn der 1. Klasse an auf ein pädagogisches Leistungsverständnis, auf Kommunikation, Partizipation und Transparenz zu achten. Was heißt das konkret?

5.3.1 Lernentwicklungsgespräche als Prozess ab Klasse 1

Um die Situation des Übergangs von der Grundschule in die weiterführende Schule zu entspannen, ist es hilfreich, schon in den ersten Schuljahren der Grundschule mit den Eltern ins Gespräch zu kommen – über die Biografie, über Lernvoraussetzungen, das Arbeitsverhalten, Lernfreude oder -hemmung und Produkte bzw. Leistungen ihrer Kinder. Dabei ist es sinnvoll, aufmerksam hinzuhören, wenn Eltern sich bezüglich ihrer Erwartungen zur Schullaufbahn ihrer Kinder äußern. Wenn diese dem eigenen Eindruck vom Potenzial des Kindes nicht entsprechen, sollte dies frühzeitig angesprochen werden. Jede Klassenlehrerin muss selbst entscheiden, ab wann sie mit den Eltern über mögliche Schulperspektiven ins Gespräch kommt, auf jeden Fall aber sollte die Schullaufbahnempfehlung *rechtzeitig*, d.h. nicht erst dann, wenn sie im 4. Schuljahr konkret wird, vorbereitet werden. Endgültig und konkret formulieren kann man die Empfehlung selbstverständlich erst, wenn die Gespräche im 4. Schuljahr vor den Halbjahreszeugnissen geführt werden.

Es ist keine leichte Aufgabe, als Klassenlehrerin einem Kind und seinen Eltern bereits im 4. Schuljahr (in fast allen Bundesländern) die Empfehlung für die Schullaufbahn des Kindes zu geben, erst recht nicht, wenn diese verbindlichen Charakter hat. Die Empfehlung hängt zwar im Wesentlichen von den Zensuren ab, sollte aber unbedingt auch auf grundlegenden Gedanken zu Interessen und überfachlichen Kompetenzen des Kindes beruhen.

Praxistipp: Kriterien für die Schulempfehlung

1. Wo liegen die Interessen des Kindes? Hat die Schülerin, der Schüler Freude daran, selbstständig zu arbeiten und auch eigenen Ideen nachzugehen?
2. Wie ist das Freizeitverhalten des Kindes? Hat es Hobbys? Wie viel Zeit verbringt es mit Fernsehen, Computerspielen etc.?
3. Wie belastbar ist das Kind?
   - Kann es sich über einen längeren Zeitraum hinweg konzentrieren?
   - Kann es ausdauernd arbeiten bzw. kann es in bestimmten Bereichen des Alltags oder des Lernens einen Willen entwickeln, sich ausdauernd anzustrengen?
   - Wie geht das Kind mit Misserfolg um?
   - Kann es unter Zeitdruck arbeiten und zu Ergebnissen kommen?
   - Wie reagiert es, wenn unerwartete Herausforderungen auf es zukommen?

4. Welche Fähigkeiten oder Probleme hat das Kind im sozialen Bereich?
   - Welche Rolle nimmt das Kind in Gruppen von Gleichaltrigen ein?
   - Kann das Kind sich, seine Wünsche, Bedürfnisse und die eigene Meinung gut zum Ausdruck bringen?
   - Kann es gut zuhören?
5. Welche Arbeitshaltung hat das Kind entwickelt?
   - In welchen Fächern bzw. bei welchen Anforderungen (Aufgaben) gelingt es dem Kind, eigenständig zu arbeiten?
   - Wie viel Unterstützung braucht das Kind beim Lernen und wie viel Unterstützung kann es (durch wen) längerfristig erhalten?

Jedes Lernentwicklungsgespräch sollte genutzt werden, um die prozessuale Lernentwicklung deutlich zu machen und lernbegünstigende bzw. -hinderliche Faktoren auf der Grundlage vorbereiteter Einschätzungen der Lehrkraft (und der Eltern) *gemeinsam* zu bedenken. So erhalten Eltern die Möglichkeit, ein umfassendes Verständnis für den Leistungsstand, das Arbeitsverhalten und das derzeitige Leistungsvermögen ihres Kindes zu entwickeln. Wenn zum Halbjahreszeugnis in der 4. Klasse die Elterngespräche bzw. Lernentwicklungsgespräche mit Eltern und Kind über Schullaufbahnempfehlungen geführt werden, sollte es durch die vielen vorangegangenen Gespräche – auch mit dem Kind – keine großen Überraschungen und entsprechend auch nicht so große Ängste im Voraus geben.

5.3.2 Die Vorbereitung der Klasse auf Abschied und Übergang in die weiterführende Schule

Das zweite Halbjahr der 4. Klasse hat begonnen. Der Übergang in die 5. Klasse der weiterführenden Schule steht bevor. In dieser Phase hat es manches Mal den Anschein, als sei die Klasse gar nicht mehr ganz in der Gegenwart. Dieser Eindruck verstärkt sich, wenn es auf die letzten Wochen und Tage der 4. Klasse zugeht. Vorfreude und Sorge dem Neuen gegenüber können Schüler:innen und Eltern innere Unruhe bescheren, der Schmerz (selten auch mal die Erleichterung), die alte Klasse zu verlassen, kann die Unruhe verstärken – innerlich und äußerlich.

Dann ist es wichtig, als Klassenlehrerin erst recht auf eine interessante, schöne Gestaltung des 4. Schuljahres zu achten, auf die Öffnung des Blickes (und der Schritte) nach außen ebenso wie auf die Stärkung des Zusammenhalts durch gemeinsame Erlebnisse. Sowohl die Inhalte der Fächer und Projekte als auch einzelne Unternehmungen oder Veranstaltungen der Klasse können auch in dieser Phase festigend und stärkend wirken. Gleichzeitig gilt es, die Kinder zu ermutigen, sie stark zu machen für den Übergang, sie darauf einzustimmen und jedem von ihnen zu vermitteln: »Ich traue dir zu, dass du in der Welt außerhalb unserer Schule gut zurechtkommen wirst, du bist nun schon so groß – freue dich auf das, was dich erwartet!«

Zur Gestaltung des zweiten Halbjahres in Klasse 4 können wir empfehlen:

Praxistipps für das zweite Halbjahr in Klasse 4

Symbol »Weg«, »Tür« oder »Hirte«

Im Religionsunterricht oder auch in Klassenstunden macht es Sinn, das Symbol »Weg« und/oder »Tür«, eventuell auch »Hirte« aufzugreifen und dazu eine Unterrichtseinheit durchzuführen, die den Schüler:innen die Gelegenheit gibt, ihren bisherigen Lebensweg zu reflektieren und die Chance von Türen symbolisch zu verstehen und zu bedenken – im Hinblick auf die persönliche Vergangenheit, in der bereits Türen geöffnet und durchschritten worden sind, und mit Blick auf Türen und »Durchgänge« in der (näheren) Zukunft. Material zur symbolorientierten Didaktik sind z. B. in religionspädagogischen Beratungsstellen erhältlich.

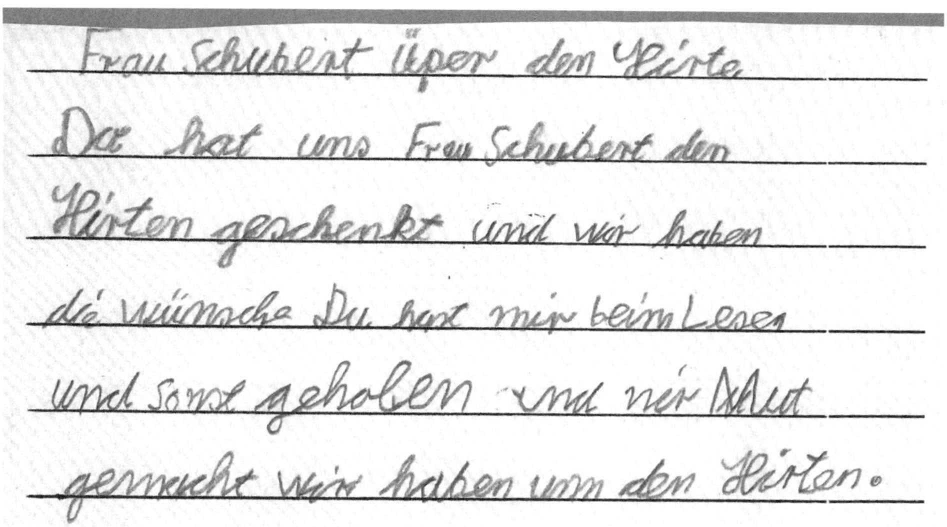
Frau Schubert üper den Hirte
Da hat uns Frau Schubert den
Hirten geschenkt und wir haben
die wünsche Du hast mir beim Lesen
und sonst geholfen und mir Mut
gemacht wir haben um den Hirten.

Abb. 13: Schülertext »Hirte«

Meine Forschungsarbeit

Viele Kinder sind nun weit genug, um unter Anleitung eigenständig arbeiten zu können, der Umfang der eigenständigen Arbeit kann dabei allerdings (stark) variieren. Ein Höhepunkt im Unterricht kann es sein, am Ende der Grundschulzeit ein eigenes Projekt durchzuführen: Eine »Forscherarbeit« zu einem Thema eigener Wahl. Die Forscherarbeit wird zu Beginn des zweiten Halbjahres oder bereits im ersten Halbjahr des 4. Schuljahres begonnen und in dafür fest vorgesehenen Stunden bzw. Stundenblöcken kontinuierlich durchgeführt. Im Vorfeld ist die Organisation sehr gut zu planen: Welche außerschulischen »Experten« bzw. anderen Helfer:innen können (regelmäßig) in den Stunden des forschenden Lernens anwesend sein? Welche Räume und Materialien stehen zur Verfügung? Welche methodischen Hilfen müssen die Kinder erhalten, welche Rahmenbedingungen soll es geben? Ab wann und für welche Zielgruppe finden die Präsentationen statt?
Die Selbstständigkeits- und Selbstwirksamkeitserfahrung, die Schüler:innen beim forschenden Lernen machen, kann als Vorfreude auf die Anforderung größerer Selbstständigkeit in der neuen Schule wirken und das Selbstbewusstsein stärken.

Unser Klassenprojekt

Es wird sicher in guter Erinnerung bleiben, wenn die ganze Klasse ein gemeinsames Projekt durchführt, bezogen auf ein außerschulisches Thema und/oder einen außerschulischen Ort: Die Klasse wählt sich gemeinsam (möglicherweise aus einem Ideenpool der Klassenlehrkraft) ein Thema aus, zu dem sie arbeiten will. Geeignete Themen sind Themen des Stadtteils, des Dorfes, der Gegend, aber auch ein »Eine-Welt-Projekt«.
Der Blick aus der vertrauten Schule hinaus in die außerschulische Lebenswelt kann ebenso wie die Selbstständigkeit des (Miteinander-)Arbeitens Vorfreude auf den Eintritt in eine neue, »größere« Welt fördern. Auch hier gilt: Das Projekt muss gut vorbereitet sein, damit die Aussicht auf ein Mut machendes Ergebnis hoch ist.

Gemeinsame Unternehmungen

Alles, was in Klasse 4 noch einmal die Gemeinschaft erleben lässt, tut gut. Die Kinder sollen sich gern an ihre Grundschulzeit zurückerinnern, und es wäre schade, wenn »Auflösungstendenzen« sich durchsetzten – etwa weil die Zeit durch viele zu regelnde Angelegenheiten zerfasert oder weil sich Grüppchen von Kindern bilden, die auf dieselbe weiterführende Schule gehen werden. Mögliche gemeinsame Unternehmungen sind:

- Klassenausflüge an bedeutsame Orte der Stadt, des Stadtteils oder der Gegend, um den Blick auf die außerschulische nahe Umwelt zu erweitern und zu »locken«.
- Eine gemeinsame Lesenacht in der Schule, ein Literaturcafé mit Präsentation ausgewählter Geschichten, Gedichte oder anderer Texte der Schüler:innen aus den vier Schuljahren.
- Vorbereitung eines Theaterstücks zur Verabschiedung von der Schule, eventuell gemeinsam mit den Parallelklassen (dann muss besonders frühzeitig geplant und einstudiert werden), z. B. das »Vierfarbenland« von Gina Ruck-Pauquèt oder eine Revue, die verschiedene kleinere Darstellungen, Turnvorführungen, Textpräsentationen, musische Darbietungen durch wiederkehrende »Zwischennummern« miteinander verknüpft.
- Gemeinsame Vorbereitung des Abschiedsfestes mit den Eltern – auch hier bietet sich die (mehrwöchige!) Vorbereitung eines Theaterstücks mit der Klasse an, z. B. »The Gruffalo« auf Englisch.

Ausblick auf die neue Schule

Die Kinder sind gespannt und oft auch unsicher, wenn sie an die weiterführende Schule denken. Es kann ihnen helfen, wenn die Grundschule oder ihre Lehrer:innen eine Brücke zu den weiterführenden Schulen schlagen. Hier bieten sich zwei Formen an:

- der gemeinsame Besuch der weiterführenden Schulen anlässlich eines Besuchsnachmittages oder einer Einladung, am Unterricht probeweise teilzunehmen,
- die Einladung der zukünftigen Lehrkräfte in die Grundschule.

Sollte es vonseiten der weiterführenden Schulen Interesse an einem Austausch geben, dann ist dies eine Chance, voneinander zu lernen und sich auszutauschen – über Arbeitsweisen, Kompetenzen, Arbeitsmaterialien und besondere Prägungen, Regeln und Rituale.

5.3.3 Die letzten Wochen

Gespräche über den Abschied und die Erwartungen an das Neue sollte man nicht zu früh und nicht zu spät beginnen (siehe S. 111 f.). Erfahrungsgemäß ist ein Zeitraum von acht bis zehn Wochen vor den Sommerferien geeignet, um den Raum für derartige Klassengespräche zu eröffnen und diese dann intensiv, aber nicht zu oft zu führen. Bei aller Offenheit für Skepsis und Sorgen von Schüler:innen im Hinblick auf den Abschied ist es sinnvoll, als Lehrerin immer wieder auch das Zutrauen in die Kräfte der Kinder zur Bewältigung dieser Übergangsphase deutlich zum Ausdruck zu bringen. Auch das Gute an Neuem, die freudige Neugier, mag skeptische Kinder stärkend berühren. Über allem steht gerade in der sensiblen Übergangsphase der Klasse das Ernstnehmen der Schüler:innen als Klassengemeinschaft und als individuelle Persönlichkeiten.

In den letzten drei bis vier Wochen geht es in besonderer Weise um Abschluss und Abschied: Unterrichtsinhalte sind zu einem Abschluss zu bringen, es muss auf- und ausgeräumt werden. Wichtig ist dabei, nicht aus dem Blick zu verlieren, dass es auch im Bereich des Klassenlebens Dinge gibt, die vor langer Zeit begonnen wurden und nun zu einem guten Ende zu bringen sind. Die ersten beiden Beispiele mögen dies konkretisieren:

Praxistipps zum Ende von Klasse 4

Verabschiedung des Klassenrats

Der Klassenrat war eine Institution dieser Klasse und Klassengemeinschaft. Wir erinnern uns daran zurück, wie es war, als wir mit dem Klassenrat angefangen haben, und es werden Beschlüsse aus alten Protokollen vorgelesen. Zum Schluss bietet sich eine »positive Runde« für den Klassenrat an: Die Erzählkugel wird von Kind zu Kind weitergereicht, und wer sie hat, erzählt etwas, das ihm am Klassenrat gut gefallen hat oder das für ihn einmal schön war im Klassenrat.

Beendung des Klassentagebuchs

Zum Schluss schreibt jede:r einen Text für das Klassentagebuch zu einem selbst gewählten »Abschiedsthema«. Thematische Anregungen können sein: »Die schönsten (drei) Erlebnisse mit meiner Grundschulklasse«, »Unsere Klasse ist für mich wichtig, weil …«, »Wenn ich an Glück denke …«, »In 10 Jahren werde ich …«. Beim letzten Thema machen sich die Kinder Gedanken über Familiensituation, Berufswunsch, Wohnvorstellungen, Lebensvorstellungen, vielleicht auch über die Welt der Zukunft. Den meisten Kindern gefällt das sehr, und das Formulieren von Visionen macht ihnen den Abschied leichter.

Abschiedsgeschenke

Als Abschiedsgeschenk bereiten wir für jedes Kind ein Heft aus Bildern und Texten der Klasse vor. Dieses Buch enthält z. B.

- Kopien von Texten aus den Klassentagebüchern der Jahrgänge 1–4,
- eine Zusammenstellung von Steckbriefen, die die Schüler:innen über sich selbst verfasst haben – auch über ihre Zukunftsvorstellungen und Wünsche,
- eine Zusammenstellung von besonders bedeutsamen oder gelungenen Texten aller Schüler:innen der Klasse aus den vier gemeinsamen Schuljahren,
- Fotos von gemeinsamen Unternehmungen.

Wichtig ist, dass jedes Kind im Abschiedsbuch vorkommt und diesbezüglich kein zu großes Ungleichgewicht vorherrscht! Darüber hinaus bedeutet es für ein Kind viel, wenn es von seiner Klassenlehrerin einen persönlichen kurzen Brief erhält, in dem sie seine Stärken anspricht und individuell gute Wünsche für die Zukunft und ihr Vertrauen darauf formuliert.
Ein kleiner Halbedelstein oder ein Symbol, welches die Klasse womöglich geprägt hat, kann in einer kleinen Schachtel (z. B. einer mit Samt beklebten Streichholzschachtel) oder in einem kleinen Säckchen (z. B. aus goldenem Stoff) dazugeschenkt werden – als »Glücksstein«.

5.3.4 Der letzte Schultag

Der letzte Schultag wird von uns mit einem letzten, gemeinsam geplanten, festlichen Frühstück und einem Abschlusskreis begangen. Im Abschlusskreis verteilen wir nach einer Abschiedsrunde der Schüler:innen unsere Geschenke an jedes Kind mit Handschlag und Augenkontakt – genauso, wie wir es am ersten Schultag begrüßt haben. Je nach Geschmack folgt ein letztes Mal die »Abschlussrakete«. Kommt eine traurige oder melancholische Stimmung auf, dann wird diese meistens im Rahmen der Schulabschiedsfeier der ganzen Schule in der Aula durch Fröhlichkeit ergänzt. Der Übergang vollzieht sich.

6. Das Zusammenleben gestalten

6.1 Im Raum Struktur und Atmosphäre schaffen

Die Schulpraxis zeigt, dass der Raum als »dritter Pädagoge« oft ein Schattendasein führt. Zu Unrecht, denn der Klassenraum hat eine große Bedeutung für die Atmosphäre, er kann Unterrichtsformen ermöglichen oder behindern, Anregung geben und wirkt sich auf die Konzentrationsfähigkeit der Kinder aus: »Orte spielen im Leben des Menschen eine weit bedeutendere Rolle, als uns bewusst ist. Sie sind so etwas wie ein ›Anker‹, der alles ›erdet‹, was wir an dem jeweiligen Ort erleben bzw. erlebt haben, ja sie verankern manchmal sogar einen bestimmten Zeitabschnitt unseres Lebens« (Bauer 2008, S. 37). Pädagogische Erfolge stellen sich eher ein, wenn es bei der Raumgestaltung um mehr geht als um die Anordnung der Tische, die Dokumentation der Klassenämter und einen Platz für Bilder oder Präsentationen der Schüler:innen.

Der »Münsteraner Konvent« von Pädagogen und Architekten im Jahre 2009 konzentrierte sich auf die Umgestaltung von Schulen zu Lernlandschaften, zu schönen Orten, an denen man sich wohlfühlen und in denen man sich gut zurechtfinden kann. Das Zusammenspiel von klarer Raumaufteilung, Tisch- und Sitzordnung und bewusster ästhetischer Gestaltung wirkt sich funktional und emotional entscheidend auf das Lernklima in der Klasse aus. Das Ziel, als Klassenleitung zu einer möglichst guten Lernmotivation, Anstrengungsbereitschaft und Arbeitshaltung der Schüler:innen beizutragen und für die Rahmenbedingungen guten Unterrichts zu sorgen, beinhaltet konstitutiv auch die bewusste Raumgestaltung!

Den Klassenraum kann man sich nicht aussuchen. Gestalten aber lässt sich zum Glück jeder Raum. Die große Frage dabei ist: Nach welchen Prinzipien gestalte ich bzw. gestalten wir mit den Schüler:innen das Klassenzimmer? Es gibt die Möglichkeit, sich z. B. im Rahmen einer Lehrerfortbildung über Konzepte zur Klassenraumeinrichtung beraten zu lassen (etwa »Feng-Shui für den Klassenraum«). Außerdem gibt es bestimmte Architekten, die Schulen bauen und mit ihrer Kompetenz auch die Inneneinrichtung bedenken. Vielleicht gibt es eine solche Schule in der Nähe, deren Klassenräume man sich einmal anschauen kann? Medial vermittelte oder reale Hospitationen in anderen Klassenräumen können hilfreiche Ideen für die eigene Einrichtung liefern. Auch erfahrene Kolleg:innen können Tipps geben.

Empfehlenswert für die Raumgestaltung ist eine klare Leitidee der Lehrkraft, so z. B. »Klarheit«, »Ruhe/Konzentration«, »Schülerorientierung« oder »Individualisierung«. Je nach vorherrschender pädagogischer Leitidee und Klassenzusammensetzung werden bei der Klassenraumgestaltung bestimmte Schwerpunkte gesetzt, die meistens besonders an der Tischanordnung zu erkennen sind. Unabhängig vom vorherrschenden pädagogischen Konzept der Klassenleitung sollten zwei Prinzipien für die Klassenraumgestaltung leitend sein:

- Klarheit und Konzentrationsförderung
- Vermittlung von Geborgenheit

Konkret bedeutet das, folgende Gestaltungsaspekte beim Einrichten des eigenen Klassenraumes zu bedenken:

- *Farbgestaltung*: warmes Hellgelb oder Orange (anregend) oder Blau (konzentrationsfördernd)
- *Raumästhetik:*
  - möglichst leere Wände, keine hohen Regale, keine Überfrachtung (Schülerarbeiten eher im Flur ausstellen)
  - aktuelle Schülerarbeiten an der Wand oder in einer Vitrine auf dem Flur präsentieren
  - im Klassenraum auf eine gemeinsame Linie der Bilderanordnung (in Gesichtshöhe der Kinder) achten
  - möglichst keine Schnüre mit Bildern durch den Raum spannen, eventuell eine Hängevorrichtung im Zentrum des Raumes bzw. des Sitzkreises zum jahreszeitlichen Dekorieren schaffen
  - einen Jahreszeitentisch gestalten – gute Anregungen dafür gibt es in Waldorfkindergärten oder Büchern zur Jahreszeitentischgestaltung innerhalb der Rudolf-Steiner-Pädagogik (hilfreich zur Dekoration: ein zur Jahreszeit passendes farbiges Tuch, Postkartenständer aus Holz, Postkarte mit jahreszeitlichem Motiv, kleine Püppchen mit typischen Gegenständen der Jahreszeit, z. B. Drachen, Schlitten, Frühblüher oder Kornähre und Rinden)
  - regelmäßige Aktualisierung der ausgestellten Produkte, der Blumen auf dem Lehrertisch, des Kalenders, des Jahreszeitentisches
- *Funktionale Ecken*: Leseecke, Bauecke, Spielecke, PC-Arbeitsecke, Ecke für das »Klassenmuseum«
- *Pinnbrett an der Wand*: Wochenplan, Liste der Klassenämter, Geburtstagsliste, wichtige Regeln, aktuelle Informationen
- *Tischordnung:* Kreisform oder Gruppentische, entweder in der Mitte des Raumes oder an einer Seite Platz lassen, um niedrige Bänke oder Ähnliches zu einem Viereck oder Kreis zu stellen
- *Sitzordnung:* funktional, sodass schnell und möglichst lautlos ein Gesprächskreis gebaut werden kann
- *Klassenbibliothek*: gut erhaltene Bücher, dabei ist auf Ordnung und Ausgewogenheit der Literatur sowie auf Sprache und altersangemessenen Inhalt zu achten
- *Ordnungssysteme, persönliche Ordner, Ablagen und Regale*

- *Computerecke*: Computer und Drucker, funktionstüchtig und mit umfassenden Möglichkeiten, Texte und Tabellen zu gestalten, Lernprogramme durchzuführen etc.

Was wir wahrnehmen, bleibt zu etwa 90 Prozent im Unbewussten verborgen, bestimmt aber unser Verhalten. Dieses Phänomen trifft auch auf Schüler:innen in ihrem Klassenraum zu. Raum- und Lernklima sollten im Mittelpunkt einer guten Schule bzw. Klasse stehen. Als Klassenlehrerin hat man die Möglichkeit, den Klassenraum ansprechend zu gestalten und damit den Sinn der Kinder für Schönes zu fördern.

Bleibt die Frage nach der Tisch- und Sitzordnung: Eine Tischordnung als Nonplusultra vorzugeben, wäre der Individualität von Lehrkraft und Klasse nicht angemessen. Tischordnung und bevorzugter Unterrichtsstil korrespondieren stark. Allerdings ist es im Sinne eines möglichst guten Klassenklimas sinnvoll, beim Planen der Tischformation die Interaktion und Kommunikation der Schüler:innen untereinander im Blick zu haben. Bei der Frage, ob die Tische in Reihen (»frontal«) ausgerichtet, als Sechser- oder Vierer-Gruppentische, in U-Form oder als Kreis ausgerichtet werden, können folgende Fragen als Entscheidungshilfen nützlich sein:

- Welche Tischordnung passt zum eigenen Unterrichtsstil?
- Welche Tischordnung fördert das Miteinander in der Klasse besonders gut?
- Welche Tischordnung hilft, dass die Schüler:innen möglichst schnell und dauerhaft lernen, kooperativ zu partizipieren und Verantwortung zu tragen?
- Welche Tischordnung ist besonders flexibel?

Viele Klassenlehrkräfte machen gute Erfahrungen mit wechselnden Sitzordnungen. Auf diese Weise wird dafür gesorgt, dass sich die Schüler:innen untereinander besser kennenlernen, und es wird der Bildung stabiler Kleingruppen, die sich anderen Kindern gegenüber verschließen, entgegengewirkt. Es hat sich bewährt, gerade im 1. und 2. Schuljahr alle sechs bis acht Wochen eine neue Sitzordnung zu erstellen. Dabei gibt es viele Möglichkeiten der Durchführung, drei seien hier vorgestellt:

Praxistipps zur Sitzordnung

- Die Schüler:innen wählen ihre zukünftigen Sitznachbarn schriftlich (auf Wunschzetteln mit Erst- und Zweitwunsch), und die Lehrkraft bestimmt von den Wünschen ausgehend die neue Sitzordnung.

  Variante: Wenn Kinder die Vorgabe bekommen, mindestens zwei Wünsche anzugeben, notieren viele Kinder wesentlich mehr Wunschnachbarn. Erfahrungsgemäß ist es dann möglich, mindestens einen Wunsch jedes Kindes zu berücksichtigen und daneben auch pädagogische Aspekte zu berücksichtigen.

- Alle Kinder kommen nach vorne und dort wählt jeweils eine Gruppe der Kinder (z. B. Jungen oder Mädchen, Kinder von dem einen oder anderen Kindergarten) einen zukünftigen Sitznachbarn. Beim nächsten Mal sind es dann die jeweils anderen, die wählen.
- Die Lehrkraft legt nach bestimmten Kriterien, die auf die Entwicklung des Miteinanders in der Klasse Rücksicht nehmen, selbst fest, wer wo sitzt.

Für alle drei Verfahren gibt es Argumente. Wichtig ist, dass die Vorgehensweise für die Schüler:innen transparent ist und die Kinder durch den Wechsel der Sitzordnung möglichst viele Klassenkameradinnen und Klassenkameraden kennenlernen können. Wenn ein geeignetes Verfahren gefunden ist, empfiehlt es sich, danach über eine längere Phase hinweg »freundlich und bestimmt« vorzugehen und sich nicht auf längere Diskussionen einzulassen. Dies führt zu einer ruhigeren Situation und spart Zeit. Wenn allerdings deutlich wird, dass viele Schüler:innen mit diesem Verfahren Probleme haben, ist das Gespräch mit der Klasse zu suchen, um herauszufinden, worin die Probleme bestehen, und gemeinsam mit den Schüler:innen eine neue Regelung für die Sitzordnung zu finden.

6.2 Atmosphäre schaffen

»Hauptsache, die Atmosphäre stimmt« – wie wahr! Kinder lieben eine gute Atmosphäre, und sie tragen gerne dazu bei. Partizipation wird von Kindern besonders bereitwillig angenommen, wenn sie die Atmosphäre mitgestalten dürfen. Zur Atmosphäre, die in einer Klasse herrscht, trägt vieles bei:

- das Klassenklima,
- die Raumgestaltung,
- Rituale,
- Feste und Feiern (siehe S. 167 ff.).

Es ist die gute Mischung aus wertschätzender Haltung, ritualisiertem Miteinander und angenehmer Lernumgebung, die die Gesamtatmosphäre bildet. Ein Aspekt sei noch hinzugefügt: das Schöne.

6.2.1 Das Schöne liegt unmittelbar im Gefühl

Praxistipps

Meditative Musik für Stilleübungen

Es ist manchmal eine große Hilfe, eine beruhigende Musik spontan greifbar zu haben. Viele Schüler:innen mögen es, leise, meditative Musik zu hören, während sie in ihr Tagebuch schreiben. Im Falle anhaltender Unruhe, die sich beispielsweise bei Schneefall oder am Montagmorgen einstellen kann, ist es hilfreich, den Unterricht vorübergehend zu unterbrechen und eine Hörübung, Partnermassage oder andere Stilleübung anzubieten. Auch dabei hilft gute meditative Musik.
Wichtig: Meditative Musik sollte man sich vor dem Einsatz im Unterricht anhören und prüfen, ob sie sich tatsächlich für die Arbeit mit Kindern eignet.
Ein Titel, der in der Regel allen Kindern gefällt und Ruhe unterstützen kann: Yiruma: »River flows in you«.

Stilleübungen

Viele Kinder sehnen sich nach Ruhe, oft gerade die, die zur Unruhe beitragen. Es ist aber schwierig für sie, mit Stille spontan zurechtzukommen. Das Stillsein muss mit vielen Schüler:innen erst einmal geübt werden. Dafür bietet sich das Ritual der »Stillen Minute« genauso wie das Musikhören mit einem bestimmten Hörauftrag und das Musikmalen an. Wenn Kinder bereits an Stille gewöhnt sind, gehen sie meistens auch gerne auf kleine Fantasiereisen (siehe S. 152).

Playlist mit unterschiedlicher (klassischer) Musik

Brauchen die Kinder zwischendurch mal eine Arbeitspause, die aber nicht zu lang sein soll oder nicht auf dem Hof stattfinden kann, kann man mit ihnen kleine Bewegungslieder (z. B. »Die kleinen Finger tanzen den Schubidua-Tanz« oder »Head, shoulder, knees and toes«, beide in Maierhofer/Kern/Kern 2005) singen und durchführen, sie zu Musik malen oder sich auf unterschiedliche Weise durch die Klasse bewegen lassen. Erfahrungsgemäß haben fast alle Kinder Freude an der Unterschiedlichkeit, vor allem an bewegten Stücken klassischer Musik. Auch zur Beruhigung am Ende einer Bewegungseinheit sollte ein Musikstück im Klassenschrank vorhanden sein (z. B. Marschmusik von Händel, Walzer von Strauß, der »Hummelflug« von Rimski-Korsakow oder die »Morgenstimmung« aus »Peer Gynt« von Edvard Grieg).

»Stimmungsbarometer«

Ein Stimmungsbarometer kann für das Wachsen des Gemeinschaftsgefühls ebenso wie für die Bildung des Selbstkonzeptes des einzelnen Kindes hilfreich sein. Auf einer großen Tafel stehen Symbole oder Begriffe für bestimmte Gefühlszustände, z. B. »fröhlich«, »müde«, »erschöpft«, »unruhig«, »glücklich«, »aufgeregt«. Die Begriffe werden gemeinsam besprochen, was besonders spannend ist, wenn ihre Bedeutungen nah beieinanderliegen. An bestimmten Tagen, nach bestimmten Arbeitsphasen oder auch regelmäßig können die Kinder ihre Namensklammern an das Gefühlsfeld heften, das ihnen momentan am meisten entspricht.
Wichtig: Das Stimmungsbarometer sollte erst bzw. nur dann eingesetzt werden, wenn die Klassengemeinschaft von gegenseitigem Vertrauen geprägt ist. Dann aber kann es unterstützend wirken und die Kinder dazu bringen, ihre Gefühle bewusst wahrzunehmen.

6.2.2 Das Schöne ist auch in der Sprache zu finden

Alle Kinder haben einen Sinn für »das Schöne«, für Ästhetik, die nicht nur im Raum oder auf Bildern zu finden ist, sondern die z. B. auch in der Sprache liegt. Ute Andresen, erfahrene Lehrerin und Hochschullehrerin, hat schon vor vielen Jahren ein Buch zum Umgang mit Gedichten in der Grundschule geschrieben. Es trägt den Titel: »Versteh' mich nicht so schnell!« (Andresen 1999). Andresen plädiert entschieden dafür, Kinder ernst zu nehmen, auch in ihrem Sinn für Sprache und für Inhalte, die hinter der Sprache liegen und entschlüsselt werden können. Sie macht Mut, Grundschulkindern nicht (nur) »kindgerechte« Gedichte anzubieten, die die Kinder schnell verstehen und auswendig lernen. Andresen berichtet mithilfe von Gesprächsaufzeichnungen von ihrer Grundschularbeit, in der sie Kindern Gedichte angeboten hat, die teilweise nicht »schnell zu verstehen« sind und den Kindern dennoch – oder gerade deshalb – gefallen.

Es ist beglückend, Kinder zu erleben, die Gedichte annehmen, erkunden und gestalten wollen. Dies geschieht nicht bei jedem Kind sofort bzw. ohne Widerstand. Wie jede Sport-, Schreib- oder Rechenübung und das Musizieren braucht auch der Umgang mit Sprache in Form von Gedichten, Sprichwörtern oder auch kurzen Nachdenktexten Zeit und Übung. Die Übung zeigt aber auch im wiederholten Umgang mit Sprache ihre Wirkung – so hat dieses bewusst sprachlich-ästhetische Arbeiten meistens zur Folge, dass die Kinder mehr davon wollen.

Wichtig ist auch hier die pädagogische Beziehung, in der sich die Kinder respektiert fühlen und das gegenseitige Interesse an den eigenen Gedanken spüren, sowie das Vorbild der Klassenlehrerin, die Freude an der Sprache und anderem Schönen vermittelt. Im Folgenden weitere Anregungen für »das Schöne«:

Praxistipps

»Beim Frühstück vorgelesen«

Beim Klassenfrühstück liest die Lehrerin Bücher vor, die eine besondere Sprache haben, Bilder in den Kindern hervorrufen können und die Kinder emotional ansprechen. Die Auswahl der Bücher sollte bewusst getroffen werden, sodass die Kinder spüren können, welchen Wert das Buch – für ihre Lehrerin – hat. Das Vorbild der Lehrkraft wirkt im Umgang mit Literatur und Lesen stark. Viele Schüler:innen würden folgende Bücher auf ihre »Bestsellerliste« setzen:

- *1. Klasse:* »Herr Klingsor konnte ein bisschen zaubern« von Otfried Preußler; »Nis Puk – Mit der Schule stimmt was nicht« von Boy Lornsen; »Kein Keks für Kobolde« von Cornelia Funke; »Oma, schreit der Frieder« von Gudrun Mebs
- *2. Klasse:* »Räuber Grabsch« (Teil 1) von Gudrun Pausewang; »Seeräuber Moses« von Kirsten Boie; »Kleiner König Kalle Wirsch« von Tilde Michels
- *3. Klasse:* »Pu, der Bär« von A. W. Milne; »Der kleine Mann und die kleine Miss« von Erich Kästner; »Die Abenteuer des starken Wanja« von Otfried Preußler; »Charlie und die Schokoladenfabrik« von Roald Dahl
- *4. Klasse:* »Ben liebt Anna« von Peter Härtling; »Emma und der blaue Dschinn« von Cornelia Funke; »Freddy« (5 Bände) von Dietlof Reiche; Klassiker der Kinderliteratur

Die zugeordneten Klassenstufen sind variabel. Wichtig ist, sich jedes empfohlene Buch genau im Hinblick auf die eigene Klasse anzuschauen, bevor man es vorliest.

»Spruch der Woche« und Nachdenkgespräche

Nachdenkgespräche, z. B. zum Spruch der Woche, sind eine wunderbare Form des Miteinanders. Der »Spruch der Woche« kann aber auch einfach nur zu Beginn der Woche gesagt oder an die Tafel bzw. Seitentafel geschrieben werden und für sich wirken. Oder die Kinder schreiben ihn in ein »Sprüche-Heft« und illustrieren ihn.

Gedicht des Monats

Das Gedicht wird vorgelesen, gemeinsam besprochen und kann von den Kindern bildnerisch oder darstellerisch, aber auch mit musikalischen Mitteln gestaltet werden. Vielleicht möchte jemand eine Pflanze oder einen Gegenstand mitbringen, der zu dem Gedicht passt? Der Umgang mit dem Gedicht des Monats sollte grundsätzlich frei und ohne Verpflichtung sein, damit das Schöne freiwillig entdeckt bzw. gestaltet werden kann. Lediglich in den Wochen der Einführung dieses schönen Rituals ist es ratsam, ein paar Gestaltungsideen mit einzuführen.

Buch des Monats

Zunächst stellt die Klassenleitung ein Buch für die Kinder vor, das ihr sehr gut gefällt. Sie lässt die Schüler:innen dazu Fragen stellen oder Bemerkungen machen und stellt es dann auf einen dafür bestimmten, besonderen Platz in der Klassenbibliothek. Ob das Buch ausgeliehen oder nur in der Klasse gelesen werden darf, muss für die Kinder klar sein. Bald schon können auch die Kinder ein Buch ihrer Wahl als »Buch des Monats« vorstellen und mit den Mitschüler:innen besprechen. Besonders schön ist eine Buchvorstellung dann, wenn sie nicht formal, sondern eher individuell bzw. kreativ gestaltet ist. Dafür sollten ein paar Anregungen gegeben werden, dann werden Kinder in der Regel selbst kreativ aktiv.

6.2.3 Schön ist es, in Rollen zu schlüpfen

»Es [tut] den Menschen gut […],
wo immer sie gesellig vereint sind,
auch Theater zu spielen,
weil es Lust bereitet, frei zu sein,
wandelbar, unbelangbar, unberechenbar,
Schöpfer seiner selbst und einer eigenen Welt.«[19]
(Hartmut von Hentig)

Praxistipps

Darbietungen mit Elementen des Darstellenden Spiels

Kinder dürfen kleine Szenen oder Sketche einüben, die sie vor der Klasse zu einem bestimmten Zeitpunkt in der Woche, z. B. beim Abschlusskreis am Freitag, vorführen. Die Themen und Darstellungsweisen können am Unterricht orientiert oder frei gewählt sein. Kinder stellen Gedichte gerne pantomimisch dar. Wichtig ist vorzugeben, wie lang eine Vorführung maximal sein darf.

Theateraufführungen

Die ganze Klasse übt projektartig innerhalb von ca. vier Wochen ein Stück ein. Dabei können die Kinder inhaltlich am Thema beteiligt werden. Eine Idee ist, dass die Klassenlehrerin ein Thema vorgibt, z. B. durch ein geeignetes Bilder-

19 Hentig 1996, S. 120.

buch. Die Kinder überlegen gemeinsam mit der Lehrkraft, wie das Stück weitergehen könnte bzw. wie die Grundidee mit eigenen Ideen selbst gestaltet werden könnte. Hier ist Elternhilfe erforderlich (Einzelproben, Kostüme, Bühnenbild) und Partizipation der Schüler:innen möglich. Natürlich bereiten den Kindern auch Aufführungen von bereits fertig vorliegenden Stücken Freude.

6.2.4 Schön ist es, Natur zu entdecken

Praxistipps

Gang zum Baum (z. B. zum Apfelbaum)

Die Klassenlehrerin wählt auf dem Schulgelände einen Baum oder Strauch bzw. eine bestimmte Fläche aus, an der der Wechsel der Jahreszeiten beobachtet werden kann. Die Klasse besucht »ihren« Baum, Strauch oder »ihre« Fläche innerhalb eines Schuljahres immer wieder, beobachtet die Veränderung und spricht darüber. Die Tagebücher der Kinder können mitgenommen werden, dann kann vor Ort gemalt und beschrieben werden, was die Kinder wahrnehmen. Eine besondere Freude ist es natürlich, die Früchte im Frühherbst zu ernten und z. B. zu Apfelsaft oder Apfelkuchen zu verarbeiten.

Ausflug in den Wald oder auf eine Wiese

Es macht Freude, mit Kindern einen Jahreszeitenausflug in die nähere Natur zu machen. Kinder sind gerne Naturdetektive, die z. B. entdecken, ob das Scharbockskraut schon blüht, ob sie Tierspuren im Schnee entdecken können, welche Wiesen voll mit Löwenzahn sind und wie lange er blühen kann. Die Schüler:innen nehmen auch die Haltung wahr, mit der ihre Lehrerin in die Natur startet. Wenn wir selbst uns mit Freude und Interesse am Entdecken auf den Weg machen, werden die Kinder uns folgen.

Vögel beobachten

Man kann Kinder auch für Vögel begeistern, wenn sie die Freude an der Vogelbeobachtung nicht schon mitbringen. Sinnvoll ist es, sich selbst an einem freien Vormittag oder Nachmittag auf den Weg zu machen, zu beobachten oder sich zu informieren, welche Vogelart in der betreffenden Jahreszeit wo in der Nähe der Schule am häufigsten zu beobachten ist. So kann dann mit den Kindern die Vogelwelt im Frühling ebenso wie der Vogelzug im Herbst und die Futtersuche der Vögel im Winter beobachtet werden – vorausgesetzt, es gibt ausreichend Chancen, Vögel zu entdecken. Es macht den Kindern große Freude, im Winter selbst Vogelfutter in Form von Futterglocken herzustellen und auf dem Schulgelände, möglichst in Sichtweite des Klassenraumes, aufzuhängen.

Abb. 14: Klassentagebuch »Apfelsaft pressen«

Es ist ratsam, zunächst ein Medium des Schönen auszuwählen, in der Klasse einzuführen und eine Zeit lang beizubehalten, damit das Schöne sich auch in den Kindern entfalten kann. Viele Kinder, die z. B. wenig Sprach- und Literaturerfahrung haben bzw. besonders an die Wahrnehmung schneller Bildfolgen durch die Neuen Medien gewöhnt sind, brauchen in der Regel Übung und Zeit, um eine positive Wirkung des Schönen zu spüren. Geben wir ihnen die Zeit, die sie brauchen, aber seien wir auch achtsam genug, um wahrzunehmen, wenn eine gut gemeinte Idee nicht die Wirkung entfaltet, die wir erhofft hatten. Dann gilt es auch, das Schöne nach einer gewissen Zeit durch etwas anderes, ebenfalls Schönes, abzulösen.

6.3 Rituale pflegen

»Zwei Dinge sollen Kinder
von ihren Eltern bekommen:
Wurzeln und Flügel.«
(Johann Wolfgang von Goethe)

Nicht nur Eltern, sondern auch Klassenlehrer:innen vermögen den Kindern zu helfen, Wurzeln und Flügel auszubilden – zu beidem tragen Rituale ganz wesentlich bei, indem sie Sicherheit geben, die zu Freiheit befähigt.

6.3.1 Rituale machen Sinn

Frau Schulz ist krank. Ich habe eine Freistunde. Die eben eingesammelten Wochenpläne meiner Schüler:innen müssen nun länger auf meine Durchsicht warten, denn ich vertrete jetzt Frau Schulz in der 3a. »Bist du heute bei uns?«, werde ich an der Klassentür neugierig empfangen. Dann kommen die ersten freundlichen Tipps: »Frau Schulz nimmt immer die Triangel, und dann machen wir den Leisefuchs!«, »Fée muss aber auch ihre Frühstücksdose wegpacken, das ist so: Erst müssen alle Tische leer geräumt sein, dann kommt erst das Stillezeichen!« Etwas später soll es an die Arbeit gehen: »Du musst die Arbeitszettel nicht selbst verteilen, das machen die Tischchefs!« Und am Ende der Stunde darf ich dann auch noch ein Kind trösten, das schon dachte, seine Geburtstagsfeier würde nun ausfallen, weil Frau Schulz ja nicht da ist.
Natürlich feiern wir – dabei muss ich mich jetzt noch einmal richtig gut konzentrieren, denn auch die Geburtstagsfeier läuft ritualisiert und regelorientiert ab, anders allerdings als in meiner eigenen Klasse. Ich lasse mir von den Schüler:innen den Ablauf genau erklären und achte darauf, mir alles zu merken. Im Zweifelsfall können mir die Schüler:innen helfen, denn alle kennen Ablauf und Regeln der Geburtstagsfeier ganz genau und achten auf deren Einhaltung. Und so klappt es dann auch: Ich bin zwar nicht Frau Schulz, aber wenigstens ist die Geburtstagsfeier die von Frau Schulz und ihrer Klasse, und so kann das Geburtstagskind doch noch recht gut getröstet in die Pause gehen.

Rituale und Regeln gibt es in jeder Grundschulklasse – nicht in allen Klassen ist das Klassenleben so strukturiert und ritualisiert wie in der Klasse meiner Kollegin, aber Regeln und Rituale sind trotzdem erkennbar. Wenn sie nicht von der Lehrerin geplant und eingeführt worden sind, »schleichen« sie sich doch ins Klassenleben ein. Warum? Weil Kinder Rituale mögen und sogar brauchen.

Ein »Ritus« ist ein religiöser Brauch, der seinen festen zeitlichen Platz in einer bestimmten Gruppe von Menschen hat und durch bestimmte wiederkehrende Sätze, Handlungen und Gesten geprägt ist. Ganz ähnlich sind Rituale in der Schule bzw. Klasse oder Lerngruppe durch festgelegte, wiederkehrende Formulierungen, Abläufe und Gesten geprägt. Auch symbolhafte Gegenstände können eine Rolle spielen.

Lange Zeit standen schulische Rituale in der Kritik, rückwärtsgewandt zu sein, einzuengen, die Persönlichkeitsentwicklung der Schüler:innen zu unterdrücken. Diese Rituale einer »schwarzen Pädagogik« gibt es, und es ist gut, dass die 68er-Bewegung für diese Problematik sensibilisiert hat. Die Erfahrung der meisten Lehrkräfte allerdings zeigt, dass Rituale auch das Gegenteil leisten können: Rituale vermögen zeitliche Räume zu schaffen, in denen sich Personen und Inhalte entfalten können. Warum? Gute Rituale geben, wenn sie sinnvoll und altersgemäß sind, Sicherheit, die es dem Einzelnen ermöglicht, sich frei zu äußern – in sicherer Einschätzung des menschlichen, inhaltlichen und zeitlichen Raumes, der gegeben ist.

Rituale sind wie Rahmen, deren Inhalt die freie Entfaltung des Individuums, die freie Gestaltung, Bewegung und der freie Ausdruck sind. Die meisten Schüler:innen suchen nach Rahmen und Grenzen, um sich zu orientieren und sicher genug zu fühlen, dann erst beteiligen sie sich und können sich frei ausdrücken. Das Gefühl von Sicherheit entsteht dabei nicht nur durch den festgelegten Ablauf des Rituals, sondern auch durch die mit dem Ritual verbundenen Gesprächs- und Verhaltensregeln.

Rituale vermögen aber nicht nur den Kindern Sicherheit und Orientierung zu geben, sondern auch das Klassenleben und den Unterricht zu strukturieren. Auch Feste, die die Klasse feiert, können ritualisiert durchgeführt werden und geben dem Klassenleben dadurch einen besonderen Akzent (z. B. ein Jahreszeitenfrühstück vor den Ferien). Ein Vorteil von Ritualen ist nicht zuletzt, dass sie – einmal eingeführt und konsequent praktiziert – den Unterricht und das Klassenleben enorm entlasten können, denn sie müssen nicht immer wieder neu diskutiert und ausgehandelt werden.

Bei allen Vorteilen, die Rituale einer Klassengemeinschaft bringen können, bleibt eine kritische Anmerkung: Rituale, einmal festgelegt, eingeübt und konsequent durchgeführt, müssen nach einer gewissen Zeit auch hinterfragt werden. Ist dieses Ritual noch altersgemäß? Ist jenes Ritual sinnerfüllt? Haben wir zu viele Rituale? Hilft das Ritual zur Persönlichkeitsentfaltung oder schränkt es womöglich doch eher ein? Wichtig ist, dass Rituale vor ihrer Einführung in der Klasse gut durchdacht sind und nach der Einführung eine Zeit lang durchgeführt werden, bevor sie – gemeinsam mit den Schüler:innen – kritisch betrachtet und vielleicht verändert oder wieder verabschiedet werden, denn Rituale brauchen Zeit, um in ihrer positiven Wirkung erfahrbar zu werden.

6.3.2 Rituale im Tagesablauf

Begrüßungsrituale

Praxistipp: Begrüßungsrituale

Persönliche Begrüßung mit Handschlag und Augenkontakt

Wenn ein Kind den Klassenraum betritt, wird es von der Klassenlehrkraft persönlich mit Handschlag begrüßt und angeschaut. Das Kind sieht und spürt, dass es wahrgenommen wird und willkommen ist – dies wird jeden Tag aufs Neue bekräftigt. Die persönliche Begrüßung bietet die Möglichkeit zu fragen, wie der gestrige Nachmittag war, ob der kleine Bruder wieder gesund ist oder ob es etwas an diesem Tag gibt, auf das sich das Kind besonders freut. Außerdem ist das persönliche Begrüßen auf der Schwelle zum Klassenraum ein Übergangsritual, das z. B. mit der Regel verbunden sein kann, dass im Raum selbst nicht getobt und gerauft wird, weil nach der Begrüßung auf der Schwelle zum Klassenraum die Regeln des Klassenlebens gelten.

Begrüßung der ganzen Klasse und Unterrichtsbeginn

Nach der persönlichen Begrüßung haben die Kinder noch eine Weile Zeit, an ihrem Platz anzukommen und sich ein wenig mit Klassenkameradinnen und -kameraden auszutauschen. Auf ein vereinbartes akustisches Signal hin treffen sich alle im Sitzkreis oder sitzen ruhig auf ihren Plätzen am Tisch. Die *Begrüßung* läuft ebenfalls ritualisiert ab:

- *Klangzeichen* (z. B. durch einmaliges, nicht zu kräftiges Anschlagen eines Obertonklangstabes oder einer Klangschale, beides sehr viel wirksamer als das Anschlagen einer Triangel) zum Setzen und Zeigen des Stillezeichens (»Leisefuchs« mit Fingern darstellen; Hand heben; Hände auf den Oberschenkel und Füße fest auf den Boden oder Ähnliches).
- Die Lehrkraft grüßt freundlich und die Schüler:innen grüßen zurück, oder:
- Die Lehrkraft begrüßt das Kind, das ihr am nächsten sitzt, mit Namen, dieses grüßt sein Nachbarkind mit Namen, dieses grüßt wiederum seinen Nachbarn bzw. seine Nachbarin, und so geht es weiter, bis das letzte Kind wiederum die Lehrkraft persönlich begrüßt.
- Alle singen das *Begrüßungslied* (z. B. »Hello, good morning, my dear friends«; Maierhofer/Kern/Kern 2005, S. 8).

- Die Lehrkraft oder ein Kind benennen und schreiben *Wochentag, Datum und Jahreszeit* an; es wird geprüft, ob ein Kind fehlt und wer ihm die Hausaufgaben bringen kann; die Lehrkraft stellt den *Tagesplan* vor; vielleicht gibt es einen »*Spruch der Woche*«, der verlesen wird. Es ist möglich, an dieser Stelle an die *Ämter* zu erinnern, dann beginnt die erste Arbeitsphase.
- Das Begrüßungsritual sollte ganz auf das gemeinsame Miteinander bezogen werden. Das Abfragen von unterrichtsbezogenen Pflichten wie Hausaufgaben sollte klar davon getrennt sein und deshalb etwas später stattfinden.

Abschiedsrituale

Bevor die Kinder den Klassenraum verlassen, sollten sie noch einmal bewusst in der Gemeinsamkeit der Klasse »ankommen« und sich voneinander und von der Lehrkraft verabschieden. Nach Möglichkeit steht auch am Ende eines Schultages, insbesondere aber am Freitag zum Wochenabschluss, die Klassenlehrkraft auf der Schwelle zwischen Klassenraum und Freizeitwelt des Kindes und verabschiedet jede/n mit Handschlag, einem freundlichen Blick und eventuell auch einem kleinen Wunsch für das Kind. Zuvor aber kann sich das Verabschiedungsritual z. B. folgendermaßen gestalten:

Praxistipp: Abschiedsrituale

Abschlusskreis

Etwa zehn Minuten vor Schulschluss wird der *Klangstab* geschlagen, und die Lehrkraft verkündet mit einem formelhaften Satz den Arbeitsschluss. Sind alle Hausaufgaben eingetragen? Die Tische werden auf- und die Ranzen eingeräumt. Alle stellen sich in einen Kreis oder bleiben auf ihren Plätzen und singen das gemeinsame *Abschlusslied* (z. B. »Geht die Schule nun zu Ende« oder »Am nächsten Montag sind wir wieder zurück, und wenn wir uns trennen, wünschen wir uns Glück«). Damit nicht alle überstürzt aus dem Raum eilen, ist es sinnvoll, eine Ruheregel für das Verlassen des Klassenraumes zu haben und einzuüben, dass die Klassenlehrkraft als Erstes an die Tür geht, da sie ja jede/n dort verabschieden möchte.
Ganz wichtig ist, dass dieses Abschiedsritual von Anfang an konsequent und rechtzeitig durchgeführt wird, damit es seine Wirkung positiv entfalten kann und nicht als unangenehm einengend wahrgenommen wird.

»Abschlussrakete«

Alle Kinder und die Lehrkraft hocken sich in einen engen Kreis, die Hände auf dem Boden. Dann kommen sie gemeinsam langsam nach oben und strecken zum Schluss ihre Hände in die Höhe. Während des allmählichen »Steigens« der Rakete wird – erst leise, dann immer lauter – ein Verabschiedungssatz miteinander gesprochen.

Frühstücksritual

An vielen Grundschulen findet das erste Frühstück in den Klassen zu einer festgelegten Zeit statt. Für 10 bis 15 Minuten frühstücken alle Schüler:innen in Ruhe miteinander. Das ist für alle Kinder wichtig, nicht nur für diejenigen, für die das Schulfrühstück die erste Mahlzeit am Tage ist. Das gemeinsame Frühstück tut durch die ruhige Atmosphäre nicht nur gut – dem einzelnen Kind und der Klassengemeinschaft –, sondern dient auch »ganz nebenbei« der Gesundheitserziehung. Die Klassenleitung hat hier die Möglichkeit, auf gesunde Pausenbrote zu achten und durch positive Anreize und bewusste Schulung Einfluss auf das Essverhalten zu nehmen; sie bekommt auch mit, wenn ein Kind grundsätzlich kein (gesundes) Pausenfrühstück dabeihat. Die Unterrichtseinheit »Gesunde Ernährung« wird häufig mit einer Aktion »Gesundes Pausenfrühstück« verbunden. Dazu gibt es konkrete Praxisvorschläge z. B. von der Deutschen Gesellschaft für Ernährung.

Über den Ablauf des Frühstücks entscheidet jede Klassenleitung selbst, z. B. ob beim Frühstücken vorgelesen wird und welche Worte (z. B. »Wir wünschen uns einen guten Appetit«), welches gemeinsame Lied (z. B. »Miteinander essen, das kann schön sein«) oder »Gedicht der Woche« das Frühstück einleiten. Empfehlenswert ist auf jeden Fall, das Frühstück gemeinsam in Ruhe zu beginnen, auf einen Flüsterton beim Essen zu achten und das Ritual mit seinen Regeln auch den Kolleg:innen zu kommunizieren, die an einem anderen Tag mit der Klasse frühstücken.

Gut ist auch, wenn von vornherein klar ist, was diejenigen Kinder machen können, die kein Frühstück dabei haben. Die meisten Kinder geben gerne ab, das sollte aber ohne großes Rufen und Rennen durch die Klasse passieren. Klar geregelt werden sollte auch das Ende des Frühstücks: Wann wird der Müll in den entsprechenden Klassenmülleimer geworfen, wann werden die Brotdosen und Trinkflaschen wieder in den Ranzen geräumt? Dürfen diejenigen, die nach zehn Minuten fertig sind, schon aufstehen? Was machen die Kinder, die sehr langsam essen? Gibt es einen Tischräumdienst?

Gerade beim gemeinsamen Frühstück macht ein bestimmtes Ablaufritual mit wenigen klaren Regeln Sinn, da das gemeinsame Essen so mit positiven Gefühlen verbunden werden kann und die Schüler:innen die Regeln allmählich von selbst einhalten und einfordern.

Brückenrituale »zwischen den Zeiten«

Insbesondere wenn Schulen 90-Minuten-Stunden haben, brauchen die meisten Schüler:innen zwischendurch ein bisschen Bewegung. Zu viel Zeit aber sollte dadurch nicht »verloren gehen«, und es sollte möglich sein, nach der Unruhe der Bewegung rasch wieder zur Ruhe zu kommen. Ritualisierte Bewegungseinheiten haben den Vorteil, dass klar ist, wann diese beendet sind und der Unterricht weitergeht.

Praxistipp: Bewegungsrituale

»Fahnenlauf«

Es gibt in der Klasse eine Fahne bzw. Flagge, die an einem bestimmten Platz steht und die Klasse immer dann begleitet, wenn es um Treffpunkte auf dem Schulhof oder bei einem Schulfest geht – die Klassenfahne. Diese Fahne wird auch beim Fahnenlauf genutzt.

Nach einer längeren Arbeitsphase gibt die Lehrkraft das vereinbarte Signal zum Fahnenlauf und bestimmt das Kind, das den Lauf an diesem Tag anführen darf, z. B. weil es sich (an diesem Tag) gut an die Regeln halten kann. Das Kind nimmt die Klassenfahne und geht damit auf den Schulhof, alle anderen, die Bewegung brauchen, folgen langsam und leise. Auf dem Schulhof läuft das »Fahnenkind« eine große Runde, alle anderen folgen, dürfen aber die Fahne nicht überholen. Dann kehren alle in die Klasse zurück und arbeiten weiter. Am Fahnenlauf darf jede:r teilnehmen, die:der sich an die Regel halten kann, das »Fahnenkind« nicht zu überholen, in der Gruppe zu bleiben und nicht zu ärgern.

Ein wunderbares Ritual, dessen Funktionieren im Sinne der Regelfestigung allerdings von Zeit zu Zeit reflektiert werden sollte. Ist keine Klassenfahne vorhanden, kann stattdessen ein Besen genommen werden – dann heißt das Spiel eben »Besenlauf«.

Bewegungslied am Platz

Es gibt eine Vielzahl von Liedern, die durch Bewegungen des ganzen Körpers begleitet werden können. Beliebt bei Grundschulkindern sind die Lieder »Kopf, Schulter, Knie, Füße« bzw. »Head, shoulders, knees and toes«, »Mein Kopf, der ist aus Gummi«, »Ich habe einen Kopf, zwei Hände hab ich auch« und »Die kleinen Finger tanzen den Schubiduatanz« (in Maierhofer/Kern/Kern 2005 und anderen Liederbüchern für die Grundschule zu finden).

»Simon sagt« (»Simon says«)

Alle Kinder stehen auf und stehen der Lehrkraft gegenüber. Die Lehrkraft sagt an, was die Schüler:innen tun sollen, und stellt immer die Formulierung »Simon sagt« voran (z. B. »Simon sagt: Schau zur Tür!« oder »Simon sagt: Tippe mit deinem rechten Mittelfinger auf deine Nasenspitze!«). Alle Schüler:innen handeln nach Ansage. Wenn allerdings die Ansage ohne »Simon sagt« gemacht wird, darf man die Handlung nicht ausführen. Wer das versehentlich doch tut, scheidet aus und muss sich hinsetzen. Dieses Spiel lässt sich gut zwischendurch spielen und eignet sich auch für den Englischunterricht.

»Galgenraten«/»Galgenmännchen«

Dieses Spiel ist so bekannt, dass es hier nur erwähnt, aber nicht erklärt werden soll.

Bewegung nach Musik und fester Ansage durch den Raum

Nach zuvor vereinbarten Regeln, z. B. der Vorgabe, dass man sich nicht gegenseitig berühren darf, gehen die Kinder zu klassischer Musik durch den Raum und bewegen sich dabei je nach Ansage in einer bestimmten Weise, z. B. auf Zehenspitzen, schleichend, trampelnd, stolzierend, als ob Honig unter ihren Füßen klebte, wie auf heißen Steinen, wie durch kaltes Wasser …
Sehr beliebt ist auch die Ansage, nur gerade Wege gehen zu dürfen und sich auf dem Wege nonverbal oder verbal zu grüßen.

Tafelfußball

An die Tafel wird ein Fußballfeld mit drei oder fünf Strichen zwischen den Toren gezeichnet (siehe Abb. 15). Die Klasse ist den Toren des Fußballfeldes entsprechend in zwei Gruppen eingeteilt.
Nun stellt die Lehrkraft jeweils einer Gruppe (A) eine Quizfrage (z. B. zu Klassenmitgliedern, zur Schule, zu einem Unterrichtsthema). Wird die Frage von einem Kind der Gruppe A richtig beantwortet, rückt der »Ball« (Magnet) ein Feld weiter in Richtung gegnerisches Tor. Wird die Frage nicht oder falsch beantwortet, darf die andere Gruppe (B) sie beantworten und »schießt« den Ball bei richtiger Antwort ein Feld weiter in Richtung gegnerisches Tor. Anschließend ist Gruppe B an der Reihe. Kommt der »Ball« ins Tor, erhält die Gruppe des »Torschützen« einen Punkt. Dann wird der Magnet wieder in die Mitte zwischen beiden Toren gelegt, und es geht weiter.
Spielende ist nach einer vereinbarten Zeit oder wenn die erste Mannschaft eine vorgegebene Torzahl erreicht hat. Spannender ist das Spiel, wenn die Gruppen nicht abwechselnd an der Reihe sind, sondern diejenige Gruppe einen Punkt macht, die am schnellsten die richtige Antwort nennt.

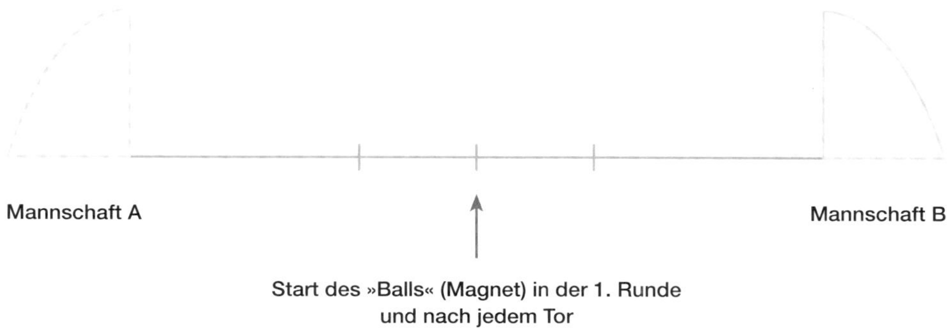

Abb. 15: Tafelfußball

6.3.3 Ruherituale

Manchmal ist es sinnvoll, Hilfe zur Selbsthilfe zu geben – oft dann, wenn es darum geht, in einer angespannten oder unruhigen Phase zur Ruhe zu kommen. Appelle, die energisch und oft mit der Androhung einer Konsequenz ausgesprochen werden, nützen – wenn überhaupt – nur kurzfristig. Entscheidend ist, dass die Lehrerin selbst Ruhe ausstrahlt und ruhig spricht. Diese Ruhe in sich zu tragen, ist keine Selbstverständlichkeit im bewegten Schulalltag. Hier helfen Rituale, wenn sie gut eingeführt sind, ganz besonders!

Stillerituale bedeuten für nicht wenige Schüler:innen, dass sie sich »fallen lassen« und bei sich bzw. den eigenen Gedanken sein müssen. Selbstkontrolle und Gedanken darüber, wie man von anderen wohl wahrgenommen wird, sollten bei Stillerritualen außer Kraft gesetzt werden. Damit umzugehen ist für Kinder nicht leicht, die sich an Unruhe, Lautstärke und die Bedeutung der äußeren Wirkung auf andere gewöhnt haben. Die Übung von Stilleritualen sollte deswegen behutsam eingeführt und regelmäßig durchgeführt werden. Dadurch erhalten alle Schüler:innen die Möglichkeit, sich an den Ablauf der Übung zu gewöhnen und darin Sicherheit zu empfinden, die es leichter macht, sich fallen zu lassen.

Zur Entlastung aller Beteiligten gilt die Regel, dass alle während der Stilleübung wirklich still sind, sich nicht mit anderen Kindern oder Sachen beschäftigen und möglichst niemanden beobachten. Wem es einmal gar nicht möglich ist, teilzunehmen und sich auf die Stille einzulassen, der hält sich für die Zeit der Stilleübung am besten im angrenzenden Raum auf.

Praxistipp: Ruherituale

5- oder 15-Minuten-Heft

Einmal in der Woche erhalten alle Schüler:innen ihr 5- oder 15-Minuten-Heft. In dieses Heft dürfen sie nur während dieser ritualisierten Schreibzeit schreiben. Es gilt, dass alle auf ein Signal der Lehrkraft hin zu schreiben beginnen und auch wieder aufhören. Jede:r muss schreiben, aber die Textsorte und der Inhalt sind freigestellt. Während des Schreibens wird nicht gesprochen. Wenn am Ende der 5 oder 15 Minuten ein Signal der Lehrkraft ertönt, darf jede:r noch seinen Satz beenden und muss dann aufhören zu schreiben. Die Hefte werden eingesammelt.
Im Sinne des Aufbaus einer Schreibkultur in der Klasse können auch einzelne Hefte im Anschluss gezogen und, wenn das jeweilige Kind es möchte, vorgelesen werden. Hier muss allerdings das Prinzip der Freiwilligkeit gelten, sonst würde der freie Schreibfluss bei Kindern, die am liebsten nur für sich schreiben, systematisch gebremst werden.

»Die stille Minute«

Das »Ritual der stillen Minute« meint, dass alle Schüler:innen einer Klasse durch einen rituellen Rahmen dazu gebracht werden, für einen zuvor angekündigten Zeitraum von einer, zwei oder drei Minuten vollständig ruhig zu sein. Das fällt Schüler:innen in der Regel nicht leicht. Deshalb sollten sie angeregt werden, eine entspannte Sitzhaltung einzunehmen. Ein zuvor vereinbartes Klangsignal läutet die stille Minute ein.
Hinführung: »Setze dich bequem hin. Lege dann bitte den Kopf auf den Tisch. Wenn du magst, kannst du die Augen schließen. Wenn du unseren Ton hörst, sei bitte für eine Minute ganz ruhig. Achte darauf, was du dann hörst. Versuche einmal zu spüren, wie lang eine Minute ist.«
Es sollte Wert darauf gelegt werden, dass die Kinder die beschriebene Haltung einnehmen – das erleichtert das Entspannen und soll verhindern, dass Mitschüler:innen sich beobachtet fühlen. Durch das Erklingen des Klangsignals wird die stille Minute »eingeläutet«.

Musikmalen

Alle Kinder erhalten ein DIN-A3-Blatt und legen sich ihre Buntstifte zurecht. Folgende Regeln werden wiederholt: »Beim Malen führt die Musik die Hand. Wir schweigen und schauen nur auf das eigene Bild.« Zu klassischer Musik (möglichst eindrucksvoll: ruhig, schnell oder stakkatoartig) wird gemalt. Als reizvoll empfinden es viele Kinder, wenn die Musik kurz gestoppt wird und der Stopp mit einem Farbwechsel verbunden ist.

Partnermassage »Pizzabacken« (siehe M 19)

Es werden Zweiergruppen gebildet, in der Regel aus zwei nebeneinander sitzenden Kindern. Ein Kind bleibt auf seinem Platz sitzen, das andere steht dahinter. Damit alle Kinder die Übung genießen können, sollte darauf geachtet werden, dass Kinder, die Streit miteinander bekommen oder nicht miteinander still sein können, kein Team bilden.
Die Lehrkraft stellt sich hinter ein Kind, das alleine ist, und erzählt, wie die »Pizza gebacken« wird: Der Teig wird geknetet (Rücken kneten), dann ausgerollt (mit Druck über den Rücken streichen), dann wird die Pizza mit Tomatenmark bestrichen (mit den Händen über den Rücken streichen), mit Salami, Paprika, Tomaten, Pilzen und anderem belegt (mit Handfläche, Handseite, einzelnen Fingerspitzen auf den Rücken drücken), mit Käse belegt (schnell mit Fingerspitzen über den Rücken tippen). Am Ende wird dreimal kräftig mit den Händen über den Rücken gestrichen. Dann wechseln die Paare leise ihre Rollen.

Partnermassage mit »Igelball«

Die sogenannten »Igelbälle« oder »Massagebälle« müssen zahlreich vorhanden sein, mindestens halb so viele wie Schüler:innen. Diese beliebten Bälle sollten an einem Platz aufbewahrt werden, der nur für die Lehrkraft zu erreichen ist.
Ein Kind sitzt am Platz, den Kopf gemütlich auf den Armen, die verschränkt auf dem Tisch liegen. Das andere Kind steht dahinter. Wenn es still ist, verteilt die Lehrkraft leise die Igelbälle. Regel ist, dass die Bälle ruhig in der Hand gehalten werden. Zunächst nach Ansage der Lehrkraft (nach einiger Übung auch zu klassischer Musik) rollt das stehende Kind den Igelball auf dem Rücken des sitzenden Kindes. Die massierten Kinder dürfen leise flüstern oder ein Handzeichen geben, wenn sie die Massage etwas stärker oder weniger stark haben möchten. Nach einiger Zeit wird auf ein Zeichen der Lehrerin hin ohne Worte gewechselt.

Progressive Muskelentspannung

Alle Kinder sitzen auf ihrem Stuhl und schließen nach Möglichkeit die Augen. Die Lehrkraft führt sie nun mit ruhiger Stimme durch ihren Körper, am besten von den Füßen bis zum Gesicht. Dabei wird das Bewusstsein der Schüler:innen auf einen Teil ihres Körpers gelenkt, der über Muskeln anzuspannen und zu entspannen ist. Es gilt, die Muskeln jeweils für ca. 10 Sekunden anzuspannen und dann wieder zu entspannen.
Die Progressive Muskelentspannung sollte selbst erlernt werden, bevor man sie mit Schüler:innen und Schülern durchführt. Außerdem ist es wichtig, sich genau zu informieren, ob es Risiken gibt bzw. was es im Umgang mit Kindern zu beachten gilt. Sehr geeignet ist die Progressive Muskelentspannung für Schüler:innen, die es schwer haben, sich spontan auf eine Stilleübung einzulassen, oder auch nur so zur Ruhe zu kommen.

Musikhören

Alle Kinder legen ihre Köpfe mithilfe ihrer verschränkten Arme auf den Tisch. Die Lehrkraft gibt einen Hörauftrag, z. B. »Passt die Musik deiner Meinung nach zur Jahreszeit?« oder »Welche Instrumente kannst du hören?« oder auch »Wie hört sich die Musik an?« (Dazu kann auch ein Arbeitszettel mit vielen verschiedenen Adjektiven verteilt werden, von denen die Kinder am Ende die passenden einkreisen.) Wenn es ganz ruhig in der Klasse ist, wird eine bestimmte (klassische) Musik gehört, je nach Hörgewohnheiten und -vorlieben der Klasse etwa drei bis fünf Minuten lang. Am Ende kann es einen kurzen Austausch über die Höreindrücke geben. Wenn die Klasse das Musikhören mag und schon ein wenig geübt darin ist, kann es auch gut ohne Hörauftrag stattfinden.

»Kopfkino« oder Fantasiereise

Kinder mögen Fantasiereisen – interessanterweise oft gerade diejenigen Kinder, die es normalerweise schwerer haben, zur Ruhe zu kommen. Manchen Kindern allerdings macht es auch Angst, die Augen zu schließen und sich auf eine Fantasiereise zu begeben. Deswegen ist »Kopfkino« und »Fantasiereise« immer als Angebot, aber nicht als verpflichtend zu verstehen. Es gilt, dass diejenigen, die nicht mit geschlossenen Augen teilnehmen möchten, die Augen auch offen halten können, und dass niemand teilnehmen muss, der das nicht möchte. Allerdings müssen sich alle während der Fantasiereise still verhalten und »bei sich« bleiben. Wer das nicht kann, arbeitet während der Stillezeit im Gruppenraum.
Tipps zum Durchführen von Kopfkino oder Fantasiereisen gibt es in vielen Büchern, z. B. in »Auf der Silberlichtstraße des Mondes« von Else Müller oder in »Kinder-Mentaltraining« von Saskia Baisch-Zimmer und Gabriele Petrig. Eine exemplarische Fantasiereise mit einleitenden Worten ist auch auf M 18 zu finden.
Wichtig: Fantasiereisen sollte man erst dann mit der Klasse durchführen, wenn das Vertrauensverhältnis der Schüler:innen zur Lehrerin ausreichend stark ist und wenn man die Schüler:innen so gut kennt, dass man auf möglicherweise – selten – auftretende Probleme auch hilfreich bzw. beruhigend eingehen könnte. Auch dann sollte die Teilnahme an Fantasiereisen freiwillig sein.

6.3.4 *Rituale, die die Gemeinschaft stärken*

Praxistipps

»Murmelsparkasse«

In der Klasse steht ein verschlossenes, durchsichtiges Gefäß. Wenn die Klasse sich in einer Stunde besonders ruhig oder auch kooperativ verhalten hat, wird eine Murmel in das Gefäß getan und dabei gesagt, warum. So füllt sich die Murmelsparkasse, weil sich die Klasse gut miteinander verhalten hat. Wenn das Gefäß voll ist, gibt es ein Geschenk wie z. B. Hausaufgabenerlass, eine Spielzeit, ein Frühstück im Freien oder Ähnliches.

Gefühlswand (»Heute fühle ich mich …«)

Auf einer Magnettafel am Eingang des Klassenraumes sind Magnetschilder mit den Namen aller Kinder der Klasse und Magnetschilder mit Symbolen und Worten für Gefühle angebracht. Die Schüler:innen ordnen zu einem bestimmten Zeitpunkt, an einem bestimmten Wochentag oder zunächst an allen Tagen ihren Namen dem Gefühl zu, das sie zurzeit am stärksten spüren.
Wenn die Atmosphäre in der Klasse schon gut ist, kann auch miteinander über die Gefühle gesprochen werden. Aber auch das regelmäßige Besinnen auf das eigene (Wohl-)Fühlen, die Suche nach dem passenden Begriff und die Erfahrung, dass die unterschiedlichen Gefühle in der Klasse ihren Raum haben dürfen, wirkt stärkend genug – individuell und gemeinschaftsbezogen.

Gefühlskreis (Herz, Blume, Smiley, Stoppschild)

Einmal wöchentlich treffen sich alle Schüler:innen mit der Lehrkraft im Sitzkreis. In der Mitte des Kreises liegen vier Kartenstapel mit den Symbolen Herz (»Danke, dass du …«), Blume (»Entschuldige, dass ich …«), Smiley (»Ich freue mich/finde toll, dass du …«) und Stoppschild (»Ich möchte, dass du aufhörst …«). Freiwillig nehmen sich die Kinder eine Karte, mit der sie ihre Gefühle bestimmten anderen Kindern gegenüber zum Ausdruck bringen wollen. Im Kreis beschreiben sie dann nacheinander mithilfe ihrer Karte ihre Gefühle einem bestimmten Kind gegenüber. Freude, Dank oder auch Ärger beziehen sich dabei immer auf das Verhalten des betreffenden Kindes in der vergangenen Woche, nicht pauschal auf die Person. Auf einen respektvollen Ton wird konsequent geachtet. Dabei helfen die formelhaften Einleitungen, die zu den jeweiligen Symbolkarten gehören. Es empfiehlt sich, über die Aussagen nicht zu diskutieren.
Dieser Gefühlskreis fördert den Gefühlsausdruck und insofern das Klassenklima. Er ist eine gute Vorbereitung auf den Klassenrat.

Briefe schreiben

Es gibt einen Klassenbriefkasten, die Schüler:innen schreiben sich gegenseitig Briefe. Einmal in der Woche wird der Klassenbriefkasten geleert. Da nicht alle Kinder schreibfreudig sind und auch, weil die Gefahr besteht, dass manche Kinder nie Post bekommen, kann man das Briefeschreiben gelegentlich auch als Hausaufgabe geben. Dafür schreiben die Kinder ihren Namen auf einen kleinen Zettel, die Namenszettel werden gesammelt, gemischt und gezogen. So wird nicht nur sichergestellt, dass jede:r einmal Post bekommt, sondern auch, dass möglichst viele Schüler:innen Kontakt miteinander aufnehmen und das Netz der Klassengemeinschaft gestärkt wird.

Klassentagebuch/Tagebuch

Immer, wenn die Klasse etwas Besonderes miteinander erlebt hat, z. B. etwas Neues gelernt, einen Ausflug gemacht, ein kleines oder größeres Fest gefeiert oder auch einen besonders schönen Tag erlebt hat, schreibt ein Kind dazu etwas in das Klassentagebuch und gestaltet die Doppelseite passend und schön. So wächst das Tagebuch und kann immer mal wieder durchblättert und gelesen werden. Am Ende der gemeinsamen Schulzeit wird das Klassentagebuch beendet und verabschiedet. Dann kann – als Überraschungsgeschenk – eine Auswahl von Texten für alle kopiert und als Erinnerung gebunden werden.
In das eigene Tagebuch schreiben die Kinder jede Woche hinein (siehe S. 56). Es kann auch im Rahmen des Nachdenkgesprächs verwendet werden.

7. Mit Konflikten umgehen

Bastian Bielendorfer, seines Zeichens Lehrerkind, beschreibt in seiner satirischen Autobiografie »Lehrerkind – Lebenslänglich Pausenhof« die Not von Grundschullehrer:innen: Jeden Samstag habe er mit seinem Vater einen Ausflug gemacht, »weil meine Mutter als Grundschullehrerin dauerhaft am Rande des Nervenzusammenbruchs campierte. Die lärmenden, kreischenden Blagen, deren Beaufsichtigung fünf Tage ihrer Woche in Anspruch nahm, demolierten ihr Nervenkostüm so sehr, dass sie an den Wochenenden froh war, wenn mein Vater mit mir auf Abenteuerspielplätze oder ins Spaßbad fuhr« (Bielendorfer 2011, S. 22). Dass der Vater, ebenfalls Lehrer, keineswegs Abenteuerspielplätze und Spaßbäder ansteuerte, sei an dieser Stelle vernachlässigt, denn von Interesse ist hier die nervliche Belastung der Mutter. So sehr Bielendorfer in seinem Buch dazu neigt zu übertreiben, wird sich doch manch eine Grundschullehrerin in Mutter Bielendorfer wiederfinden. Eine wesentliche Quelle von Unruhe im Klassenraum sind Auseinandersetzungen zwischen Schüler:innen.

In Klassen »brodelt« es häufig – bevorzugt nach Pausen und zu Zeiten, in denen die Lehrerin den Kindern Freiräume lässt. Da ist es nur zu verständlich, wenn man als Lehrerin denkt: »Nicht schon wieder! Ich habe mir für heute so viel vorgenommen, mich gut vorbereitet – und nun liegen sich Tim und Lennard wieder einmal in den Haaren, und Lia beschwert sich über Malina.« Der Klassenraum als ruhige, konfliktfreie Zone – wäre das nicht ein Traum?

7.1 Was ist ein Konflikt?

Gegenvotum: Konflikte sind Bestandteil des Lebens jedes Einzelnen und gehören zur Dynamik jeder Gruppe. Ein gut durchgestandener Konflikt stärkt die Gemeinschaft, indem er dazu beiträgt, dass Menschen sich besser kennenlernen und dass Vertrauen entsteht. Da verwundert es eigentlich, dass der Begriff »Konflikt« in der Regel negativ besetzt ist. Aus pädagogischer Sicht ist ein anderer Zugang zu Konflikten angebracht, der diese als Lernchance betrachtet: Konflikte gehören zum Leben einer Gemeinschaft; sie lassen hervortreten, wo unterschiedliche Ansichten, Einstellungen, Wertvorstellungen und Bedürfnisse bestehen.

Schulklassen sind Orte mit hohem Konfliktpotenzial, weil Kinder durch ihre Sozialisation in der Familie und in vorschulischen Institutionen unterschiedlich geprägt sind. Im Grundschulalter ist ihr Wertesystem in besonderer Weise durch die Normen- und Wertvorstellungen ihrer Eltern und Kindergärtnerinnen geprägt. In der Klasse wird das einzelne Kind nun mit anderen Vorstellungen von Gut und Böse konfrontiert. Hinzu kommt das Bedürfnis, von der Klassenlehrerin gesehen und geliebt zu werden – unter den Bedingungen der gefühlten Konkurrenzsituation in einem Klassenverband mit mindestens 20 Mitschüler:innen.

Was aber ist das eigentlich, ein Konflikt? Eine überzeugende, wenn auch kompliziert formulierte Definition findet sich bei Friedrich Glasl: »Sozialer Konflikt ist eine Interaktion

- zwischen Aktoren (Individuen, Organisatoren, Gruppen usw.),
- wobei wenigstens ein Aktor
- eine Differenz bzw. Unvereinbarkeiten im Wahrnehmen und im Denken bzw. Vorstellen und im Fühlen und im Wollen
- mit dem anderen Aktor (den anderen Aktoren) in der Art erlebt,
- dass beim Verwirklichen dessen, was der Aktor denkt, fühlt oder will, eine Beeinträchtigung
- durch einen anderen Aktor (die anderen Aktoren) erfolge« (Glasl 2010, S. 17).

Übertragen auf den Mikrokosmos einer Schulklasse bedeutet dies: Ein sozialer Konflikt entsteht zwischen mindestens zwei Kindern (oder Gruppen), die miteinander interagieren, indem sie aufeinander bezogen kommunizieren oder handeln. Zu einem Konflikt wird die Interaktion, wenn die beiden Kinder (Gruppen) in mindestens einem für sie bedeutsamen Punkt unterschiedlich denken, etwas unterschiedlich erleben und deuten, anders fühlen oder etwas anderes wollen und sich vom anderen (der Gegenseite) am Verwirklichen der eigenen Gedanken, Gefühle oder Ziele gehindert sehen. »Das muss nicht mit Gewalt (wobei Schimpfworte sagen, Mäppchen wegnehmen neben Schlagen, Spucken und Treten als Gewalt begriffen werden können) verbunden sein« (Kaletsch 2003, S. 15). Ob es sich tatsächlich um eine Beeinträchtigung handelt, ist für die Klassifizierung als Konflikt unerheblich, denn das Gefühl, beeinträchtigt zu sein, ist für das betroffene Kind (die betroffene Gruppe) entscheidend.

Glasls Definition von Konflikten lässt sich aus konstruktivistischer Sicht stützen: Es gibt nicht die eine, objektive Wahrheit. Ob das Verhalten eines Menschen einen anderen beeinträchtigt, er dadurch beispielsweise benachteiligt oder unterdrückt wird, ist keine zwangsläufige, quasi logische Folge des Geschehens, sondern entspringt der subjektiven Deutung dieses Geschehens. In Konflikten unter Kindern (und nicht minder unter Erwachsenen) geschieht dies fortwährend. Ein Beispiel:

Lara ist enttäuscht, weil ihr Freund und Sitznachbar Jan ihr erzählt hat, er wolle sich an einen anderen Tisch setzen. Sie fühlt sich von ihm abgelehnt. Außerdem hat er sie – ihrer Meinung nach – vor anderen bloßgestellt: Als er in der letzten Pause in einer Gruppe mit vielen Jungs stand, erzählte er ihnen etwas, woraufhin alle laut loslachten, einige schauten dabei sogar noch in Laras Richtung. Lara ist traurig, enttäuscht und auch wütend auf Jan. Was mag sich nun entwickeln?

Dass Jan sich nur deshalb wegsetzen möchte, weil ihm die Lehrerin dies im Gespräch mit seinen Eltern nahegelegt hat – Jan rede so viel mit Lara, dass die beiden sich kaum auf den Unterricht konzentrieren könnten, sie mache sich Sorgen um seine Versetzung –, und dass es im Pausengespräch um einen lustigen Film ging, den Jan gestern gesehen hatte, ist nicht relevant, weil dies in Laras Interpretation der Situation nicht vorkommt.

Lara fühlt sich beeinträchtigt und wird aus diesem Gefühl heraus handeln. Wenn keine Klärung der Situation erfolgt, ist davon auszugehen, dass Lara ihre Gefühle entweder unterdrückt, sodass ihr Selbstbewusstsein leidet, sie schlechter Stimmung ist und vielleicht in nächster Zeit ungern zur Schule geht, oder dass Lara ihre Gefühle Jan gegenüber in einer Weise auslebt, die zu einer Verschärfung des Konflikts führt. In letzterem Fall kann es zu Gewalt kommen, verbal oder körperlich: »Meist ist Gewalt eine Folge von (nicht bearbeiteten oder nicht beachteten) Konflikten« (Kaletsch 2003, S. 15).

Dieses Fallbeispiel macht deutlich: Konflikte gehören zum Alltag. Oft haben sie »kleine« Ursachen, manches Mal beruhen sie auf Missverständnissen, immer sind sie Folge der subjektiven Deutung von Verhalten. Sie belasten den Einzelnen und die Gemeinschaft, solange sie nicht geklärt werden. »Nicht der Konflikt an sich ist das Problem, sondern die Art und Weise, wie damit umgegangen wird« (Faller 1998, zit. nach Kaletsch 2003, S. 14). Ein offener, gut moderierter, möglichst ritualisierter Umgang mit Konflikten bietet Kindern die Chance, konstruktive Konfliktbearbeitung zu lernen.

Ungelöste, unterdrückte Konflikte hingegen belasten Kinder in erheblichem Maße. Oft werden sie erst registriert, wenn sie sich in Form von psychosomatischen Problemen oder aber in Form von Gewalt äußern. Im schlimmsten – und keineswegs seltenen – Fall entwickelt sich daraus Mobbing. Anders als die Berichterstattung der Presse vermuten ließe, die meistens Fälle aus Hauptschulen aufgreift, treten die meisten Mobbingfälle an Grundschulen auf: Etwa jede siebte Grundschülerin und jeder siebte Grundschüler wird ein- bis mehrmals pro Woche gemobbt (Jannan 2008, S. 23).

Damit stellt sich zugleich die Frage, wie ein guter Umgang mit Konflikten aussehen kann.

7.2 Die Haltung der Mediation

»Grundsätzlich gilt, dass Entscheidungen zur Lösung eines Konflikts besser von den Beteiligten getroffen werden können als durch eine Autorität von außen. Für die Unterrichtenden bedeutet dies, auf die Selbstlösungskräfte der Schülerinnen und Schüler zu vertrauen und die eigene Aufgabe darin zu sehen, dass sie ein Angebot bereitstellen und anleiten, das die Handlungskompetenzen erweitert« (Altenburg 2005, S. 7).

Wenn ein Kind, verärgert über das Verhalten eines anderen, zur Lehrkraft kommt, dann wünscht es sich oft eine Art Schiedsrichter: »Liebe Lehrerin, bitte verurteile denjenigen, der mich geärgert hat!« Diesen Wunsch erfüllt eine Mediatorin bzw. ein

Mediator grundsätzlich nicht. Es geht vielmehr um die Rolle einer unabhängigen dritten Person, die in Auseinandersetzungen vermittelt und dabei

- den Rahmen für konstruktive Konfliktlösung absteckt,
- allparteilich ist,
- einen Lösungsaufschub erwirkt und
- dafür sorgt, dass sich die Parteien an die Regeln halten.

Als Mediator:in fühle ich mich dafür verantwortlich, dass eine gute Gesprächsatmosphäre herrscht, die Kinder sich ausreden lassen, das Problem von der Person getrennt wird und jeder von sich spricht (»ich« statt »man«). Ich lasse keine Beleidigungen zu. Mein Ziel ist, dass die Kinder eigenständig zu einer guten Lösung finden, die beide als fair empfinden.

7.2.1 Was ist eine gute Lösung?

Eine gute Lösung ist grundsätzlich dadurch gekennzeichnet, dass sich am Ende nicht ein Kind als Gewinner und das andere als Verlierer empfindet. Ziel ist stattdessen eine »Win-win-Lösung«. Sie ist dann erreicht, wenn der Konflikt geklärt werden konnte und die (freundschaftliche oder freundliche) Beziehung der beiden Konfliktparteien erhalten geblieben ist.

Eine schülergerechte Form, um dieses Ziel zu vermitteln, ist »Die Geschichte von den beiden Eseln« (nach Altenburg 2005, S. 29). In dieser Bildergeschichte geht es um zwei hungrige Esel. Hinter beiden liegt ein Berg Hafer; die Esel sind jedoch mit einem Seil so verbunden, dass sie den Hafer nicht erreichen können, wenn keiner von ihnen sich auf den anderen zubewegt (siehe Abb. 16).

Die Arbeit mit der »Geschichte von den beiden Eseln« kann so aussehen:

1. Die Bilderfolge (M 9a) wird, auf Folie kopiert, präsentiert. Zunächst sollen die Kinder schildern, was sie sehen.
2. Dann wird danach gefragt, wie die Geschichte weitergehen könne. In der Theorie wissen die meisten Kinder, wie eine »gute Lösung« in einem Streit aussieht, deshalb kommen sie in der Regel schnell darauf, dass die Esel sich zunächst gemeinsam dem einen, anschließend dem anderen Haferberg zuwenden sollten. In diesem Fall ist es wichtig weiterzufragen: Welche Lösungen gibt es noch?
3. Sind alle möglichen Konfliktlösungen genannt, dann wird M 9b eingesetzt: eine Abbildung der möglichen Konfliktausgänge mit Denkblasen. Das Ausfüllen der Denkblasen veranlasst die Kinder dazu, sich in den unterschiedlichen dargestellten Situationen in die Esel hineinzuversetzen. Sie können die Arbeitsblätter entweder in Einzel- oder Partnerarbeit ausfüllen oder in Form eines stummen Monologs mit der gesamten Klasse. In diesem Fall wird jede der drei Szenen (Lösungsansätze mit Denkblasen) auf ein Blatt im DIN-A3-Format kopiert, von jedem

Die Geschichte von den beiden Eseln

Beide Esel möchten Hafer fressen:

Konfliktausgänge:

Verlierer – Verlierer: Beide Esel sind Verlierer, da keiner den Hafer bekommt. Bei diesem Konfliktausgang tragen alle Beteiligten einen Schaden davon oder sie verlieren ihre Freundschaft.

Gewinner – Verlierer: Nur der stärkere Esel bekommt etwas zu fressen, der andere Esel geht leer aus. Wenn ein Beteiligter in Konfliktsituationen gewinnt und der andere verliert, ist die Wahrscheinlichkeit groß, dass der Konflikt weitergeht, da sich beispielsweise der Verlierer rächen will.

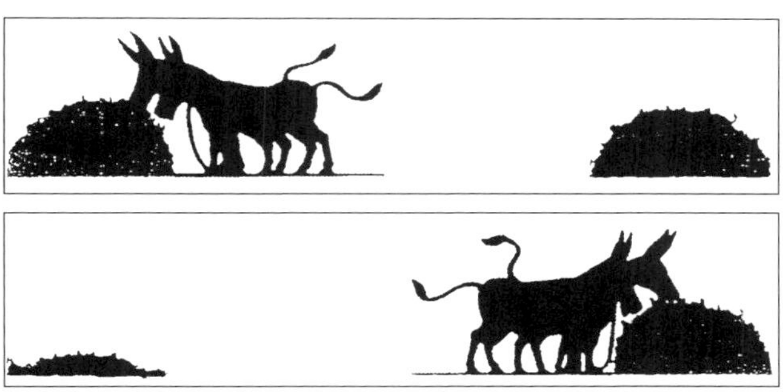

Gewinner – Gewinner: Beide Esel fressen gemeinsam die zwei Haferballen auf. Wenn die Beteiligten den Konflikt klären, gehen beide als Gewinner aus der Situation hervor und die Erhaltung der Beziehung ist möglich.

Abb. 16: Die Geschichte von den beiden Eseln (Stundenbilder 1984)

Motiv werden drei bis vier Exemplare angefertigt. Die Blätter werden im Raum verteilt auf Tischen ausgelegt. Nun kann jedes Kind herumgehen und eigene Ideen eintragen, wo es möchte.
4. Um die grundlegenden Unterschiede zwischen den Konfliktausgängen zu erkennen, erhalten die Kinder am Ende die Aufgabe, Überschriften zuzuordnen (M 9b unten).

Die Bilderfolge kann, ergänzt um die Erläuterungen, im Klassenraum aufgehängt werden, sodass man bei der Lösungssuche in realen Konflikten daran erinnern kann: Fühlt ihr euch jetzt beide als Gewinner – wie unsere beiden Esel? Oder, an die beiden Kontrahenten in einer Auseinandersetzung gewandt: »Wenn ihr euch die Konfliktausgänge der Eselgeschichte anseht – in welchem Esel findest du, Katrin, und in welchem findest du, Sven, dich wieder?«

7.2.2 Konfliktbearbeitung praktisch: Die Friedensbrücke

Als eine Möglichkeit der Konfliktbearbeitung, die dazu geeignet ist, die Selbstlösungskräfte der Schüler:innen zu fördern und Kinder zu befähigen, ihre Probleme zunehmend eigenständig zu lösen, wird im Folgenden die »Friedensbrücke« vorgestellt (siehe Abb. 17). Sie stellt aufgrund ihrer visualisierenden Form eine Möglichkeit der Konfliktbearbeitung dar, die für Kinder im Grundschulalter besonders geeignet ist. Das zugrunde liegende Ablaufmuster gilt für viele Konzepte der Konfliktbearbeitung wie die Streitschlichtung und den Klassenrat: Klärung des Rahmens – Darstellung des Konflikts durch die Beteiligten – Suche nach Lösungsmöglichkeiten – Aushandlung einer Lösung – schriftliche Fixierung der Absprache (Vertrag).

Die Idee der Friedensbrücke geht auf Johnson und Johnson (1991) zurück; Karin Jefferys-Duden hat sie im Zusammenhang mit dem von ihr entwickelten Streitschlichtungsprogramm bekannt gemacht. Die Metapher spricht für sich: Sie arbeitet mit dem Bild einer Brücke zwischen zwei verfeindeten Lagern, in deren Mitte sich Vertreter der gegnerischen Parteien treffen, um ein Friedensabkommen zu entwickeln. Eine Stärke dieser Methode liegt in der Visualisierung: »Während die Konfliktparteien die Schritte der Schlichtung durchlaufen, rücken sie dem Abkommen sichtbar näher. Dadurch, dass sich die räumliche Distanz zwischen den Streitenden verringert, sollte die soziale Distanz, die durch den Konflikt entstanden war, gleichfalls abnehmen« (Jefferys-Duden 2008, S. 11).

Rollenspiel Friedensbrücke

Bevor in einer Klasse mit der Friedensbrücke gearbeitet wird, müssen die Kinder mit diesem Ritual vertraut gemacht werden. Deshalb sollte die Friedensbrücke zunächst im Rollenspiel ausprobiert werden.

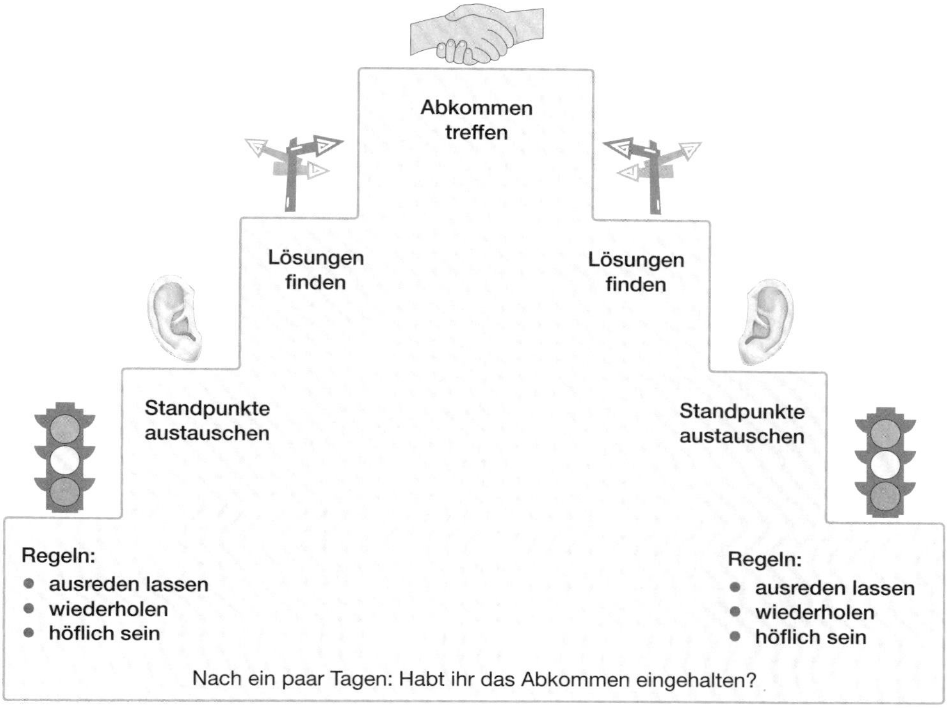

Abb. 17: Stufen der Friedensbrücke (nach IFB o. J., S. 5)

Zur Vorbereitung des Rollenspiels nennen die Kinder Situationen, in denen es Streit zwischen Mitschüler:innen geben kann. Die Lehrkraft (bzw. ab Klasse 2 die Kinder selbst) notiert jeden Fall auf einem DIN-A5-Zettel. Anschließend werden alle Zettel in einen Behälter (z. B. eine »Streitmütze«) gelegt. Zwei Kinder, die sich freiwillig für das Rollenspiel melden, ziehen einen Zettel. Sie schildern kurz den Inhalt ihres Zettels und verteilen untereinander die Rollen der beiden Konfliktparteien. Sie überlegen sich Namen für die beiden Streitenden. Die Namen werden auf Tesakrepp geschrieben, jedes der beiden Rollenspiel-Kinder heftet sich einen Namen an und trägt im Rollenspiel diesen Namen. Anschließend simulieren die beiden Kinder eine Streitschlichtung auf der Friedensbrücke, die Lehrkraft moderiert (Ablauf siehe unten).

Nach der Schlichtung verlassen die Kinder die »Friedensbrücke« und nehmen den Rollennamen ab. Dann werden sie von der Lehrkraft gefragt: »Wie hast du dich als … (Rollenname) gefühlt?«, »Wie war es für dich, den Streit auf der Friedensbrücke zu lösen?«, »Was ist dir schwergefallen?« Nach der Befragung der Rollenspieler wird die Klasse mit einbezogen: »Was gefällt euch an der Friedensbrücke?«, »In welchen Situationen kann uns die Friedensbrücke helfen?«, »Worauf müssen wir bei der Friedensbrücke achten?«

Die vier Stufen der Friedensbrücke

Als »Friedensbrücke« eignet sich eine Strickleiter, die auf den Boden gelegt wird, ein schmaler Teppich, der in Schlichtungssituationen ausgerollt wird, oder sieben gleichgroße Teppichstücke, die in einer Reihe ausgelegt werden (Größe der Teppichstücke: 30 x 40 cm). Der Schlichtungsprozess verläuft in vier Stufen:

Stufe 1: Regeln der Streitschlichtung anerkennen

Die Lehrkraft oder ein Streitschlichter nennt die Grundregeln der Streitschlichtung:

- Ich höre dem anderen zu und lasse ihn ausreden.
- Ich bin höflich (respektvoll) und beleidige nicht.
- Ich sage »ich« und nicht »man«.[20]

Ab Klasse 3 ist es alternativ dazu möglich, dass die Regeln verschriftlicht und neben die unterste Stufe der Friedensbrücke gelegt werden. Die beiden Konfliktparteien werden gefragt: »Seid ihr bereit, euch bei der Friedensbrücke an diese Regeln zu halten?« Bejahen beide dies, dürfen sie einen Schritt weitergehen.

Stufe 2: Standpunkte austauschen

Nun erhalten die beiden Konfliktparteien nacheinander die Gelegenheit darzustellen, wie sie ihren Streit erlebt haben: »Erzähle in Ruhe, was passiert ist.«

Jeder erhält prinzipiell so viel Zeit, wie er benötigt. Hat Partei A ihre Sichtweise dargestellt, dann hat Partei B zunächst die Aufgabe wiederzugeben, was sie gehört hat (aktives Zuhören, siehe S. 200): »Was hast du verstanden?« Bei Missverständnissen erhält Partei A die Möglichkeit, die eigene Position kurz richtigzustellen. Anschließend stellt Partei B die eigene Sichtweise dar. Phase 2 endet damit, dass Partei A darstellt, was sie verstanden hat.

Um den Beteiligten dabei zu helfen, sich besser in den jeweils anderen hineinversetzen zu können, hat der Moderator die Möglichkeit, beide Parteien zu fragen, wie sie sich beim Streit gefühlt haben. Sind die Standpunkte erklärt, gehen die beiden Streitenden einen Schritt weiter auf der Friedenstreppe. Hier noch einmal die Abfolge der Schritte in Stufe 2:

- Frage an Partei A: »Erzähle in Ruhe, was passiert ist.«
- Frage an Partei A: »Wie hast du dich dabei gefühlt?«
- Frage an Partei B: »Was hast du verstanden?«
- Frage an Partei B: »Erzähle in Ruhe, was passiert ist.«

---

20 Diese Regel gibt es bei Jefferys-Duden nicht, sie nennt als Regeln: »ausreden lassen; wiederholen, was der andere gesagt hat; höflich sprechen« (Jefferys-Duden 2008, S. 127).

- Frage an Partei B: »Wie hast du dich dabei gefühlt?«
- Frage an Partei A: »Was hast du verstanden?«

Stufe 3: Lösungssuche

Nachdem die Streitsituation in Stufe 2 geklärt wurde, rücken die beiden Kontrahenten eine Stufe weiter. Nun geht es um die Entwicklung von Lösungsmöglichkeiten: Die am Konflikt Beteiligten werden aufgefordert zu überlegen, wie eine Lösung aussehen könnte. Dabei ist es wichtig, ihre Gedanken in die Zukunft zu lenken – konstruktiv wird es, wenn die Frage nicht lautet: Wie kann ich Recht bekommen?, sondern: Wie können wir in Zukunft besser miteinander umgehen?

Gefragt werden kann außerdem: »Was wünschst du dir von … (der anderen Konfliktpartei)? Und was kannst du dazu beitragen, dass euer Streit aus der Welt kommt?« An dieser Stelle des Prozesses muss eine Lösung gefunden werden, mit der beide Seiten einverstanden sind. Die Lösung wird schriftlich in einem Formular festgehalten. Ist dies gelungen, treffen sich beide Parteien in der Mitte der Friedensbrücke.

Stufe 4: Abkommen vereinbaren

In der Mitte der Friedensbrücke sind sich die beteiligten Kinder sehr nahe, räumlich und emotional. Ihre Aufgabe ist es nun, die gefundene Lösung zu »besiegeln«, indem sie das Abkommen unterschreiben und sich die Hand geben (M 23a, vgl. Jefferys-Duden 2008, S. 135).

Praxistipps zur Konfliktbearbeitung

Alternative 1: Der Streitteppich

Der Streitteppich funktioniert ähnlich wie die Friedensbrücke. Der eigentliche Unterschied besteht darin, dass die gesamte Klasse mit einbezogen wird.
Zu Beginn wird ein etwa 1,80 x 1,20 m großer Teppich ausgerollt. Die beiden Konfliktparteien setzen sich an die beiden äußeren Enden, die Mitschüler nehmen am Rand des Teppichs Platz, möglichst eng beieinander. Stufe 1 und 2 entsprechen dem Ablauf der Friedensbrücke. In Stufe 3, der Lösungssuche, dürfen sich die Mitschüler:innen mit ihren Ideen für eine gute Lösung einbringen. Die Konfliktparteien suchen den Vorschlag aus, der ihnen beiden am besten entspricht. In Stufe 4 wird, wie bei der Friedensbrücke, die Absprache schriftlich festgehalten.

Alternative 2: Die dreischrittige Ärgermitteilung »SÄM« (siehe M 23c)

Dann kann diese Methode spontan von Kindern vorgeschlagen und ohne Beteiligung der Lehrkraft angewendet werden.
Wenn ein Konflikt, z. B. nach der Pause, zwischen zwei Kindern oder beteiligten Gruppen besteht, können unbeteiligte Kinder SÄM anwenden:

1. Frage: Was ist vorgekommen?
2. Frage: Was fühlst du? Wie fühlst du dich?
3. Frage: Was wünscht du dir von …?

Wenn Kinder SÄM bereits sehr gut kennen und SÄM in der ganzen Klasse bzw. Schule bekannt ist, können sie SÄM auch direkt im Konflikt selbst anwenden:

1. Ich sage Stopp!
2. Ich teile meinen Ärger mit (»Ich fühle mich … und ich wünsche mir von dir …!«)
3. Wenn das nicht hilft, hole ich mir Hilfe oder/und spreche in meiner Klasse über den Konflikt.

Alternative 3: Konfliktbearbeitung im Klassenrat

Der Klassenrat bindet das Gespräch über Probleme in ein größeres Ritual ein. Hier geht es um mehr als nur Konflikte, es geht um alles, was aus Sicht der Schüler:innen ihr Zusammenleben in der Schule betrifft: die Zusammenarbeit mit dem klassenübergreifenden Schülerrat, Wünsche für die Gestaltung von Unterricht, Klassen- und Schulleben, Anerkennung von Verhalten, das der Gemeinschaft gut tut, und eben Kritik (siehe S. 43 ff.).
Vor der Behandlung eines Konflikts im Klassenrat steht der Frustrationsaufschub: Das Kind, das einen Konflikt thematisieren möchte, notiert diesen auf der Wandzeitung – beim kommenden Klassenrat wird das Thema behandelt werden. Hier bewährt sich die Erfahrung, dass es guttut, vor der Klärung eines Ärgers eine Nacht darüber zu schlafen.
Im Klassenrat können sich die Mitschüler:innen bereits in Stufe 2 zu der Frage, wie sie den Konflikt wahrgenommen haben, einbringen. Sie können nachfragen, um das Problem zu verstehen, und Lösungsvorschläge formulieren. Oft geht es dabei um Absprachen, die alle Kinder betreffen und die auf die Zukunft gerichtet sind: Wie wollen wir uns in einer Situation wie derjenigen, die kritisiert wurde, in Zukunft verhalten? Welche Regeln brauchen wir? Wie können wir dafür sorgen, dass wir in Zukunft besser miteinander umgehen?
Auf die Suche nach möglichen Lösungen folgt ein Beschluss, in der Regel durch Abstimmung, der im Protokoll festgehalten wird und für alle gilt. Wie bei der Friedensbrücke ist es auch im Klassenrat unverzichtbar, dass die Konfliktparteien mit der gefundenen Lösung einverstanden sind.

In vielen Fällen können Kinder ritualisierte Formen des Umgangs mit Konflikten gut lernen und anwenden; damit erwerben sie wichtige Fähigkeiten. Dennoch kann nicht jeder Konflikt durch die Kinder selbst gelöst werden. Es gibt Situationen, in denen Kinder mit der eigenständigen Bearbeitung eines Problems überfordert sind. Dann ist die Lehrerin gefragt.

Gute Ausgangsbedingungen sind geschaffen, wenn es gelingt, dass Schüler:in und Lehrerin sich »als Bündnispartner im Kampf gegen die aufgetretenen Schwierigkeiten verstehen. Gerade Schüler, die von ihren eigenen Schwierigkeiten förmlich beherrscht werden, brauchen einen verlässlichen Erwachsenen bei dem mühsamen Kampf gegen ihre Probleme« (Garlichs 1987, S. 126; siehe S. 35 f.).

8. Gemeinschaft feiern

Rege Betriebsamkeit schon zu Beginn der ersten Stunde, strahlende Gesichter, hier und da ein Gerangel um Verantwortlichkeiten, eifriges Stühle- und Tischerücken – keine Frage, hier geht es um die Vorbereitung eines von vielen kleinen oder größeren Festen. »Feste« sind eher fröhlich und ausgelassen, »Feiern« eher an einem (ritualisierten) Programm oder Ritualen orientiert. Beides aber gehört auf jeden Fall in die Grundschulklasse. Feste und Feiern gliedern das Klassenleben, sie markieren Übergänge und erfreuende Höhepunkte. Feste und Feiern können das Selbstkonzept einer Klasse äußerst positiv prägen – und das ist im Sinne von Identitätsstiftung und Zugehörigkeit ein entscheidender Wohlfühlfaktor für den Einzelnen. Viel wichtiger als die äußere Wirkung ist die Wirkung in die Klasse und in jedes Kind hinein:

- Stärkung der Klassengemeinschaft durch gemeinsames Planen, Gestalten und Erleben eines Festes;
- Wohlgefühl und ästhetische Bildung durch das Vorbereiten und Gestalten des Schönen bei einem Fest, durch Herstellung von dekorativem Fenster- oder Tischschmuck und Plakaten, durch musikalische bzw. literarische Elemente oder darstellendes Spiel;
- Stärkung eines jeden Kindes durch die Aktivierung seiner Ideen und durch seine Mitwirkung: Jedes Kind erfährt durch sein aktives Mitgestalten die Kraft des eigenen Wirkens und durch das gemeinsame Gestalten und Erleben mit den Klassenkameradinnen und -kameraden wohltuende Zugehörigkeit.

Die stärkende und integrative Wirkung, die von Festen ausgeht, ist Grund genug, sie oft zu feiern. Jede:r macht mit, jede:r ist mitverantwortlich und jede:r erfährt Freude und Bestätigung! Ähnlich den Ritualen finden Feste und Feiern am besten auf jeder Ebene des Lernens und Lebens einer Klasse statt:

- im Unterricht,
- als Geburtstagsfeiern,
- in Bezug auf Monate und Jahreszeiten,
- an Übergängen der Schulzeit (Schuljahresende, Begrüßung des neuen Jahres, Abschiedsfest).

Egal, um welchen Anlass es sich handelt, ob es um Feste mit oder ohne Eltern geht, unabhängig davon, ob es sich um ein Klassen- oder Schulfest handelt: Die Schüler:innen wirken mit!

8.1 Feste und Feiern im Unterricht

Praxistipps

Buchstabenfest

Ein Buchstabenfest kann entweder am Ende von bestimmten Abschnitten des Lesen- und Schreibenlernens oder am Ende des grundlegenden Schrifterwerbs gefeiert werden. Ob ein Buchstabenfest nur innerhalb der Klasse oder im Sinne einer Aufführung vor den Eltern gefeiert wird, ist eine Entscheidung der Klassenleitung bzw. der Deutschlehrerin. Die Planung des Festes kann mit den Kindern gemeinsam vorgenommen werden, wobei der Rahmen von der Klassenleitung gesetzt werden sollte. Konkrete Tipps für das Fest:

- Buchstaben aus kleinen Gegenständen oder Süßigkeiten legen lassen
- Buchstaben aus Gegenständen legen lassen, die mit dem Buchstaben beginnen (Gegenstände können real oder aufgemalt und ausgeschnitten sein)
- Buchstaben kneten lassen
- Buchstaben fühlen lassen (Karten, auf denen Buchstaben mit Sand gezeichnet und geklebt sind)
- Buchstabensuppe kochen
- Buchstaben als Standbild bzw. Pyramide stellen und von anderen raten lassen
- ein kurzes Theaterstück zu Buchstaben einüben

»Lesethron«

In der Klasse steht ein ganz besonderer Stuhl bzw. Sessel, der entweder nur als »Lesethron« genutzt wird oder dem für den »Lesethron« ein großes, glänzendes, goldenes oder samtrotes Tuch übergelegt wird. Der »Lesethron« findet regelmäßig statt: Jeweils ein Kind bereitet sich darauf vor, indem es einen kurzen Text oder ein ganzes Buch gut liest und sich Gedanken dazu macht:

- Was gefällt mir an dem Text besonders?
- Welche Stelle finde ich besonders witzig, interessant oder schön?
- Warum ich diesen Text ausgesucht habe …
- Warum bzw. wem ich diesen Text empfehlen kann …

Am Tag des »Lesethrons« wird der Thron aufgestellt, das Tuch darüber gelegt, gegebenenfalls das Licht gelöscht und ein kleines Licht am Thron angeschaltet. Das jeweilige »Lesethronkind« stellt sein Buch vor und liest auch einzelne Textstellen daraus. Im Anschluss daran können Bilder gezeigt, Fragen gestellt und Ideen dazu gegeben werden. Abschließend kann man einen »Buchstabenkeks« oder Ähnliches für jedes Kind verteilen und den Thronfolger – möglichst freiwillig gemeldet – bestimmen.
Eingerahmt werden kann der »Lesethron« durch ein gemeinsames »Leselied«, z. B. »Alle Kinder lernen lesen« (Maierhofer/Kern/Kern 2005, S. 35), oder eine schöne, meditative Musik.

Zahlenfest

Ideen dazu lassen sich vom Buchstabenfest übernehmen und abwandeln. Hier können natürlich auch kleine Aufgaben selbst überlegt und gestellt werden. Aufgaben können auch als Partnerübung auf den Rücken geschrieben, durch Händedruck vermittelt werden oder Ähnliches.

Musikfest

Hat sich die Klasse mit einem bestimmten Komponisten oder mit Instrumenten beschäftigt oder gefallen der Klasse Lieder und Stücke, die sich auf eine bestimmte Jahreszeit beziehen, besonders gut, dann bietet es sich an, ein kleines Musikfest zu feiern und dazu die Eltern einzuladen. Der Ablauf eines Musikfestes kann besonders gut in der Form einer Revue gestaltet werden: Texte der Kinder werden von musikalischen Beiträgen eingerahmt. Die musikalischen Beiträge werden entweder selbst gespielt und gesungen oder von einer CD bzw. einem MP3-Player eingespielt. Die Form der Revue ermöglicht, dass jedes Kind aktiv teilnehmen und sich mit einem Beitrag einbringen kann, der zu seinen Fähigkeiten passt.

Komponistenfest

Während des Musikunterrichts beschäftigen sich die Schüler:innen mit der Biografie des Komponisten. Dabei kann in Gruppen zu verschiedenen Lebensstationen ebenso wie zu besonderen Vorlieben des Komponisten oder zum Lebensstil der Epoche gearbeitet werden. Außerdem werden bestimmte Stücke des Komponisten immer wieder gehört und mit Adjektiven beschrieben. Es können auch Geschichten oder Gedichte zur Musik geschrieben und Bilder dazu gemalt werden (siehe Musikmalen, S. 150). Schließlich gibt es zu bestimmten Stücken verschiedener Komponisten auch Mitspielstücke (z. B. die »Musikalische Schlittenfahrt« von Leopold Mozart), die die Schüler:innen mit der Lehrkraft einüben.

Instrumentenfest

Nachdem die Instrumente im Unterricht eingeführt und verschiedenartig erprobt worden sind, vertiefen die Schüler:innen die Instrumentenkunde in Gruppenarbeit, jeweils in Bezug auf ein Instrument. Auch Improvisationen machen den Schüler:innen viel Freude. Die Instrumente können gemalt, geknetet oder gebacken werden. Natürlich können auch hier Gedichte oder Geschichten zum Gruppeninstrument geschrieben werden. Alle Beiträge werden für das Fest zu einer Revue zusammengestellt.

Jahreszeitenfest

Beim Jahreszeitenfest bietet sich eine Jahreszeit an, deren Lieder die Klasse besonders gerne singt. Sehr beliebt sind die Herbst- und Frühlingslieder – Advents- und Weihnachtslieder natürlich ohnehin. Elemente der Revue des Jahreszeitenfestes sind Lieder, zur Jahreszeit passende Improvisationen mit Orff'schen Instrumenten sowie Gedichte und kurze Geschichten, die zur Jahreszeit geschrieben oder ausgesucht werden. Zum Jahreszeitenfest bietet sich natürlich immer auch ein Jahreszeitenbuffet im Anschluss an die Vorführung an, das von der Klasse oder den Eltern vorbereitet wird (z. B. Kräuterquark, Apfelsaft- oder -kuchen, Weintrauben).

8.2 Geburtstagsfeier

Es gibt vielfältige Möglichkeiten, Geburtstag in der Klasse zu feiern. Gerade zu den Geburtstagen ist es Schüler:innen ganz wichtig, dass es einen ritualisierten Ablauf gibt, der immer richtig eingehalten wird. Ein Geburtstagsritual kann z. B. so aussehen:

Praxistipp: Geburtstagsfeier

Im Vorwege besorgt die Klassenlehrerin kleine Geschenke im Wert von ca. ein bis zwei Euro in einem Spielzeug- oder Schreibwarengeschäft. Besonders beliebt sind immer wieder besondere Flummis, Wurfbälle mit Schweif oder Knautschbälle mit einem Smiley, Halbedelsteine, besondere Stifte, Radiergummis oder Zaubermuscheln. Die Geschenke werden entweder einzeln verpackt oder in einen großen »Geschenkeclown« oder eine Schatzkiste gelegt. Am Geburtstag selbst bringt das Geburtstagskind einen in Stücke geschnittenen Kuchen und Servietten mit in die Schule.

Die Klasse bildet 20 Minuten vor der Frühstückspause einen Stuhlkreis, in den sie noch einen kleinen Tisch mit drei Stühlen stellt. Auf den Tisch wird ein Geburtstagskranz mit der altersentsprechenden Anzahl an Kerzen und eventuell ein kleiner Blumenschmuck gestellt. Alle setzen sich. Die Lehrerin fragt nach dem immer gleichen Schema:

- Wer darf mit dir vor die Tür gehen?
- Wer darf dich wieder hereinholen?
- Wer darf dein Geburtstagstor bilden?
- Wer darf mit dir am Tisch sitzen?

Das Geburtstagskind antwortet, und die Kinder, die genannt worden sind, begeben sich an ihre Plätze. Alle anderen sitzen im Kreis. Nun darf ein Kind die Kerzen anzünden, und das Geburtstagslied wird angestimmt. Während des Klassengesangs wird das Geburtstagskind hereingeholt, darf durch das Geburtstagstor gehen und sich zu seinen Tischgästen inmitten der Klasse setzen.
Im Anschluss an das Lied dürfen alle Kinder dem Geburtstagskind etwas wünschen. Erfahrungsgemäß ist eine Klasse im Wünschen schnell geübt, und sehr viele Kinder haben Freude am Wünschen, sodass jedes Kind mit Wünschen bedacht wird. Am Ende darf auch die Lehrerin noch etwas wünschen; dabei hören die Geburtstagskinder meistens sehr aufmerksam zu, wenn die Wünsche individuell formuliert und nicht allzu floskelhaft sind. Daran orientieren sich allmählich auch die Kinder, sodass schon recht bald eine bemerkenswerte »Wunschkultur« entsteht.
Nach den Wünschen darf das Kind sein Geschenk auspacken und die Kerzen auspusten. Beim anschließenden Frühstück verteilt es seinen Kuchen.

8.3 Feste und Feiern der Monate und Jahreszeiten (siehe M 20)

Praxistipps

Monatsfeier

Die Monatsfeier kann innerhalb einer Klasse oder auch der ganzen Schule stattfinden. Je nach Umfang wird sie jeden Monat, alle zwei Monate oder alle drei Monate (dann als Jahreszeitenfest) gefeiert. Das Programm für die Monatsfeier wird meistens zunächst von der Klassenlehrerin vorgegeben und kann dann mit der ganzen Klasse oder von wechselnden Kleingruppen geplant werden. Zum Programm gehören Lieder, Gedichte, Geschichten oder kleine Theaterstücke, die im

Verlauf des letzten Monats erarbeitet wurden oder die sich auf die Jahreszeit beziehen. Die Monatsfeiern finden normalerweise während der Unterrichtszeit statt und können für Eltern offen sein. Natürlich bietet es sich an, ein Jahreszeitenfest für die Eltern auch am frühen Abend zu feiern, damit alle die Möglichkeit haben zu kommen.

Jahreszeitenfrühstück

Kinder lieben es, ein gemeinsames Frühstück zu planen, zusammenzutragen und festlich zu gestalten. Besonders gut lernen die Kinder, solche Frühstücke zu planen und durchzuführen, wenn sie oft die Gelegenheit dazu haben, beispielsweise immer am letzten Schultag vor den Ferien. Frühstücksbrettchen und Becher bringt jedes Kind für sich selbst mit. Wer Brötchen, jahreszeitliche Aufstriche sowie Obst, Rohkost, kleine Salate oder Säfte, auch Servietten und die jahreszeitliche Tischdekoration mitbringt, das wird unter den Schüler:innen besprochen und verteilt. Kinder mögen es gerne, wenn das Frühstück festlich abläuft, dabei können auch hier kurze Gedichte und kleine Geschichten vorgetragen und zum Abschluss Lieder gesungen werden. Gerade weil viele Kinder es zu Hause kaum erleben, dass gemeinsam in Ruhe gegessen wird, ist das gemeinsame Frühstück eine gute Gelegenheit, um sie eine solche Essenskultur erleben zu lassen. Das Bewusstsein für den Wert des Essens wird gesteigert, wenn sich die Kinder nach dem Vorbereiten der Mahlzeit zunächst im Kreis um den festlich gedeckten Tisch stellen und ihn betrachten.

Laternelaufen und Herbstfest, Adventscafé

Jahreszeitenbezogene Feste wie z. B. das Herbstfest, ein Adventscafé oder ein Sommerfest können in ähnlicher Weise wie die Monatsfeier oder das Musikfest in Form einer Revue festlich gestaltet werden. Bei Festen aus der christlichen Tradition ist Sensibilität gefragt: Wie geht es den muslimischen und jüdischen Kindern damit, wenn ein christliches Fest gefeiert wird? Wie kann das Fest so gestaltet werden, dass sich niemand vereinnahmt fühlt? Und wie gehen wir mit Festen anderer Religionen so um, dass die Kinder nicht-christlichen Glaubens sich ernst genommen fühlen?

Abb. 18: Klassentagebuch »Laterne laufen«

Praxistipps

Neujahrsfeier

Zu Beginn des neuen Kalenderjahres, am ersten Tag nach den Weihnachtsferien also, wird im Erzählkreis über Vorsätze und gute Wünsche für ein neues Jahr gesprochen. Je nach Vertrauensatmosphäre in der Klasse äußert jede:r seine persönlichen Wünsche für das neue Jahr im Kreis. Wichtig ist hier der Hinweis der Klassenlehrerin, dass nur solche Wünsche geäußert werden, die man auch vor der ganzen Klasse aussprechen mag.
Die Klassenlehrerin hat kleine Wunschkarten vorbereitet, z. B. in Form von Glückskleeblättern oder von Herzen. Jedes Kind schreibt nun einen Wunsch für sich selbst und einen Wunsch für ein vorher per Losverfahren bestimmtes anderes Kind der Klasse auf jeweils eine Karte. Den eigenen Wunsch kann es in einen dafür vorbereiteten Briefumschlag in sein Tagebuch kleben. Den Wunsch für die Mitschülerin, den Mitschüler gestaltet es zu einer besonderen Wunschkarte und bewahrt ihn gut auf.
Im Anschluss oder zum Tagesabschluss trifft sich die Klasse noch einmal. Nun kann die Lehrkraft feierlich eine Kerze für das neue Jahr anzünden, es können z. B. Berliner gegessen oder gemeinsam Saft getrunken werden. Dann sagen sich die Kinder gegenseitig ihre Wünsche für das neue Jahr und übergeben sich die Wunschzettel. Auch die Wunschzettel können nun in das Tagebuch geklebt werden. Am Ende kann eine besondere »Abschlussrakete« (siehe S. 146) gestartet oder gemeinsam in das neue Jahr gesprungen werden.

Faschingsfeier

Jede Schule hat ihre eigene Tradition, den Faschingstag zu feiern. Es macht Sinn, im Vorwege zu klären, welche Rituale die Schulgemeinschaft hat, damit der Vormittag in der eigenen Klasse entsprechend zeitlich gegliedert werden kann. Der Faschingstag kann ein Thema bzw. Motto erhalten, oder die Kostüme und Spiele können frei gewählt werden. Manchmal gibt es auch Entscheidungen des Kollegiums zu dieser Frage. Eine gute Idee ist es, einige Lieder und Tänze für die ganze Schule vorzubereiten, die jede Klasse ab Januar einüben kann. Das macht besonders dann Sinn, wenn die ganze Schule einen Teil des Vormittags in der Aula oder Sporthalle gemeinsam feiert, wirkt aber auch sonst verbindend.
Faschingsfeste sind fröhlich, lebendig und auch voller Musik. Damit die Stimmung am Ende nicht »kippt«, bietet es sich an, gerade diesem Vormittag einen Rahmen zu geben. Je nach Klassenstufe können die Kinder unterschiedlich stark in die Planung von Essen und Spielen mit einbezogen werden. In vielen Klassen bereitet die Klassenlehrerin zwar den Raum vor (Tische für das Buffet am Rand, großer Stuhlkreis in der Mitte, Freiraum zum Tanzen und Spielen, ausreichend gute Musikanlage), schmückt aber gemeinsam mit den Kindern, die

früh kommen. Das gemeinsame Buffet wird von den Kindern zusammengestellt. Alle treffen sich im Stuhlkreis. Nach der gemeinsamen Begrüßung kann ein fröhliches Bewegungsspiel gespielt werden. Die meisten Kinder haben sich viele Gedanken zu ihrem Kostüm gemacht, sodass das auch im Rahmen einer Runde von Einzelvorstellungen gewürdigt werden sollte. Gute Erfahrungen gibt es damit, die Kinder zu einer festlichen Musik (z. B. der »Wasser-« oder »Feuerwerksmusik« von Händel) nacheinander in den Kreis gehen und sich kurz vorstellen zu lassen. Danach muss es erst einmal viel Zeit für die fröhliche Bewegung geben – beliebte Spiele sind:

- Stopptanzen
- Polonaise
- »Reise nach Jerusalem«
- Zublinzeln
- »Elektrischer Bonbon«: Die Schüler:innen sitzen in Kleingruppen von ca. vier Kindern in einem kleinen Kreis. Die Lehrkraft legt in die Mitte jedes Sitzkreises ca. 10–15 Bonbons, Smarties o. Ä. Ein Kind geht hinaus, die anderen wählen leise einen Bonbon als den »elektrischen Bonbon« aus. Das Kind kommt wieder herein und nimmt sich langsam ein Bonbon nach dem anderen. Wenn es den Bonbon nimmt, der von den anderen heimlich als »elektrischer Bonbon« bestimmt wurde, schreien diese auf, und das Kind muss aufhören. Die Bonbons, die es bis dahin genommen hat, darf es behalten. Nun ist das nächste Kind an der Reihe, es darf hinausgehen und sich anschließend auf die Suche nach dem »elektrischen Bonbon« machen. Das Spiel endet, wenn alle einmal an der Reihe waren.
- »Mattenschlagen«: Zwei Mannschaften stehen nebeneinander, Blick zur Tafelseite. Das jeweils erste Kind erhält eine Fußmatte und ein DIN-A4-Papier. Auf ein Startsignal hin schlagen die Kinder die Fußmatte immer wieder so in die Luft, dass das Papier Richtung Tafel fliegt. Wenn es dort ist, läuft das Kind zur nächsten Person seiner Mannschaft und übergibt dort die Matte und das Papier. Die nächste Person beginnt. So geht es weiter, bis die Mannschaft gewonnen hat, deren Mitspieler:innen zuerst alle Papiere bis zur Tafel befördert haben.

Wenn es Zeit für das Frühstück vom Buffet ist, ist es schön, sich zunächst mit allen Kindern um das Buffet zu versammeln und zu entdecken, was es alles gibt. Dann wird gemeinsam in Ruhe gegessen, bevor wieder getanzt und gespielt wird.
Einige wenige ruhige Zeiten sind gerade an einem so fröhlichen, ausgelassenen Tag wie dem Faschingstag sehr wichtig, damit sich alle Kinder bis zum Ende wohlfühlen können.

9. Als Gemeinschaft unterwegs sein

9.1 Klassenfahrten

Es ist Donnerstagabend der letzten Woche im Mai. Teigklumpen an der angespitzten Seite von Weidenzweigen bräunen in einem lodernden Feuer, die andere Seite der Weidenzweige festgehalten von Kinderhänden. Ein bisschen Kokeln, ein bisschen Gerangel, aber vor allem andächtige Ruhe macht sich in der Runde von Viertklässlern breit, die den Abschlussabend ihrer Klassenreise feiern. Es ist eine wunderbare Stimmung, die sich zwischen erschöpften, aber immer noch erlebnishungrigen Kindern und ihrer erschöpften, aber zufriedenen Klassenlehrerin samt Begleitperson ausbreitet. Bis die Würstchen fertig sind, gibt es noch ein paar gemeinsame Fahrtenlieder, begleitet vom Spiel auf der Gitarre. Allmählich wird es dunkel.

Klassenfahrten gehören zu den bleibenden Erinnerungen an die Schulzeit: Lagerfeuer und Stockbrot, die nicht enden wollende Wanderung, eine Schnitzeljagd, das Essen in der Jugendherberge, bemalte Wände, eine tolle Tischtennisplatte auf einem großen Gelände, mit Freundinnen oder Freunden im Achterzimmer, auch das Heimweh, das Gefühl von Großsein, die Post von den Eltern, die beim Mittagessen verteilt wurde.

Klassenfahrten sind von großer Bedeutung für die Persönlichkeitsentwicklung jedes einzelnen Kindes und der Klassengemeinschaft: Grundschullehrer:innen stellen immer wieder aufs Neue fest, welch großen »Sprung« die Klassengemeinschaft nach einer Klassenreise gemacht hat. Damit dieser Eindruck am Ende entstehen kann, gilt es, im Vorwege die Reise in verschiedener Hinsicht gut vorzubereiten.

Vorbereitung der Klassenfahrt

Am besten verständigt man sich als Klassenlehrerin einer 1. Klasse möglichst zu Beginn des Schuljahres mit den Klassenlehrer:innen der Parallelklasse darüber,

- wann die Klassenreise(n) an der Schule normalerweise durchgeführt wird/werden,
- ob es ein Schullandheim gibt, das von den Kolleg:innen gerne als Ziel gewählt wird,
- ob Parallelklassen gemeinsam auf Fahrt gehen wollen,
- wann die Reise(n) angemeldet werden muss/müssen.

Es ist inzwischen ein »ungeschriebenes Gesetz«, dass Klassenreisen, die in der 3. oder 4. Klasse durchgeführt werden, bereits zwei bis drei Jahre im Voraus angemeldet sein müssen, insbesondere natürlich, wenn es um beliebte Ziele bzw. Häuser geht.

Oft muss vor der Buchung einer Unterkunft eine Einverständniserklärung der Eltern eingeholt werden, die besagt, dass sie bereit sind, den Beitrag ihres Kindes zu finanzieren. Wenn die Klassenreise gebucht und bestätigt ist, sollte die Elternschaft der Klasse möglichst frühzeitig näher informiert werden. Manche Eltern benötigen mehr Zeit als ihre Kinder, sich auf die Reise und den damit verbundenen Abschied von ihren Kindern einzustellen. Andere wissen, dass ihre Kinder es schwer haben, sich vorübergehend vom Elternhaus zu lösen. Sie können ihre Kinder entsprechend frühzeitig ermutigen und darin bestärken, bei Freundinnen oder Freunden zu übernachten, um sich im vertrauten Rahmen an die nächtliche Trennung von den Eltern zu gewöhnen und mögliche Ängste durch positive Erfahrungen abzubauen.

Ganz besonders wichtig ist die frühzeitige Ankündigung der Klassenreise auch in Bezug auf die Kosten. Die Eltern müssen darüber informiert sein, dass kein Kind aufgrund von finanziellen Problemen von der Klassenreise ausgeschlossen wird. Falls die finanzielle Belastung durch die Klassenreise nicht getragen werden kann, gibt es verschiedene Möglichkeiten der finanziellen Hilfe durch die Schule (z. B. Schulverein), bei Sozialhilfeempfängern werden auf Antrag die Kosten durch das Sozialamt oder die Arbeitsagentur übernommen. Die Eltern sollten unbedingt den Tipp erhalten, frühzeitig jeden Monat ein wenig Geld für die Klassenreise zurückzulegen und sich bei größeren finanziellen Problemen vertrauensvoll an die Klassenleitung zu wenden.

Was ist in der Planungsphase der Klassenreise im Einzelnen zu bedenken?

- Absprache mit Kolleg:innen der Parallelklasse(n) möglichst zu Beginn von Klasse 1: Fahren wir gemeinsam? Gibt es Schullandheime oder Jugendherbergen, die von der Schule bevorzugt gewählt werden? Wer meldet an? Wann wollen wir beginnen, die Reise inhaltlich – gemeinsam – vorzubereiten?
- Klassenreise möglichst schon zwei bis drei Jahre im Voraus buchen.
- Eltern möglichst frühzeitig auf einem Elternabend oder in einem Elternbrief über den Zeitraum der Klassenreise(n) und die ungefähren Kosten sowie über Möglichkeiten der finanziellen Unterstützung informieren (siehe M 17a).
- Ab und zu mit den Schüler:innen über die Klassenreise sprechen und Vorfreude wecken.
- Rechtliche Richtlinien für Klassenreisen genau lesen (die rechtliche Regelung ist Ländersache, eine Zusammenstellung der entsprechenden Links findet sich unter www.busstop.de/index.php?id=229).
- Begleitperson(en) organisieren (am besten eine Kollegin, alternativ auch eine Studentin oder – in Absprache mit Kollegium, Schulleitung und Elternschaft – ein Elternteil).
- *Ein halbes Jahr vor der Klassenreise* einen Elternbrief schreiben, in dem alle Informationen zur Klassenreise genau enthalten sind: zu überweisender Teilnehmerbeitrag, BanMerbindung; Packliste; Checkliste zu Versicherung, Impfstatus des

Kindes, Allergien, Medikamentenunverträglichkeiten, Schwimmfähigkeit des Kindes; Einverständniserklärung und, wenn erforderlich, weitere Erklärungen der Erziehungsberechtigten (siehe M 17b und 17c).

- *Ein halbes Jahr vor der Klassenreise* ein Konto eröffnen, auf das die Eltern überweisen können; Eingang der Teilnehmerbeiträge auf dem Konto regelmäßig überprüfen und rechtzeitig nachfragen bzw. »nachhaken«, wenn Beiträge nicht eingehen.
- *Ein halbes Jahr vor der Klassenreise* einen Elternabend durchführen, auf dem die Reise ganz konkret besprochen wird; unbedingt Teilnehmerliste führen und prüfen, welche Erziehungsberechtigten nicht anwesend waren; diese im Anschluss informieren und ihnen Unterlagen zukommen lassen.
- Klassenreise inhaltlich (weiter) vorbereiten: prüfen, ob ein:e Schüler:in während der Reise Geburtstag hat und – in Absprache mit den Eltern – planen, wie die Feier gestaltet werden soll.
- *Etwa 5 Wochen vor der Klassenreise* einen Klassenbriefkasten »Klassenreise« einrichten; Schüler:innen schreiben ihre Fragen, Ängste, Ideen zur Klassenreise auf und werfen sie in den Briefkasten. Einmal pro Woche wird der Kasten geleert, dann werden die Themen der Kinder besprochen.
- *Planung und Organisation:* Welche Gegenstände, Hilfsmittel, Spielgeräte, Bastelmaterialien werden benötigt? Welche können aus der Schule mitgenommen werden, welche müssen im Vorwege eingekauft werden?
- *Listen anlegen und mitnehmen:* Adressliste mit allen Telefon- und Handynummern der Eltern, Notfallliste.
- Erste-Hilfe-Tasche der Schule mit auf die Reise nehmen.
- Bei Jugendherbergen: Jugendherbergsausweise der Schule mitnehmen.

9.2 Kurzfahrten und Tagesausflüge

Nicht nur die große Klassenfahrt, auch kleinere Ausflüge wirken sich positiv auf die Entwicklung des Einzelnen und der Klassengemeinschaft aus und bieten oft auch inhaltlich interessante Lernerfahrungen. Von daher ist es empfehlenswert, sinnvolle Gelegenheiten für solche Unternehmungen in den Blick zu nehmen und regelmäßig einzuplanen:

- Ausflüge in die Natur (im Rahmen von Sachunterricht oder im Sinne von sinnstiftenden Erlebnissen der Klassengemeinschaft)
- Ausflüge zu außerschulischen Lernorten (im Rahmen von Fachunterricht oder Projektwochen)
- Ausflüge ins Museum oder Theater (im Rahmen von Fachunterricht, auch Weihnachtsmärchen o. Ä.)

Außerdem gibt es – nicht zuletzt als Vorbereitung auf die große Klassenreise in der 3. oder 4. Klasse – die Möglichkeit, in Klasse 2 Tagesreisen ohne Übernachtung oder z. B. eine Dreitagesfahrt mit Übernachtungen in die nahe Umgebung zu machen. Egal, ob es sich um eine Reise für einen, drei oder fünf Tage handelt, ist es wichtig, Folgendes zu beachten:

- Je nach Ausflug und Thema ist es sehr sinnvoll, die Schüler:innen rechtzeitig im Vorfeld über den Ausflug zu informieren und dafür zu sorgen, dass sie sich inhaltlich vorbereiten und möglichst an der Planung beteiligen.
- Die rechtlichen Richtlinien für Klassenfahrten und Ausflüge mit der Klasse sollten der Klassen- und Reiseleitung gegenwärtig sein und genau beachtet werden.
- Die Elternschaft ist rechtzeitig schriftlich (und möglichst auf einem Elternabend mündlich) über den Ausflug bzw. die Reise zu informieren (Datum, Zeiten, Kosten etc.; siehe M 16).
- Schriftliche Einverständniserklärungen, gegebenenfalls auch für besondere Unternehmungen wie Schwimmen oder Klettern, müssen der Klassenleitung ebenso vorliegen wie medizinisch relevante Hinweise auf Unverträglichkeiten, Krankheiten und Impfstatus der Kinder.
- Begleitpersonen müssen rechtzeitig angesprochen bzw. organisiert werden.
- Es muss geklärt und sollte notiert werden, wer von wem am Ende des Ausflugs abgeholt wird bzw. allein nach Hause gehen darf.
- Die »Erste-Hilfe-Tasche« der Schule muss auf Ausflügen stets mitgeführt werden, ebenso Klassen- und Notfalllisten.

10. Organisation ist nicht alles, erleichtert aber vieles

10.1 Kindern helfen, sich zu organisieren

»Ordnung ist das halbe Leben!« – ist das so? Darüber kann kontrovers diskutiert und vor allem philosophiert werden. Für die Grundschule und ihre Kinder wird jede:r feststellen können, dass die berühmte Redewendung nichts an Aktualität verloren hat. Bildlich gesprochen liegt die Ordnung im Rahmen. Der geordnete Rahmen ist es, der vielen Kindern die Sicherheit gibt, um ihre Freiheit entfalten zu können. Das gilt nicht nur für die Meinungsfreiheit im Klassenrat, die auf einen Rahmen aus Regeln, Ritualen und Respekt angewiesen ist, sondern z. B. auch für das »freie Schreiben«, welches den meisten Kindern dann gelingt, wenn sie einen Rahmen aus inhaltlichen und/oder methodischen Anregungen und Regeln erhalten. Das gilt auch für das Arbeiten mit dem Wochenplan und das individuelle Arbeiten ganz allgemein. Dazu gehören als »Werkzeug« die Arbeitsmittel und als Rahmen bestimmte Regeln zum Arbeitsverhalten sowie der Raum, in dem alles stattfindet.

Im Folgenden eine Aufstellung all dessen, was das Kind für seine persönliche Arbeit braucht.

Arbeitsmittel

Vor den Sommerferien wird den Schüler:innen eine Liste mitgegeben, auf der alle zu besorgenden Arbeitsmittel für das kommende Schuljahr aufgelistet sind. Für die zukünftigen Erstklässler wird diese Liste am besten auf dem ersten Elternabend ausgeteilt, der noch vor den Sommerferien (vor der Einschulung) stattfindet. Für jedes Kind ist es ein beruhigendes und bedeutsames Gefühl, alle Arbeitsmaterialien am ersten Schultag im Ranzen zu haben. Umgekehrt können Kinder es als beschämend empfinden, wenn sie nicht alles dabei haben, während die Tischnachbarin oder der Tischnachbar alle Materialien stolz auf den Tisch legt – beschriftet selbstverständlich!

Heft- und Mappenführung

Welche Heft- oder Mappenführung für welches Fach gewählt wird, hängt von der Arbeitsweise der Lehrkraft ab. Fachlehrer:innen werden am besten frühzeitig konsultiert, damit auch die von ihnen gewünschten Materialien in den Elternbrief aufgenommen werden können. Vor- und Nachteile von Heft und Mappe sind offensichtlich:

- *Mappen* zu führen kann schneller erfolgreich gelernt werden. Es muss lediglich mit den Kindern geübt werden, die Zettel richtig zu lochen (falls sie nicht – wie üblich – schon von der Lehrkraft gelocht wurden) und sofort einzuheften. Auf das sofortige Einheften eines Arbeitszettels in die Mappe sollte in den ersten Wochen konsequent geachtet werden. Es lohnt sich, die Zeit in das Warten zu investieren, bis auch das letzte Kind seinen Zettel nicht in der Ablage verschwinden lässt, sondern eingeheftet hat. Das »Tu es gleich« bzw. »Tu es gleich an den richtigen Ort« trainiert eine Grundkompetenz, die insbesondere für offeneres, individualisiertes und selbstständiges Arbeiten von Bedeutung ist.
- *Hefte* führen zu lassen, braucht mehr Übung, Anleitung, individuelle Rückmeldung und Zeit. Viele Kolleg:innen lassen dennoch wieder vermehrt Hefte führen. Die Motivation, sich Mühe beim Arbeiten zu geben, steigt automatisch, wenn seitens der Lehrkraft auf die Heftführung geachtet wird – in fachbezogener und ästhetischer Hinsicht. Das Achten und Beachten des Heftes durch die Lehrkraft vermittelt den Schüler:innen Interesse an ihrer Arbeit. Ein schön gestaltetes Heft kann von Kindern als »Schatz« wahrgenommen werden, sie haben die Chance, Selbstwirksamkeit auch hier zu entdecken. Waldorfschulen pflegen die »Kunst der Heftgestaltung« – mit beeindruckenden Ergebnissen.

Bei der Heftführung müssen insbesondere Erstklässler angeleitet werden,

- von vorne nach hinten zu arbeiten (nicht wenige beginnen ihr Heft in der Mitte oder lassen immer wieder Seiten aus),
- immer auf das Datum, eine Überschrift und saubere Gestaltung zu achten,
- möglichst auch farblich zu gestalten.

Wenn Hefte geführt werden, sollten sie innerhalb eines Halbjahres auch häufiger eingesammelt, durchgeschaut und mit einem kleinen Kommentar zurückgegeben werden.

Praxistipp: Farben der Hefte und Mappen

Die Farben der Hefte und Mappen sind meistens:

- Deutsch: rot
- Mathe: blau
- Sachunterricht: grün
- Musik: gelb oder weiß

Bücher und Arbeitsmaterialien

Rechtzeitig vor den Sommerferien ist im Kollegium zu klären, ob bzw. welche Bücher oder anderen Arbeitsmaterialien (z. B. Rechtschreibkarteien) an der Schule bzw. im entsprechenden Jahrgang genutzt werden und welches Material im Klassenraum stehen kann bzw. sollte. Die Arbeitsmaterialien, die die Eltern anschaffen müssen, sind auf die Liste im Elternbrief zu setzen. Zu beachten sind die genauen finanziellen Regelungen des Bundeslandes zur Anschaffung von Büchern und Lehrmitteln. Für die individualisierende Arbeit ist es hilfreich und nötig, bestimmte Freiarbeitsmaterialien an einer festgelegten Stelle im Klassenraum zu haben. Was davon in der Schule vorhanden ist, was durch die Lehrerin selbst oder von den Eltern anzuschaffen ist und was vom Schulverein bezahlt werden kann, muss im Einzelnen geklärt werden.

Postmappe

In ihre Postmappe stecken die Schüler:innen Elternbriefe, Einladungen zu Basaren und Elternabenden, Geburtstagseinladungen von Mitschüler:innen und mehr. Es ist wichtig, die Eltern auf dem ersten Elternabend zu bitten, dass sie zumindest in der Anfangszeit ihre Kinder täglich in die Postmappe schauen lassen, um festzustellen, ob sich darin Post für die Eltern befindet.

Hausaufgabenheft

Jedes Kind hat ein Hausaufgabenheft. Wichtig ist, darauf zu achten, dass dieses Heft auch täglich genutzt wird. Das bedeutet, mit allen Kolleg:innen, die in der Klasse unterrichten, Vereinbarungen zu treffen über

- die Symbole, die Erstklässler:innen das Verständnis und den Eintrag in ihr Heft erleichtern,
- die Stelle an der Tafel oder Seitentafel, an der die Hausaufgaben immer für die Schüler:innen notiert werden, und
- die Zeit, die den Schüler:innen am Ende des Unterrichts gegeben werden muss, damit sie die Hausaufgaben vollständig eintragen können.

Die Hausaufgabenhefte sollten ab und zu eingesammelt und im Hinblick auf die Einträge der Kinder gesichtet werden. Wichtig ist auch hier die freundliche und klare Rückmeldung an das Kind und seine Eltern bezüglich der Vollständigkeit der Eintragungen. Die Eltern sollten durch Unterschrift bestätigen, dass sie die Rückmeldung zur Kenntnis genommen haben.

Ablage

Falls die Schüler:innen ein Fach unter ihrem Tisch haben, legen sie dort gerne und oft lose Zettel, kleine Briefchen, Bilder oder auch Fundstücke ab. Auf jeden Fall sollte jedes Kind einen stabilen Ablagekorb für diese Dinge im Fach haben. Damit die Ablagekörbe einheitlich sind, ist es gut, sie in Absprache mit den Eltern vor der Einschulung für alle Kinder zu besorgen und mit einem Namensschild des jeweiligen Kindes zu bekleben. Wer mit den Ablagekörben unter dem Tisch der Kinder arbeitet, muss auch dafür sorgen,

- dass die Schüler:innen genau wissen, was in die Ablage gehört (z. B. Hefte und Mappen, die nicht mit nach Hause genommen werden) und was nicht (Bilder, »Kritzelzettel«, Frühstücksbrote),
- dass die Kinder ihre Ablagen regelmäßig leeren bzw. aussortieren.

Am Ende der Woche ist Zeit dafür vorzusehen, dass jedes Kind seinen Ablagekorb auf dessen Inhalt prüft, lose Zettel abheftet und Unwichtiges aussortiert.

Eine gute Alternative zu den Ablagekörben unter den Tischen ist ein Regal oder Schubladensystem, in dem jedes Kind ein Fach für seine Ablage hat. Ein Vorteil gegenüber den Ablagen unter den Tischen ist, dass die Kinder erst einen Weg zu ihrem Fach gehen müssen. Dadurch fällt das »schnelle Ablegen« nicht mehr an.

10.2 Klassenorganisation

Mitteilungsbuch

Manche Grundschulen haben bereits Mitteilungsbücher, die das Logo der Schule tragen und allen Schüler:innen zur Einschulung überreicht werden. Ansonsten besorgen die Eltern das Heft, welches auf der Materialliste für den Schulbeginn angegeben ist.

Jedes Kind hat ein Heft, in das Eltern Mitteilungen an die Klassenlehrerin schreiben können und in das umgekehrt die Klassenleitung Fragen, Bitten, Gesprächstermine oder Ähnliches an die Eltern schreiben kann. Da junge Kinder vielfach vergessen, Mitteilungen ihrer Eltern an die Lehrerin abzugeben, ist es ratsam, in den ersten Wochen der 1. Klasse im Rahmen der Hausaufgabenkontrolle auch nach Mitteilungen im Mitteilungsheft zu fragen. Manche Kolleg:innen kommunizieren mit Eltern fast ausschließlich über das Mitteilungsheft und möchten nur möglichst selten angerufen werden. Diese Entscheidung trifft jede Lehrerin für sich selbst und teilt der Klassenelternschaft auf dem ersten Elternabend mit, wie sie die Kontaktaufnahme von den Eltern wünscht.

Adressliste

Die Adressen und Telefonnummern aller Erziehungsberechtigten liegen in der Schülerakte der Kinder vor und werden in der Regel von der Sekretärin der Schule als vollständige Adressliste aufbereitet. Die Adressliste erhält die Klassenlehrerin von der Sekretärin. Auf dem ersten Elternabend wird die Adressliste aktualisiert bzw. ergänzt. Entweder wird eine vorbereitete Blankoliste herumgegeben, auf der alle Eltern Adresse und Telefonnummer eintragen können, oder die Adressliste wird zur Prüfung bzw. Änderung oder Vervollständigung der Daten herumgegeben. Wichtig:

- Es gibt Eltern, die nicht alle Daten von sich bzw. ihrem Kind an die Elternschaft weitergeben möchten. Telefonnummern können Geheimnummern sein, die nur der Klassenlehrerin zugänglich sind. Das muss geklärt und respektiert werden.
- Alle Eltern müssen um das Einverständnis gebeten werden, die personenbezogenen Daten des Kindes an die Klassenelternschaft weitergeben zu dürfen (siehe M 1 und Kap. 12).
- Die Daten der Klasse werden nicht an andere weitergegeben.

Die Erstellung und regelmäßige Aktualisierung von E-Mail-Klassenverteilern ist Aufgabe von Klassenlehrer:innen, kann aber auch in der Verantwortung von Elternvertreter:innen liegen.

Notfall-Liste (siehe M 4)

Die Notfall-Liste enthält alle wichtigen Daten jedes Kindes:

- Namen der Erziehungsberechtigten
- Adresse
- private und berufliche Telefonnummern beider Eltern und anderer enger Bezugspersonen, die im Notfall angerufen werden können
- eine schriftliche Angabe der Eltern, wer im Notfall zu benachrichtigen ist, wenn sie selbst nicht erreichbar sein sollten
- eine schriftliche Angabe der Erziehungsberechtigten, wer das Kind von der Schule abholen darf (ganz wichtig, gerade bei Erstklässlern!)
- Angaben zu Medikamenten, die das Kind regelmäßig einnehmen muss, sowie zu Nahrungsmittel- oder Arzneiunverträglichkeiten
- weitere wichtige Angaben, die das Kind betreffen, z. B. zu bestimmten auffälligen Verhaltensweisen, und Tipps für den Umgang damit
- Name, Adresse und Telefonnummer des behandelnden Kinderarztes
- Name, Adresse und Telefonnummer der Tageseinrichtung, in die das Kind nach der Schule geht

Klassenlisten zum schnellen Notieren von Bemerkungen und Beobachtungen

Immer wieder kann es passieren, dass man sich neben der intensiven Begleitung der Schüler:innen während des Unterrichts nicht die Zeit nimmt, sich auch kurze Notizen zu ihrem Verhalten zu machen. Das aber ist wichtig für die Einschätzung der Lernentwicklung jedes Kindes. Namenslisten aller Kinder im Unterrichtsplaner oder in einer Mappe erleichtern es, regelmäßig darüber Buch zu führen,

- ob Hausaufgaben vergessen oder nachgezeigt wurden,
- ob Elternzettel abgegeben worden sind,
- ob Beiträge für Ausflüge bezahlt worden sind,
- wie die Kinder mitgearbeitet haben, mündlich und schriftlich bzw. praktisch.

Es ist sehr sinnvoll, darüber hinaus jeweils drei bis vier Kinder pro Woche im Hinblick auf ihr Arbeits- und Sozialverhalten genauer zu beobachten und diese Beobachtungen stichwortartig auf Extrabögen zu notieren, die für jedes Kind einzeln angelegt werden (siehe M 5).

Das regelmäßige Beobachten der Kinder ist anstrengend und zeitaufwendig, aber – neben den schriftlichen und praktischen Leistungsnachweisen – nötig, um individuelle Lernentwicklungen beschreiben und beurteilen zu können.

10.3 Informationen für Kolleg:innen, die in der Klasse unterrichten

Klassenaufteilungsliste (siehe M 3)

Für den Fall, dass aufgrund von Erkrankungen nicht ausreichend Kolleg:innen der Schule für die Vertretung in der eigenen Klasse zur Verfügung stehen, muss die Klasse aufgeteilt werden. Dafür erstellt die Klassenleitung eine Liste, auf der die Schülernamen in Gruppen aufgelistet sind, denen jeweils eine andere Klasse zugeordnet ist, an deren Unterricht die jeweilige Gruppe in einem solchen Fall teilnimmt. Es bietet sich an, ein verlässliches Kind als »Chef:in« der Gruppe zu bestimmen.

Liste der nachschulischen Betreuung jedes Kindes (siehe M 2)

Insbesondere in der 1. Klasse muss am Ende des Schulvormittags darauf geachtet werden, mit wem und wohin die Kinder nach dem Verlassen der Klasse gehen. Auf einer Namensliste der Klasse steht hinter dem Namen jedes Kindes, von wem es abgeholt wird bzw. mit wem es wohin gehen darf, am besten mit entsprechenden Telefonnummern.

Infobuch für Kolleg:innen mit Klassenregeln

Auf dem Lehrertisch liegt ein Informationsbuch, in das die in der Klasse unterrichtenden Lehrer:innen wichtige Informationen für die Kolleg:innen schreiben. Es ist wichtig, dieses Buch regelmäßig zu nutzen und hineinzuschauen, da eine solche Informationsquelle nur bei verlässlicher Nutzung Sinn macht.

Klassenbriefkasten

Der Klassenbriefkasten wird in der Klasse aufgestellt und eingeführt, wenn die Kinder erste Schreibversuche unternehmen, also gleich in den ersten Wochen. Es lohnt sich, den Klassenbriefkasten schön zu gestalten, weil die Schüler:innen dann mehr Anreiz empfinden, ihn zu nutzen. Einmal pro Woche wird der Briefkasten geleert und werden die Briefe verteilt.

Für den Fall, dass der Briefkasten zu wenig genutzt wird, ist es ratsam, einmal in der Woche eine Schreibzeit einzurichten, während der die Kinder Briefe an Mitschüler:innen schreiben und in den Briefkasten stecken können. Dabei kann variiert werden zwischen freier Adressatenwahl und dem Brief an bestimmte Adressatinnen und Adressaten, die sich durch Loswahl ergeben haben.

Klassentagebuch

Das Klassentagebuch dient der Speicherung besonders schöner und interessanter Erlebnisse der Klasse, z. B. im Hinblick auf bestimmte Lernerlebnisse, Entdeckungen oder Ausflüge. Am Ende der 4. Klasse bzw. zum Abschied von der Schule ist es eine Freude, wenn jedes Kind das Klassentagebuch in Form einer Mappe mit Kopien als Geschenk von der Klassenlehrerin erhält.

In das Klassentagebuch schreibt jedes Kind einmal, manche auch mehrmals. Hier gilt möglichst das Freiwilligenprinzip. Die Lehrkraft sollte allerdings darauf achten, dass jede:r mindestens einmal schreibt, damit sich auch jede:r am Ende darin persönlich wiederfindet.

10.4 Das Klassenleben regeln

Pädagogische Maßnahmen, die das Miteinander in der Klasse regeln bzw. positiv prägen, sind bereits hinreichend angesprochen worden. An dieser Stelle seien ein paar wenige organisatorische Maßnahmen angeführt:

Garderobe

Die Garderobenhaken der Kinder können im Sinne von Stammplätzen beschriftet oder täglich frei gewählt werden. Zumindest im ersten Schuljahr sollten die Garderobenhaken beschriftet sein. Zusätzlich ist es sinnvoll, ein kleines Fach für Mützen und Handschuhe vorzusehen. Auf das ordentliche Aufhängen der Garderobe ist zu achten, ebenso auf das ordentliche Abstellen der Schuhe.

Hausschuhe

In vielen Grundschulklassen werden Hausschuhe getragen, die die Kinder beschriftet von zu Hause mitbringen und die auf einem Schuhregal im Garderobenbereich vor der Klasse bereitstehen. Der Schuhwechsel vor der Klassentür ist nicht nur für die Sauberkeit des Klassenraumes von Vorteil, sondern auch als Übergangsritual zwischen Freizeit auf dem Schulhof und dem Unterricht. Das Tragen von Hausschuhen kann insofern in einem guten Sinne zur Ruhe in der Klasse beitragen. Dafür ist es wichtig, dass die Regel, im Klassenraum nicht mit Straßenschuhen zu erscheinen, »freundlich konsequent« beachtet wird. Ist dafür zu Beginn der 1. Klasse die Klassenlehrerin zuständig, so übernehmen in der Regel schnell Kinder das »freundliche Erinnern«.

Ämterliste (siehe M 6)

Alle Ämter, die regelmäßig von Schüler:innen ausgeführt werden, sind auf einer Liste aufgeführt, die laminiert wird und deutlich sichtbar an einer besonderen Stelle im Klassenraum hängt, in der Nähe des Lehrertisches oder in der Nähe der Infowand bzw. Seitentafel, wo auch die Hausaufgaben und wichtige Informationen für die Schüler:innen angeschrieben werden. Die Namen aller Kinder werden auf Wäscheklammern oder Magneten geschrieben und deutlich hinter das Amt geheftet, für das ein Kind zuständig ist.

Wichtig: Ein Amt zu haben ist bei den meisten Kindern beliebt, die Regelmäßigkeit der Amtsausführung allerdings muss gelernt werden. Die Klassenlehrerin sollte am Anfang täglich an die Einhaltung der Ämter erinnern und auf die konsequente Durchführung achten bzw. mit den Kindern im Gespräch sein. Tut sie dies nicht, kann es schnell passieren, dass dieser wichtige Teil von Partizipation in der Klasse nicht ernst genommen wird. Besser ist es auch hier, am Anfang Zeit und Aufmerksamkeit zu investieren, als über vier Schuljahre hinweg erinnern und ermahnen zu müssen.

Klangstab/Klangschale

Ein Oberton-Klangstab oder eine Klangschale sind ideale Ruhesignale, da sie einen länger anhaltenden besonderen Ton erklingen lassen. Insbesondere der Klangstab sollte nur zart angeschlagen werden. Beide Instrumente sind in Musikfachgeschäften, in manchen Teeläden oder auch über den Internetversand zu beziehen.

Beim Einführen der Ruhesignale können spielerische Hör- und Stilleübungen gemacht werden. So wird eingeübt, beim Ertönen dieser Klänge den »Leisefuchs« zu machen (eine Hand in der Luft, deren Mittel- und Ringfinger den Daumen berühren, wobei Zeigefinger und kleiner Finger wie aufmerksame Fuchsohren in die Luft zeigen) und dabei still zu sein. Klangstab oder Klangschale sollten sparsam und nur von den Lehrer:innen benutzt werden, damit der Zauber dieser Instrumente nicht verloren geht.

11. Mit Eltern zusammenarbeiten

11.1 Schule und Elternhaus als Erziehungspartner

Eltern und Lehrkräfte sind gemeinsam für die Erziehung der Schüler:innen verantwortlich. Das ist entlastend – die hohe Verantwortung der Erziehung liegt nicht allein auf meinen Schultern als Lehrerin, im Gegenteil: Das Grundgesetz legt ausdrücklich fest, dass die Erziehung der Kinder »das natürliche Recht« der Eltern und zugleich »die zuvörderst Ihnen obliegende Pflicht« sei (GG Art. 6, Abs. 2). Die Mütter und Väter des Grundgesetzes konnten jedoch nicht voraussehen, wie die Situation im 21. Jahrhundert aussehen würde: Aufgrund einschneidender Veränderungen im sozialen Bereich sind die Erwartungen an die Schule im Bereich der Erziehung stark gewachsen.

Dies erleben Lehrer:innen im gesellschaftlichen Diskurs und im Schulalltag, es wird auch von der Bildungspolitik ernst genommen. Die Landesverfassungen aller Bundesländer[21] haben Richtlinien und Gesetze für die konkrete Umsetzung von »Erziehung als Auftrag von Elternhaus und Schule« erlassen (KMK 2003). So sehr sich die Regelungen zum Erziehungsauftrag in ihrer konkreten Ausprägung unterscheiden, ist ihnen doch eine Einsicht gemeinsam: der Ansatz einer *Erziehungspartnerschaft*, die zu stärken sei.

Erziehungspartnerschaft bedeutet einerseits, sich den Eltern gegenüber zu öffnen und kooperationswillig zu sein. Viele Eltern wollen ihr Kind gerne unterstützen, wissen aber nicht, wie; sie sind manches Mal in Erziehungsfragen unsicher oder ratlos und suchen nach Hilfe. Und viele Eltern wünschen sich gerade in der Grundschule, auch jenseits des Themas »Lernen« am schulischen Leben ihres Kindes teilhaben zu können.

Erziehungspartnerschaft bedeutet andererseits, auf Eltern zuzugehen und sie immer wieder damit zu konfrontieren, dass ihr Kind sie braucht. Die Eltern-Kind-Beziehung gehört zu den Bereichen, zu denen die erste PISA-Studie wenig Erfreuliches zu berichten hatte. Dies gilt für das elterliche Interesse an Leistungen ebenso wie für das Interesse an der Persönlichkeit ihres Kindes: Laut PISA-Studie erkundigen sich deutsche Eltern weitaus seltener nach den Schulleistungen ihrer Kinder als Eltern in anderen Industrienationen, und deutlich weniger Eltern nehmen sich regelmäßig Zeit für das persönliche Gespräch mit ihren Kindern (KMK 2003, S. 25 f.).

---

21 Aufgrund der Kulturhoheit der Länder sind die einzelnen Landesverfassungen für Schulangelegenheiten zuständig.

Wie kann Schule den gemeinsamen Erziehungsauftrag im Sinne einer Erziehungspartnerschaft gestalten und dabei gute Elternarbeit leisten?

Handlungsfelder der Elternarbeit

Es gibt eine Vielfalt von Anlässen, zu denen Eltern und Lehrer:innen zusammenkommen. Diese lassen sich grob vier Bereichen zuordnen:

1. *Stärkung der Gemeinschaft:* gemeinsame Unternehmungen mit allen Kindern und Eltern einer Klasse, Werkstattabende
2. *Transparenz schaffen:* Elternabende
3. *Beratung und Konfliktbearbeitung:* Elterngespräche
4. *Partizipation:* Elternmitarbeit in der Klasse, Elternvertretung auf Klassen- und Schulebene

11.2 Elternarbeit, die die Gemeinschaft stärkt

Eltern sind meistens »automatisch« motiviert, konstruktiv mitzuarbeiten, wenn sie Wertschätzung, Kompetenz und Freude der Lehrkraft an der Arbeit mit ihren Kindern erleben. Elternarbeit mag als Herausforderung erlebt werden, aber diese Herausforderung ist zu bewältigen und die Wirkung ist nicht zu unterschätzen!

Werkstattabend

Werkstattabende finden am frühen Abend statt, wenn die Kinder noch wach genug sind und Eltern bereits von der Arbeit heimkehren können. Werkstattabende werden von der Klasse bzw. den Kindern für ihre Eltern angeboten. In unregelmäßigen zeitlichen Abständen lädt die Klasse ihre Elternschaft zu einem Werkstattabend ein. Ohne Anspruch auf Perfektion präsentieren die Kinder an dem betreffenden Abend Texte, Ideen, kleine Szenen, Musikstücke und Lieder oder Forscherergebnisse vor den Eltern. Die Eltern erhalten auf diese Weise einen Einblick in die Arbeit ihrer Kinder in der Schule, der weit über das hinausgeht, was Hefte, Mappen oder Leistungsnachweise vermitteln können. Für die Eltern bringen Werkstattabende Transparenz und Freude, für die Kinder ist es eine Würdigung ihrer Arbeit.

Der Ablauf von Themenelternabenden kann in Form einer Revue gestaltet sein: Einzelne Darbietungen der Kinder werden aneinandergereiht und durch »Zwischennummern« miteinander verbunden. Zwischennummern können beispielsweise Ansagen von Kindern, kurze musikalische Erkennungsmelodien oder Strophen eines Liedes sein. Die Eltern können an der Gestaltung des Abends beteiligt werden, indem man sie bittet, einen Beitrag für ein kleines kaltes Büfett mitzubringen. Steht ein solches zur Verfügung, dann bleiben Kinder und Eltern gerne ein wenig länger und nutzen die Gelegenheit, um mit anderen Eltern und den Lehrenden ins Gespräch zu kommen.

Nähe ermöglichen und Distanz wahren

Bei so viel Nähe durch Information, Beratung und Zusammenarbeit mit den Eltern ist es – wie in der Arbeit mit den Kindern – wichtig, gleichzeitig professionelle Distanz zu wahren. Entscheidend ist, wie immer, die Haltung: freundlich und zugleich bestimmt, kommunikativ und zugleich professionell distanziert, offen für Anregungen und entschieden im eigenen pädagogischen Grundkonzept!

Schule öffnen für Elternbeteiligung

Elternarbeit ist in pädagogischer und psychologischer Hinsicht von elementarer Bedeutung und kann, wenn sie gut verläuft, deutlich positive Auswirkungen auf die Persönlichkeitsentwicklung der Kinder und den Unterricht haben.

Abgesehen von individuellen Informations- und Beratungsgesprächen mit Eltern ist es für eine gute Elternarbeit und das Klassenleben ganz entscheidend, dass Eltern in bestimmten Bereichen des Klassen- und Schullebens partizipieren, d.h. aktiv mitwirken und Verantwortung übernehmen können.

Möglichkeiten dafür gibt es viele, und das ist gut so, denn die »Schule für alle Kinder« hat auch eine denkbar heterogene Elternschaft. Wer dies bedenkt und allen Eltern die Chance zur Mitarbeit geben möchte, findet auch Wege dafür: Die Mithilfe beim Backen erfordert keine Sprachkompetenz, das Streichen von Kulissen keine akademische Ausbildung. Einige Beispiele für Mitwirkungsmöglichkeiten seien genannt:

Praxistipp: Mitwirkungsmöglichkeiten von Eltern

- Mitarbeit im Unterricht: Lesebegleitung, Hilfe bei der Wochenplanarbeit, Begleitung bei PC-Projekten, Aufsicht und Hilfe bei Versuchsdurchführungen oder Exkursionen
- Mitarbeit bei projektorientiertem bzw. forschendem Lernen, z.B. als Experte oder Expertin
- Mitarbeit in Projektwochen
- Planen und Durchführen von Klassenfesten (Sommerfest, Herbstfest, Adventscafé)
- Mithilfe bei Theateraufführungen (Kostüme, Kulissen, Einzelproben, Gruppenproben)
- Gestaltung von Schulfesten

11.3 Transparenz schaffen: Elternabende

Mindestens zweimal im Schuljahr müssen laut Schulrecht Elternabende durchgeführt werden. Ein Elternabend hat unterschiedliche Aufgaben. Hier geht es darum, die eigene pädagogische und didaktische Arbeit transparent zu machen, über Klassenangelegenheiten und schulische Belange zu informieren, als Lehrkraft durch Eltern mitzubekommen, welche Themen und Fragen ihnen »unter den Nägeln brennen«, sich auch der Kritik von Elternseite gegenüber zu öffnen. Wenn Eltern und Lehrende sich als Erziehungspartner verstehen, dann ist der Elternabend eine Gelegenheit, um gemeinsames Vorgehen abzusprechen – von Leseförderung bis hin zu Konflikten innerhalb der Klasse, bei denen Unterstützung durch Eltern hilfreich sein könnte.

Die Einladung zu Elternabenden und die Vorbereitung erfolgt entweder durch die Elternvertreter:innen der Klasse in Zusammenarbeit mit der Klassenleitung oder durch die Klassenleitung – hier gibt es verschiedene Länderregelungen. Auf diesen gesetzlich vorgeschriebenen Elternabenden geht es darum, die Eltern über alle wichtigen Angelegenheiten der Klasse, über Themen des Fachunterrichts, besondere Vorhaben und Termine zu informieren und Anfragen bzw. Themen von Elternseite zu besprechen. Das klingt formal und nüchtern, da es um Rechte und Pflichten geht. Auf der anderen Seite sind Elternabende aber eine wichtige Gelegenheit für Eltern, mit den Eltern der Mitschüler:innen ihres Kindes und den Lehrer:innen ins Gespräch zu kommen; für Lehrer:innen bietet sich die Chance, die Eltern kennenzulernen und eine vertrauensvolle Grundlage für die Zusammenarbeit zu schaffen.

Was kann man als Lehrerin dazu beitragen, dass Elternabende zu einer angenehmen Veranstaltung werden, die Eltern gerne besuchen?

11.3.1 Vorbereitung des Elternabends

Der Termin für den nächsten Elternabend sollte den Eltern möglichst frühzeitig mitgeteilt werden. Spätestens 14 Tage vor dem Elternabend muss die Einladung verschickt werden, die die Tagesordnung benennt. In der Regel laden die Elternvertreter:innen zum Elternabend ein. Elternvertreter:innen müssen aber erst einmal in ihre Arbeit hineinwachsen, deshalb sollte man sie dort, wo sie es wünschen, unterstützen – z. B. indem man sie vier Wochen vor dem nächsten Elternabend daran erinnert, dass Einladungen verteilt werden müssen, oder indem man gemeinsam Themen überlegt und anbietet, die Einladungen zu kopieren. Die Leitung des Elternabends ist – je nach Bundesland – entweder Aufgabe der Elternvertreter:innen oder der Lehrkraft. Verabreden Sie sich spätestens eine halbe Stunde vor Beginn des Elternabends mit der Elternvertretung im Klassenraum, um den Raum vorzubereiten und letzte Absprachen treffen zu können.

Atmosphäre schaffen

Machen Sie sich bewusst: Wenn die Eltern zum Elternabend kommen, haben sie schon einen langen Arbeitstag hinter sich, manche kommen direkt von der Arbeit, andere hatten Mühe damit, die Kinder rechtzeitig ins Bett zu bringen. Wenn sie den Klassenraum betreten, sollen sie sich willkommen fühlen und denken: »Schön ist es hier, gut, dass ich mich aufgemacht habe.«

Dafür muss es zunächst einmal ordentlich und sauber sein. Daran sollten die Kinder beteiligt werden, nicht weil sie die Verursacher von Unordnung sind, sondern weil sie dabei ein wenig Gastfreundlichkeit lernen – es ist ihr Klassenraum. Wenn Gäste kommen, macht man die Wohnung schön; das gilt auch für den Klassenraum, wenn Eltern kommen. Viele Kinder haben Freude daran, an dieser Stelle etwas für ihre Eltern zu tun. Nach dem Aufräumen wird der Klassenraum dekoriert: Produkte der Kinder, die in den letzten Tagen oder Wochen hergestellt wurden, können ausgestellt werden, in die Mitte der Gruppentische wird eine zur Jahreszeit passende Serviette gelegt, auf die ein Teelicht oder eine Kerze gestellt wird.

Praxistipp: »Tütenkerzen«

Einfach herzustellen und wirkungsvoll sind Tütenkerzen (Abb. 19). Hierzu benötigt man:

- Frühstücksbeutel aus Papier
- Teelichter
- Wachsmalstifte
- Bügeleisen
- Backpapier, alte Zeitung, weiße Blätter

Die Frühstücksbeutel werden mit Wachsmalstiften bemalt. Anschließend kann man sie bügeln, sodass die Farbe leicht verläuft. Dafür wird Zeitungspapier als Schutz auf einen Tisch gelegt. Darauf legt man ein weißes Blatt Papier, um zu verhindern, dass Druckerschwärze auf die Papiertüte abfärbt. Auf das Papier wird der bemalte Frühstücksbeutel gelegt und darauf eine Schicht Backpapier. Nun fährt man mit dem Bügeleisen bei geringer Temperatur (Bügeleisen auf niedrige Stufe einstellen) mehrmals über die Papiertüte.
Nach dem Bügeln muss die Tüte sofort von der Unterlage gelöst werden, um nicht auf dem Zeitungspapier festzukleben. Nun wird die Tüte geöffnet und ein Teelicht auf den Boden des Frühstücksbeutels gestellt. Werden die Teelichter entzündet, entsteht ein angenehmes Licht.

Es dauert Monate, bis die Eltern sich untereinander kennen, deshalb sind Namensschilder hilfreich. Eine Möglichkeit besteht darin, dass die Kinder ein Namensschild für ihre Eltern basteln. Dies stärkt die Verbindlichkeit der Einladung – Kinder, die

Abb. 19: Tütenkerzen

den Elternabend in dieser Weise vorbereiten, werden ein verstärktes Interesse daran haben, dass ihre Eltern daran teilnehmen. Wie vieles hat aber auch dies eine Kehrseite: Können oder wollen die Eltern eines Kindes nicht zum Elternabend kommen, dann ist die Enttäuschung für dieses Kind besonders groß, wenn es extra ein Namensschild für seine Eltern angefertigt hat. Als Alternative (besonders für den ersten Elternabend zu empfehlen) können die Kinder ihr eigenes Namensschild auf ihren Platz stellen, sodass die Eltern sehen, wo ihr Kind im Klassenraum sitzt, und die Eltern der Sitznachbarn ihres Kindes kennenlernen können.

Wenn nun noch Getränke und etwas Salzgebäck auf den Tischen steht (die Unkosten sind bei Wasser und Salzstangen gering, sie können aber auch durch die Klassenkasse oder ein »Spendentöpfchen« an der Tür getragen werden), fühlen sich Eltern als Gäste willkommen und kommen beim nächsten Elternabend gerne wieder.

11.3.2 Der erste Elternabend in Klasse 1

Dem ersten Elternabend einer Klasse kommt besondere Bedeutung zu. Sinnvoll ist es, an diesem Abend noch keine Wahlen für die Elternvertretung durchzuführen, sondern den ersten Teil des Abends dem gegenseitigen Kennenlernen zu widmen. Im zweiten Teil sind grundlegende Informationen zu Unterricht, Klassenleben und Schule zu vermitteln, und die Eltern müssen die Gelegenheit haben, Fragen zu stellen.

Grundsätzlich gilt: Fast alle Spiele, die bei den Kindern gut angekommen sind, können auch mit den Eltern durchgeführt werden. Die Bereitschaft, sich auf etwas Neues einzulassen, ist groß, wenn man den Sinn transparent macht und Bezug auf die Kinder nimmt:

> »Ich habe mich auf Sie gefreut und möchte Sie gerne heute Abend ein wenig kennenlernen, und es ist mir auch wichtig, dass Sie sich untereinander kennenlernen. Meine Hoffnung ist, dass nicht nur die Kinder, sondern auch wir hier für die nächsten vier Jahre eine gute Gemeinschaft werden. Deshalb würde ich gerne mit Ihnen einige Kennenlernspiele machen, die Ihren Kindern viel Spaß gemacht haben – vielleicht haben Sie von dem ein oder anderen schon durch Ihr Kind gehört. Keine Sorge: Hier wird niemand zu etwas gezwungen, was er oder sie nicht mag.«

Praxistipp: Kennenlernspiele für den ersten Elternabend

»Welcome diversity«

Das Prinzip dieser Übung ist einfach: Alle Anwesenden stellen sich in einen Kreis. Die Lehrkraft nennt eine Eigenschaft oder Einstellung, z. B. »Wer hat schon einmal längere Zeit im Ausland gelebt?«. Alle, die sich angesprochen fühlen, dürfen nun in die Mitte des Kreises treten. Bei Kindern folgt nun ein Applaus für diejenigen, die sich zeigen und damit etwas von sich offenbaren, Erwachsene können dies als künstlich bzw. albern empfinden, deshalb sollte hier auf den Beifall verzichtet werden. Stattdessen darf, wer möchte, etwas zum Thema sagen: Warum steht sie oder er bei diesem Thema in der Mitte? Anschließend gehen alle in den Kreis zurück, es folgt die nächste Frage. Einige Fragen als Anregung:

- Wer mag gerne Schokolade?
- Wer musste sich heute ziemlich hetzen, um pünktlich zum Elternabend zu kommen?
- Wer hat mehr als zwei Geschwister?
- Wer kann auf zwei Fingern pfeifen (Frage an die im Kreis Stehenden: Wann haben sie es von wem gelernt?)
- Wer hat neben dem Kind in unserer Klasse noch ältere (jüngere) Kinder?
- Wer kocht gerne?
- Wer denkt von sich: »Ich habe zwei linke Hände«?
- Wer erinnert sich noch gut an seinen ersten Schultag (seine Schultüte)?
- Wer kennt weniger als drei andere Eltern in dieser Klasse?
- Wer lebt erst seit maximal zwei Jahren in unserem Dorf/unserer Stadt?

Das vierblättrige Kleeblatt (siehe M 25b)

Nach dem Zufallsprinzip werden Vierergruppen gebildet. Diese bekommen die Aufgabe, ein Arbeitsblatt auszufüllen, auf dem ein vierblättriges Kleeblatt abgebildet ist, das vier Fragen enthält. Die Vierergruppe hat die Aufgabe, die Fragen zu beantworten und ihre Antworten stichwortartig im jeweiligen Feld (Blatt) festzuhalten.
Im Plenum werden die Kleeblätter vorgestellt, jedes Gruppenmitglied stellt ein Feld vor.

Personensuche (siehe M 26)

Diese Übung hat zum Ziel, möglichst viele kurze Begegnungen zu initiieren. Dafür bekommt jede:r ein Arbeitsblatt mit Fragen wie: »Wer hat ein Haustier?«, »Wer hat dasselbe Lieblingsgericht wie du?«. Aufgabe ist es, andere Eltern zu finden, auf die die genannte Eigenschaft zutrifft. Der Name wird jeweils eingetragen. Es gilt die Regel: Jeder Name sollte nur einmal auf dem Blatt vorkommen.
Anschließend werden die Fragen im Plenum durchgegangen. Um nicht zu viel Zeit für die Auswertung zu beanspruchen, kann exemplarisch vorgegangen werden: Entweder sollen jeweils nur drei (unterschiedliche) Personen zu einer Frage gehört werden, oder es werden lediglich einige Fragen herausgegriffen.

11.3.3 Kritischen Anfragen durch Transparenz begegnen

Gestaltet man die Elternabende in der beschriebenen Weise, ist die Wahrscheinlichkeit hoch, dass auch die Eltern der Klassenlehrerin freundlich begegnen. Dennoch wird es immer wieder Situationen geben, die herausfordern und verunsichern, weil Eltern Kritik äußern. Das ist ihr gutes Recht.

Kritische Fragen von Elternseite betreffen häufig Unterrichtsmethoden und -inhalte. Dies ist verständlich: Viele Eltern fühlen sich heutzutage unter Druck und fürchten um die Zukunftsperspektiven ihrer Kinder, wenn diese nicht von Beginn an einen »erfolgreichen Start« in der Schule haben. Wenn sie die pädagogische und didaktische Arbeit von Lehrenden hinterfragen, kann dies Ausdruck ihrer eigenen Unsicherheit sein: Was braucht mein Kind, damit es später gute Berufsaussichten hat? Wird es in der Schule hinreichend gefördert? Sorgen die Lehrer:innen dafür, dass mein Kind das lernt, was es in höheren Klassen braucht? Nervosität kann aufkommen, wenn Eltern auf dem Tennisplatz vergleichen, in welcher Unit die Kinder aus Parallelklassen in Englisch sind oder welche Themen auf welche Weise in Mathe behandelt wurden, und dabei feststellen, dass das eigene Kind zwei Lektionen zurück ist.

Wie kann man als Lehrer:in professionell auf kritische Anfragen aus der Elternschaft reagieren?

- *Dem anderen mit Respekt begegnen:* Wird man mit Kritik konfrontiert, dann möchte man instinktiv in die Verteidigungshaltung gehen. Genau dies wäre falsch, es würde nicht nur eigene Schwäche zeigen, sondern vor allem die Auseinandersetzung vertiefen und eine Situation der Gegnerschaft entstehen lassen. Wesentlich besser ist es, dem Gegenüber keine negativen Absichten zu unterstellen, sondern die Kritik konstruktiv aufzufassen: »Ich danke Ihnen dafür, dass Sie Ihre Sorge offen ansprechen.«
- *Genau hinhören und den Gesprächspartner ernst nehmen:* Kommt von Elternseite Kritik zur Sprache, dann lässt mich dies als Lehrerin nicht kalt, der Blutdruck steigt. Wichtig ist, zunächst innerlich ruhiger zu werden; dabei hilft es, bewusst tief durchzuatmen. Anschließend besinne ich mich auf meine Professionalität und zeige mich offen und interessiert, indem ich im Sinne des aktiven Zuhörens nachfrage: »Ich verstehe Sie so, dass ...«, »Habe ich Sie richtig verstanden ...?«, »Ich höre aus Ihren Worten die Sorge heraus, dass ... – sehe ich das richtig?«
- *Transparenz schaffen und das eigene Konzept erläutern:* Es vermittelt Sicherheit zu sehen, dass die Klassenlehrerin aufgrund klarer Entscheidungen handelt. Deshalb ist es hilfreich, sich über die eigene Haltung, das eigene pädagogische Konzept bewusst zu werden. Es lohnt sich, das eigene Konzept einmal auszuformulieren und mit vertrauten Menschen zu diskutieren. Gehe ich so vorbereitet in schwierige Gespräche, dann ist für Eltern ein klares pädagogisches Konzept erkennbar; das vermittelt Vertrauen in die Kompetenz der Lehrerin.
- *Zu den eigenen Fehlern stehen:* Jede:r macht Fehler. Wenn ich die Kritik von Elternseite für berechtigt halte, dann ist es eine Stärke, dies zuzugeben. Wenn möglich und sinnvoll, kann ich formulieren, wie ich in Zukunft mit der angesprochenen Situation oder Anforderung umgehen möchte.

11.3.4 Elterntraining und Themenelternabende

Eine besondere Form von Elternabenden sind *Themenabende*. Themenabende werden von der Klassenleitung, möglichst in Zusammenarbeit mit Expertinnen und Experten, zu bestimmten Fragestellungen angeboten. Ein Beispiel sind Elternabende zu Neuen Medien, die die Kinder betreffen, zu Sucht- oder Gewaltprävention oder auch zu Lernmethoden. Und warum nicht Elternabende zum Thema Erziehung anbieten, die zu »Trainingsabenden« werden?[22]

---

22 Unter dem Titel »Auf Augenhöhe. Erziehungsseminare für Eltern fördern das gegenseitige Vertrauen« berichtet Eva Schmoll, Schulleiterin und Klassenlehrerin an der Nikolaus-August-Otto-Oberschule Berlin, von einem an ihrer Schule seit 2004 erfolgreich durchgeführten 10-wöchigen Elternseminar zu Fragen der Erziehung (Schmoll 2009, S. 66–68).

Besonders günstig wirkt es sich auf die Persönlichkeitsentwicklung von Kindern aus, wenn Eltern und Lehrer:innen »an einem Strang ziehen«, also kooperieren. In einigen Schulen gibt es deshalb Kooperationsverträge zwischen Klassenlehrerin und der Klassenelternschaft. Die inhaltlichen, d. h. pädagogisch-psychologischen Grundlagen für Kooperationsverträge können in Elterntrainings angeboten und gemeinsam erarbeitet werden.

Praxistipp: Beispiele für Themenelternabende

- Fragen der Erziehung: Teilaspekte, z. B. Jungen, Prinzip Ermutigung, Umgang mit Konflikten
- Wie kann ich mein Kind beim Lernen unterstützen?
- Erziehen ohne Strafen
- Gewalt- und Suchtprävention im Grundschulalter
- Umgang mit Neuen Medien

Als *Elterntraining* wird eine Folge von Themenelternabenden zum Thema Erziehung bezeichnet, die Informationen und Übungen beinhalten. Wichtig ist, dass die Klassenelternschaft frühzeitig über mögliche Themen und Arbeitsweisen informiert wird und darüber abstimmt bzw. selbst Themen benennen kann. Es ist sinnvoll, dass alle Eltern zustimmen und an den Themenelternabenden teilnehmen. Gleichwohl kann niemand zur Teilnahme gezwungen, wohl aber motiviert werden. Normalerweise ist es schwierig, ein Elterntraining an mehreren Abenden verbindlich mit allen Eltern der Klasse durchzuführen. Einen Versuch ist es dennoch wert.

Empfehlenswert ist es, ein Elterntraining von geeigneten Fachpersonen wie Beratungslehrkräften oder guten Elterntrainer:innen durchführen zu lassen. Dies ist nicht nur arbeitsentlastend, sondern eröffnet den Lehrer:innen auch die Möglichkeit, sich als Gesprächsteilnehmerin einzubringen.

11.4 Beraten und Konflikte bearbeiten: Elterngespräche

»Herr Lehrer, jetzt hören Sie mir doch endlich mal zu!« – dieses Zitat wählte das Nachrichtenmagazin »Focus« als Überschrift für einen Beitrag zum Thema Elterngespräche und gab damit sicher eine Empfindung wieder, die Eltern in Gesprächen mit Lehrer:innen ihrer Kinder immer wieder haben: In Beratungssituationen lässt sich die Lehrerin meines Kindes nicht wirklich auf ein Gespräch mit uns Eltern ein, sie hört uns nicht offen zu, sondern hat schon eine vorgefertigte Meinung, die sie uns quasi aufzwingen möchte. Zeitdruck kommt oft hinderlich hinzu.

Wer genau hinsieht, entdeckt bei vielen Eltern Unsicherheiten und auch Ängste – und nimmt ähnliche Gefühle vielleicht auch bei sich selbst wahr: Was ist, wenn ich etwas kritisch anmerke bzw. hinterfrage? Werde ich verstanden oder werde ich (bzw. wird mein Kind) negative Konsequenzen spüren müssen?

> »Eine gute Kooperation zwischen Elternhaus und Schule wirkt sich nachhaltig auf die gesamte Entwicklung der Kinder und Jugendlichen positiv aus, vor allem auf ihre Bildungsbiographie. Dabei kommt der Lehrkraft eine Schlüsselrolle zu« (Jäger-Flor/Jäger 2010, S. 18).

So fasst Reinhold S. Jäger, geschäftsführender Leiter des Zentrums für empirische pädagogische Forschung der Universität Koblenz-Landau (zepf), ein Ergebnis des Bildungsbarometers aus dem Jahre 2009 zum Verhältnis zwischen Eltern und Lehrer:innen zusammen. Das Bildungsbarometer basiert auf quantitativen empirischen Erhebungen – eine Art schulpädagogisches Pendant zum Politbarometer des ZDF –, das die öffentliche Stimmung in Bezug auf Schule repräsentativ erhebt.

Kooperation zwischen Elternhaus und Schule geschieht, auch das ist dem Bildungsbarometer zu entnehmen, in erster Linie in Gesprächen zwischen Eltern und Lehrkräften. Nur fünf Prozent der Befragten halten den Kontakt zu den Lehrer:innen ihrer Kinder für nicht so wichtig oder unwichtig. Die Zufriedenheit mit den Gesprächen hingegen ist weniger groß: Etwa ein Drittel der Eltern bewertet die tatsächlich erlebten Gespräche eher negativ. Dieses Ergebnis veranlasst Jäger zu der Schlussfolgerung:

> »In dem Maße, in dem es gelingt, eine zunehmende Professionalisierung der Lehrkräfte zu erreichen, werden die Bedingungen für Unterricht, Klassen- und Schulklima, aber auch für die Kooperation Elternhaus – Schule verbessert. Schule steht in der Pflicht, diese Bedingungen herzustellen« (Jäger-Flor/Jäger 2010, S. 18).

Wie können Elterngespräche so geführt werden, dass Eltern sich ernst genommen fühlen und das Gespräch nachhaltig hilft?

11.4.1 Regeln für Elterngespräche

Rahmenbedingungen schaffen

Wichtige Gespräche sollten nicht »zwischen Tür und Angel« oder am Rande von Schulveranstaltungen stattfinden, sondern verabredet werden. Unverzichtbar ist ein abgeschlossener Raum in der Schule, Störungen sollten ausgeschlossen sein (Schild »Elterngespräch« an die Tür hängen). Bereits bei der Terminvereinbarung kann der zeitliche Rahmen definiert werden, zu Beginn des Gesprächs wird daran erinnert oder dies nachgeholt. Das hilft zu verhindern, dass ein Gespräch »zerfasert«. Je nach Problem empfiehlt sich ein Rahmen von 30 bis 45 Minuten.

Auf die richtige Haltung kommt es an

Als Lehrerin bin ich in vielen Fragen kompetent und erwerbe mir im Laufe meiner Berufstätigkeit einen Schatz an Erfahrungen. Dennoch sind meine Schüler:innen und ihre Eltern eigene Persönlichkeiten, von denen ich nur einige Facetten mitbekomme. Ich kann weder wissen, was in ihnen vorgeht, noch welcher Weg für sie der richtige ist. Dennoch habe ich eine wichtige Aufgabe als Beraterin: Diese besteht darin, den Eltern und Schüler:innen dabei zu helfen, den für sie richtigen Weg zu finden.

Dieses Verständnis der Beraterrolle basiert auf dem Ansatz des Konstruktivismus. Im wissenschaftlichen Diskurs hat dieser Ansatz in den letzten Jahren an Bedeutung gewonnen. Ihm liegt die Überzeugung zugrunde, dass Wirklichkeit nicht objektiv feststellbar und für alle identisch ist, sondern von jedem subjektiv konstruiert wird, abhängig von Faktoren wie emotionalem Erleben in der frühen Kindheit, prägenden Erfahrungen und dem eigenen soziokulturellen Kontext. Der Konstruktivismus sensibilisiert für die Begrenzung der eigenen Wahrnehmung: Wir sehen nur, was wir sehen und aushalten können. »Wir erleben nicht das, was uns begegnet, sondern das, was wir schon kennen – auch wenn dies überhaupt nicht in dem enthalten ist, auf das wir [zu] reagieren glauben« (Arnold 2004, S. 2).

Nimmt man diese Grundhaltung des Konstruktivismus an, führt dies zu der Einsicht, dass wir vorsichtig sein müssen gegenüber unseren eigenen Wahrnehmungen der Kinder:

> »[...] nur, wenn wir die Schülerinnen und Schüler anders zu sehen lernen – frei von unseren eigenen tief eingespurten Mustern und Verschaltungen –, können diese auch anders sein und als das erkannt werden, was sie ›sind‹, und weniger als das, was wir in ihnen ›wiederfinden‹« (Arnold 2004, S. 3).

Dementsprechend gilt für die Beratung von Eltern:

- Ich kann nicht wissen, wie mein Gegenüber – Eltern oder Kind – empfindet und denkt.
- Ich kann nicht wissen, wie das, was ich sage, aufgenommen wird, weil auch Sprache als Teil von Wirklichkeit nicht objektiv ist und nicht von jedem in gleicher Weise gedeutet wird. Ein oft zitiertes Wort des Psychologen Paul Watzlawick bringt diese Einsicht auf den Punkt: »Ich weiß nicht, was ich gesagt habe, bevor ich die Antwort meines Gegenübers gehört habe.« Deshalb ist es wichtig, aufmerksam dafür zu sein, wie mein Gesprächspartner das, was ich sage, aufnimmt. Bin ich mir unsicher, ob mein Anliegen richtig verstanden wurde, dann frage ich nach.
- Ich kann nicht wissen, welcher Weg der richtige für das Kind bzw. die Eltern ist, deshalb kann ich zwar dabei helfen, Ideen zu entwickeln, und Vorschläge machen, die Entscheidung liegt jedoch aufseiten der Betroffenen.

Verständlich sprechen

Wenn Eltern Schwierigkeiten haben, Deutsch zu verstehen und zu sprechen, muss ich für Dolmetscher:innen sorgen. Im Idealfall ist dies ein Erwachsener, den die Eltern mitbringen, eine Kollegin, die die Sprache der Eltern versteht, oder notfalls das betroffene Kind. Aber auch bei nicht-akademischen Eltern ohne Migrationshintergrund ist es wichtig, auf eine angemessene Wortwahl zu achten, insbesondere Fremdwörter zu vermeiden und mir auch inhaltlich klarzumachen, dass ich Wissen, das mir selbstverständlich ist, nicht voraussetzen kann.

Aktiv zuhören

Ich höre aufmerksam zu und versuche, mich in die:den anderen zu versetzen. Im Gespräch drücke ich – auch durch meine Körperhaltung – aus, dass ich mich der:dem anderen offen zuwende. Durch das Wiedergeben von Gedanken (»Habe ich Sie richtig verstanden …«) bringe ich zum Ausdruck, dass ich dem Gedankengang folge. Wenn ich den Eindruck habe, dass etwas emotional belastend für mein Gegenüber ist, kann ich einfühlsam Gefühle wiedergeben, die ich bei diesem wahrnehme – vorsichtig, ohne die Person festzulegen (»Da sind Sie wütend geworden?«). Bin ich mir unsicher, ob ich mein Gegenüber richtig verstanden habe, frage ich sachlich nach.

Wertungen und Kommentare sollten grundsätzlich vermieden werden.

Ich-Botschaften senden

Was ich denke, formuliere ich in der Ich-Form (»Ich ärgere mich, wenn Sie Absprachen nicht einhalten«). Formulierungen in der Sie-Form (»Sie sollten Absprachen einhalten!«) oder Man-Form (»Man kann doch Absprachen nicht einfach ignorieren!«) blockieren den Gesprächsverlauf.

Kein Urteil über das Kind oder die Eltern fällen

Eine Grundregel konstruktiver Konfliktlösung lautet: Wir sprechen über das *Verhalten*, das als störend empfunden wird, und nicht über die *Person*. Konkret bedeutet dies: Ich finde nicht Tim schlecht, sondern ärgere mich, wenn er im Unterricht reinruft, ohne sich zu melden. Gleiches gilt für Elterngespräche: Diese gehen von konkreten Verhaltensweisen und Produkten des Kindes aus.

»Catch the client doing good«

In der Regel geht es in Beratungsgesprächen um Defizite, um Leistungen, die eine Schülerin, ein Schüler nicht erbringt, um ein Verhalten, mit dem sie:er in der Gruppe auf Schwierigkeiten stößt oder sich selbst im Wege steht. Diese Probleme müssen zur Sprache gebracht werden. Bei der Frage, welche Schritte die Betroffenen (Schüler:in oder Eltern) unternehmen können, um eine Veränderung zum Positiven herbeizuführen oder daran mitzuwirken, gilt das Prinzip »Catch the client doing good« – auf die Schule übertragen: Das Kind da »erwischen«, wo es etwas gut gemacht hat. Das bedeutet: Ich suche gemeinsam mit den Betroffenen nach Beispielen, in denen das Kind etwas gut gemacht hat, nach Situationen, in denen ihm etwas gelungen ist. Das ist Wertschätzung. Dann überlegen wir: Wie kann das Kind in einer anderen Anforderungssituation an die Erfahrung anknüpfen, dass ihm etwas gelungen ist?

»Ich fand es richtig toll, dass du vorgestern so ruhig geblieben bist, als Jan dich geärgert hat, und ihm einfach gesagt hast, dass er aufhören soll. Lass uns doch mal überlegen, warum dir das in dieser Situation so gut gelungen ist.« Ist man mit dem Kind dieser Frage nachgegangen, kann man einen Schritt weitergehen: »Wir haben jetzt gemerkt, dass es dir manchmal schon gelingt, dich zu beherrschen, wenn du geärgert wirst – hast du eine Idee, wie das noch häufiger klappen kann?«

Das Prinzip »Catch the Client doing good« gilt ebenso für Eltern: In welchen Situationen habe ich sie als unterstützend für ihr Kind wahrgenommen? Wann haben Absprachen mit ihnen geklappt? Oder aber: Wo sind sie mit sich und dem Verhältnis zu ihrem Kind zufrieden? Wann klappt es, dass sie ihr Kind unterstützen, ohne dass es zu Hause »kracht«?

Die eigenen Grenzen erkennen und respektieren

Lehrer:innen sind keine Therapeut:innen! Das bedeutet: Wenn ich den Eindruck habe, dass Eltern von mir etwas erwarten, was ich nicht leisten kann, dann sage ich dies offen und berate sie dahingehend, wohin sie sich mit ihrem Anliegen wenden können. Dasselbe gilt für Beschwerden über Kolleg:innen: Habe ich den Eindruck, dass Eltern von mir wünschen, ich solle Kolleg:innen zurechtweisen, dann muss ich sie enttäuschen. Da bin ich die falsche Adresse. Mit ihrer Kritik müssen sie sich direkt an die Kollegin oder notfalls an die Schulleitung wenden.

11.4.2 Grundformen des Elterngesprächs

Unter Elterngesprächen werden hier Gespräche verstanden, die – anders als spontane Gespräche am Rande von Klassenausflügen – aufgrund einer Verabredung in einem zuvor festgelegten Rahmen stattfinden. Zu unterscheiden sind hier drei Gesprächstypen:

- *Das Beratungsgespräch:* Dieses Gespräch kann auf Initiative von Eltern oder Lehrer:innen stattfinden. Ziel ist, die (schulische) Entwicklung des Kindes zu unterstützen. Das Beratungsgespräch ist ergebnisoffen.
- *Das »Beschwerdegespräch«:* Dieses Gespräch wird durch Eltern herbeigeführt, die mit Lehrer:innen und/oder der Schule unzufrieden sind. Hier gelten grundsätzlich dieselben Gesprächsregeln wie im Beratungsgespräch. Wenn man Angst vor dem

Gespräch hat oder sich unsicher fühlt, ist es sinnvoll, sich vorher durch eine Beratungslehrerin, einen Schulpsychologen oder ein Mitglied der Schulleitung Rat zu holen. Manchmal kann es gut sein, das Gespräch nicht alleine mit den Eltern zu führen, sondern zusammen mit der Schulleitung oder der Ko-Klassenlehrerin.

- *Das »Schlechte-Nachrichten-Gespräch«:* Dieser Gesprächstyp ist angemessen, wenn Lehrer:innen vermitteln wollen, dass einschneidende Maßnahmen wie Klassenwechsel oder Schul(form)wechsel vorgenommen werden sollten oder müssen. Es handelt sich um einen ganz eigenen Gesprächstyp, der deshalb weiter unten genauer betrachtet werden soll.

Ablauf von Beratungs- und Beschwerdegesprächen

In beiden Gesprächsformen geht es darum, das Anliegen zu klären und Lösungen zu entwickeln. Sinnvoll ist es, das Gespräch wie folgt aufzubauen:

1. *Problemklärung*: Je nach Situation stellen die Eltern oder die Lehrerin das Gesprächsanliegen kurz dar.
2. *Problemanalyse:* Im zweiten Schritt geht es darum, das Problem möglichst genau zu erfassen. Wie sehen die Eltern die Situation bzw. das Problem? Geht das Gespräch auf eine Initiative der Eltern zurück, dann ist es an dieser Stelle wichtig, sie durch aktives Zuhören (siehe S. 200) bei der Klärung ihres Anliegens zu unterstützen.
3. *Zielbestimmung*: Anschließend wird überlegt, welche konkreten Ziele es für eine Veränderung gibt. Zunächst können möglichst viele »unzensierte« Ideen gesammelt werden, aus denen im nächsten Schritt diejenigen kurz- und längerfristigen Ziele ausgewählt werden, die aus Sicht der Eltern erreichbar und sinnvoll sind.
4. *Schritte vereinbaren:* Steht das oder stehen die Ziele fest, dann wird überlegt, welche Maßnahmen nötig sind, um die Ziele zu erreichen: Wer macht was mit wem bis wann?
5. *Absprachen festhalten:* Verbindlichkeit erhalten die Vereinbarungen, indem sie schriftlich festgehalten werden. Manchmal ist es sinnvoll – vor allem bei »hartnäckigen« Problemen –, die Absprachen wie einen Vertrag von den Gesprächspartnern (Eltern, Lehrerin und eventuell Kind) unterschreiben zu lassen.
6. *Eine Form der Rückmeldung vereinbaren:* Ebenfalls der Nachhaltigkeit dient eine Absprache darüber, wann und wie eine Rückmeldung über die Umsetzung der Vereinbarungen erfolgen soll.

Sonderfall: Das »Schlechte-Nachrichten-Gespräch«

Man stelle sich folgende Situation vor: Ein Angestellter kommt zu seinem Chef. Dieser bietet Kaffee und Kuchen an, erkundigt sich nach Frau und Kindern und dem letzten Urlaub, um dann wie aus heiterem Himmel mit der eigentlichen Nachricht herauszurücken: Er müsse den Mitarbeiter zum nächstmöglichen Termin entlassen.

Diese Vorgehensweise klingt absurd, ist aber durchaus nicht unüblich. Allerdings zeugt sie von mangelnder Kompetenz des Vorgesetzten: Er drückt sich davor, mit der unangenehmen Neuigkeit herauszurücken. Wie man eine schlechte Botschaft überbringt, hat er nicht gelernt. An einem typischen Beispiel aus dem Schulalltag sei gezeigt, wie das »Schlechte-Nachrichten-Gespräch« ablaufen sollte:

- Grundsätzlich gilt: Wenn ich eine schlechte Nachricht zu vermitteln habe, dann bringe ich diese gleich zu Gesprächsbeginn auf den Tisch: »Ich freue mich, dass Sie sich Zeit genommen haben, um zu kommen. Ich habe Sie um dieses Gespräch gebeten, weil das Verhalten Ihres Kindes gegenüber den Mitschülern sehr problematisch geworden ist. Ihre Tochter/Ihr Sohn hat in den vergangenen drei Wochen trotz wiederholter Gespräche mit mir und im Klassenrat mehrmals Kinder verletzt und bedroht. Nun möchte ich, dass wir gemeinsam überlegen und beschließen, mit welchen Maßnahmen wir Ihrem Kind helfen können, sich anders zu verhalten.«
- Im Anschluss an das Benennen des Gesprächsanliegens kann auf die Befindlichkeit des Gesprächspartners Bezug genommen werden, um ihn ernst zu nehmen und ihm die Möglichkeit zu geben, die Nachricht zu realisieren und zu »verdauen«. Dies kann in der Weise geschehen, dass ich als Lehrerin auf das eingehe, was ich bei meinem Gegenüber wahrnehme: »Als ich das eben sagte, hatte ich den Eindruck, dass Sie richtig in sich ›zusammengesackt‹ sind« oder »Ich habe den Eindruck, dass Sie jetzt erst einmal sprachlos sind.« Anschließend sollte man schweigen, um Zeit zum Reagieren zu lassen. Eine andere Form der Empathiebekundung besteht darin, quasi stellvertretend für die Eltern zu verbalisieren, was in ihnen vorgehen könnte: »Ich kann mir vorstellen, dass Ihnen jetzt viele Gedanken und Fragen durch den Kopf gehen. [Pause, um den Eltern Gelegenheit zum Reagieren zu geben] Es wäre schön, wenn Sie mir sagen könnten, wie Sie darüber denken.«
- »Als Lehrer:innen berührt es uns, wenn wir sehen, dass ein Kind sich eigentlich gut mit seinen Mitschülern verstehen und spielen möchte und dann doch immer wieder verletzende Verhaltensweisen zeigt. Ich mag Ihre Tochter/Ihren Sohn und möchte helfen, dass sie:er es schafft, sich kooperativ zu verhalten.«
- Anschließend sollten Beispiele des verletzenden und bedrohenden Verhaltens des Kindes konkret benannt werden, die Konsequenzen/Maßnahmen erforderlich scheinen lassen.
- Spätestens jetzt müssen die Eltern mit ihrer Meinung zu Wort kommen.
- Der nächste Schritt besteht darin, das weitere Vorgehen zu planen. Am Ende des Gesprächs muss vereinbart werden: Wer macht was bis wann? Wann/wie hören wir wieder voneinander bzw. sehen wir uns wieder?

Praxistipp: Schema des »Schlechte-Nachrichten-Gesprächs«

1. Problem knapp und deutlich benennen
2. Bezug nehmen auf die aktuelle Befindlichkeit der Eltern
3. Möglichkeit zur Reaktion geben
4. Empfehlung bzw. Maßnahme begründen
5. Eltern um Stellungnahme bitten
6. Weiteres Vorgehen planen
7. Klare Vereinbarungen treffen
8. Form der Rückmeldung verabreden

11.5 Partizipation: Mitbestimmung in schulischen Gremien

Aufgrund der Kulturhoheit der Länder sind die einzelnen Landesverfassungen für Schulangelegenheiten zuständig; dies betrifft auch die Frage der Mitbestimmung von Eltern in schulischen Gremien. Eine nach Bundesländern geordnete Darstellung der konkreten Richtlinien und Gesetze, mit denen die Länder das Thema »Erziehung als Auftrag von Elternhaus und Schule« regeln, ist auf der Website der Kultusministerkonferenz zu finden.[23] Für alle Bundesländer gilt: Mitbestimmung ist – rechtlich verankert – auf verschiedenen Ebenen des Klassen- und Schullebens vorgesehen.

- *Klassenelternvertretung:* Für zwei Jahre werden in jeder Klasse zwei Elternvertreter:innen gewählt, einer von beiden ist Stellvertreter. In Grundschulen findet die Wahl in der Regel am zweiten Elternabend der 1. Klasse und am ersten Elternabend der 3. Klasse statt. Die Elternvertreter:innen leisten wertvolle und zeitaufwendige Arbeit für die Klasse – sie freuen sich, wenn sie spüren können, dass ihre Arbeit wahrgenommen und geschätzt wird. Am Ende ihrer Amtszeit können sie mit einem kleinen Geschenk und einer freundlichen Karte bedacht werden.
- *Schuleltern(bei)rat:* Elternvertreter:innen aller Jahrgangsstufen treffen sich zur Eltern(bei)ratssitzung, um über ihre Anliegen zu beraten und abzustimmen. Die Zahl der im Eltern(bei)rat vertretenen Elternvertreter:innen pro Klassenstufe variiert je nach Schulgesetz des betreffenden Bundeslands.
- *Kreiseltern(bei)rat:* Hier treffen sich einzelne Elternvertreter:innen der Schulen des Schulkreises.
- *Schulkonferenz:* Die Schulkonferenz ist das höchste Gremium einer Schule. Sie setzt sich aus Mitgliedern des Eltern(bei)rates, des Schülerrates (ab einer schulintern festzulegenden Klassenstufe), der Lehrerkonferenz und der Schulleitung

23 www.kmk.org/fileadmin/veroeffentlichungen_beschluesse/2003/2003_12_04-Elternhaus-Schule.pdf (Abruf 10.1.2022)

zusammen. Die Schulkonferenz berät und entscheidet über wichtige Themen der Schule.

- *Fachkonferenzen:* In einigen Bundesländern ist eine Mitarbeit von Eltern in Fachkonferenzen vorgesehen (z. B. in Schleswig-Holstein und Niedersachsen).
- *Förderverein:* Außerdem gibt es für Eltern die Möglichkeit, sich in den Schulverein bzw. Förderverein wählen zu lassen und von dort aus für die Sammlung von Mitgliedsbeiträgen und Spenden und für deren Verwendung für schulbezogene Zwecke einzusetzen.

Dem Informations- und Beratungsrecht der Eltern wird durch die regelmäßig stattfindenden Elternabende und Elterngespräche entsprochen. Die rechtlichen Bestimmungen sind in den Schulgesetzen der Bundesländer geregelt und nachzulesen. Generell ist davon auszugehen, dass es folgende (Mindest-)Pflichten gibt, die eine Klassenlehrerin zu erfüllen hat:

- mindestens ein *Elternabend* pro Halbjahr,
- *Lernentwicklungsgespräche* (vorbereitete und zielorientierte Gespräche zwischen Klassenlehrkraft, Schüler:in und Eltern) oder
- *Elternsprechtage* (vorbereitete Gespräche zwischen Klassenlehrerin und Eltern, meistens in zeitlicher Nähe zu den Halbjahreszeugnissen),
- besondere *Beratungsgespräche in Klasse 4* zum Übergang eines Kindes aus der Grundschule in die weiterführende Schule,
- weitere Beratungsgespräche zwischen Eltern und Klassenleitung bzw. Beratungslehrkraft der Schule bei Bedarf.

Abbildung 20 ist das Ergebnis einer Zusammenarbeit von Lehrer:innen und Eltern einer Grundschule und fasst die Recht und Pflichten von Eltern idealtypisch zusammen.

Rechte und	Pflichten für Eltern
Eltern haben *das Recht* auf bestmögliche Förderung ihres Kindes.	Eltern haben *die Pflicht*, ihr Kind bestmöglich zu fördern und die Voraussetzungen dafür zu schaffen, dass schulische Förderung möglich ist.
Eltern haben *das Recht* auf eine professionelle Lehrerschaft.	Eltern haben *die Pflicht*, Entscheidungen, die in dieser Professionalität liegen, und die unterschiedlichen Lehrmethoden zu akzeptieren.
Eltern haben *das Recht*, ausführlich, regelmäßig und rechtzeitig über die Arbeit der Schule informiert zu werden.	Eltern haben *die Pflicht*, sich ausführlich, regelmäßig und rechtzeitig zu informieren und getroffene Vereinbarungen einzuhalten.
Eltern haben *das Recht*, bei Schwierigkeiten mit ihrem Kind unterstützt zu werden.	Eltern haben *die Pflicht*, an der schulischen Lebenswelt ihres Kindes Anteil zu nehmen und es darin zu unterstützen.
Eltern haben *das Recht*, in ihren Emotionen ernst genommen zu werden.	Eltern haben *die Pflicht*, die Emotionen anderer ernst zu nehmen und mit ihren Emotionen so umzugehen, dass sie nicht verletzend auf andere (in jedweder Form) wirken.
Eltern haben *das Recht*, ihre Meinung in angemessener Form und an geeigneter Stelle zu äußern.	Eltern haben *die Pflicht*, die Meinung anderer gelten zu lassen, persönliche Sichtweisen zu relativieren und die schulischen Gegebenheiten mitzubedenken.
Eltern haben *das Recht*, das schulische Umfeld ihres Kindes aktiv mitzuerleben und die Schule mitzugestalten, wo es möglich ist.	Eltern haben *die Pflicht*, tatkräftig bei Aktivitäten der Klasse und der Schule mitzuwirken.

Abb. 20: Rechte und Pflichten für Eltern (aus dem Schulprogramm der Albert-Schweitzer-Schule Langen, zit. nach Bartnitzky et al. 2009, S. 427. Mehr Informationen zu den Rechten und Pflichten der Kinder und Lehrkräfte finden Sie auf der Website der Schule: www.albert-schweitzer-schule-langen.de)

12. Rechte und Pflichten

12.1 Rechte und Pflichten von (Klassen-)Lehrkräften

Lehrer:innen, Schüler:innen und Eltern haben Rechte und Pflichten, deren Grundzüge im Schulgesetz ihres Bundeslandes geregelt sind. In Verordnungen und Erlassen werden diese Rechte und Pflichten konkretisiert und detaillierte Regelungen getroffen. Die meisten rechtlichen Vorgaben gelten für beamtete und angestellte Lehrkräfte gleichermaßen. Die Gesetzgebungskompetenz für den Bereich Schule steht grundsätzlich den Ländern zu (vgl. Art. 70 GG). Insbesondere bei Fragen, die keinen spezifischen Schulbezug haben (etwa im Urheberrecht oder Datenschutz), können die einschlägigen Regelungen aber auch in Bundesgesetzen zu finden sein.

Das Klassenlehrer:innenbuch ist nicht der geeignete Ort, um in das komplexe Themenfeld des Schulrechts einzuführen, dafür gibt es eigene Publikationen. Wir beschränken uns deshalb auf ausgewählte Fragen, die für Klassenleitungen besonders relevant sind. Unser Anliegen ist es, Orientierung zu geben und für grundlegende Rechtsfragen zu sensibilisieren.

Wir beziehen uns dabei auf ausgewählte Gesetzestexte sowie auf das Buch »Schul-Recht!« des Juristen und Lehrers Günther Hoegg (2021).

Was bedeutet der Erziehungsauftrag der Schule für meine Arbeit als Klassenlehrerin?

- *Eine Verpflichtung:* Lehrkräfte sind nicht nur zur Vermittlung fachlicher und methodischer Kompetenzen verpflichtet. Gleichwertig damit ist die Erziehung junger Menschen zu demokratischen Staatsbürger:innen, die respektvoll mit ihren Mitmenschen umgehen und bereit sind, Verantwortung zu übernehmen für ihr eigenes Handeln und die Gemeinschaft.
  »Das Recht der Schule, in die Persönlichkeit des Schülers steuernd einzugreifen, ist umso größer, je mehr es sich um anerkannte Grundsätze einer gemeinschaftlichen Erziehung wie Rücksichtnahme, Toleranz, Anstrengungsbereitschaft, Gewissenhaftigkeit usw. handelt. Freie Entfaltung der Persönlichkeit bedeutet in der Schule also keineswegs, den Schülern alles zu erlauben, was ihnen angenehm erscheint, und das zu vermeiden, was sie nicht mögen« (Hoegg 2021, S. 15).

- Eine potenzielle Konfliktquelle: »Pflege und Erziehung der Kinder sind das natürliche Recht der Eltern und die zuvörderst ihnen obliegende Pflicht« heißt es in Art. 6 Abs. 2 GG. Manche Erziehungsberechtigten neigen dazu, dieses Grundrecht als eine Art Vorrangstellung in Erziehungsfragen zu interpretieren. Sie berufen sich etwa auf Art. 6 GG, um zu rechtfertigen, dass sie eine Teilnahme ihres Kindes am Schwimm- oder Sexualkundeunterricht oder an der Behandlung bestimmter Themen wie der Evolutionstheorie ablehnen, oft aus religiösen Gründen.
  An dieser Stelle irren die Erziehungsberechtigten, denn das Bundesverfassungsgericht hat im sogenannten »Sexualkundeurteil« von 1977 am Beispiel der Sexualerziehung entschieden, dass Elternhaus und Schule bei der Erziehung von Kindern ihre je spezifischen Verantwortungsbereiche haben und es, vereinfacht gesagt, keinen grundsätzlichen Vorrang des elterlichen Erziehungsrechts in unterrichtsrelevanten Fragen gibt (BVerfG, Beschluss vom 21. Dezember 1977, vgl. dazu auch Hoegg 2021, S. 16).
  Es kommt vor, dass Erziehungsberechtigte ihr Kind von bestimmten Unterrichtsinhalten fernhalten wollen. 2013 wurde im sogenannten »Krabat-Urteil« des Bundesverwaltungsgerichts (BVerwG) entschieden: Eltern können eine Befreiung ihres Kindes von einer regulären Unterrichtsveranstaltung im Regelfall auch dann nicht erwirken, wenn diese nicht im Einklang mit ihren eigenen religiösen Erziehungsvorstellungen steht (BVerwG, Urteil vom 11. September 2013; vgl. auch Hoegg 2021, S. 215).

Was bedeutet »Amtsverschwiegenheit« für mich als Lehrkraft?

In § 67 Bundesbeamtengesetz (BBG) ist zu lesen: »Beamte haben über die ihnen bei oder bei Gelegenheit ihrer amtlichen Tätigkeit bekannt gewordenen dienstlichen Angelegenheiten Verschwiegenheit zu bewahren. Dies gilt auch über den Bereich eines Dienstherrn hinaus sowie nach Beendigung des Beamtenverhältnisses.«
Was bedeutet das konkret? Ein Verstoß gegen die Amtsverschwiegenheit liegt z. B. vor, wenn eine Lehrkraft Schüler:innen die Ergebnisse wichtiger Prüfungen vor der offiziellen Bekanntgabe verrät – das kann zu einem Eintrag in die Personalakte führen.

Was oft in Lehrer:innenzimmern zu beobachten ist, fällt ebenfalls unter die Verpflichtung zur Amtsverschwiegenheit: Gespräche über Schüler:innen. Treten bei einer Schülerin, einem Schüler Probleme auf, dann ist es wichtig, diese mit den unterrichtenden Kolleg:innen zu besprechen und wichtige Informationen weiterzugeben. Das (halb-)öffentliche Erzählen vom letzten Vorfall mit einem bestimmten Kind, bei dem auch andere Lehrkräfte anwesend sind, mag unterhaltsam sein, ist aber rechtlich nicht akzeptabel.

Welche Aufgaben verbinden sich mit der Fürsorgepflicht – und in welchen Fällen gilt sie?

Bis 2011 wurde Lehrkräften lediglich empfohlen, sich bei Kindeswohlgefährdung an das zuständige Jugendamt zu wenden. Das hat sich mit dem Bundeskinderschutzgesetz (BKiSchG) vom 01.01.2012 geändert. In Art. 1 BKiSchG, dem Gesetz zur Kooperation und Information im Kinderschutz (KKG), ist festgelegt, dass Lehrkräfte tätig werden sollen, wenn ihnen »in Ausübung ihrer beruflichen Tätigkeit gewichtige Anhaltspunkte für die Gefährdung des Wohls eines Kindes oder eines Jugendlichen bekannt werden«, also vor allem in Fällen von Verwahrlosung, Misshandlung oder sexualisierter Gewalt (§ 4 Abs. 1 KKG; vgl. auch Hoegg 2021, S. 105). Tätig werden bedeutet dabei insbesondere:

- »[…] mit dem Kind oder Jugendlichen und den Erziehungsberechtigten die Situation erörtern und, soweit erforderlich, bei den Erziehungsberechtigten auf die Inanspruchnahme von Hilfen hinwirken, soweit hierdurch der wirksame Schutz des Kindes oder des Jugendlichen nicht in Frage gestellt wird« (§ 4 Abs. 1 KKG).
- Halten Lehrkräfte »ein Tätigwerden des Jugendamtes für erforderlich, um eine Gefährdung des Wohls eines Kindes oder eines Jugendlichen abzuwenden, so sind sie befugt, das Jugendamt zu informieren; hierauf sind die Betroffenen vorab hinzuweisen, es sei denn, dass damit der wirksame Schutz des Kindes oder des Jugendlichen in Frage gestellt wird. Zu diesem Zweck sind die Personen nach Satz 1 befugt, dem Jugendamt die erforderlichen Daten mitzuteilen« (§ 4 Abs. 3 KKG).

Wie bei Verdachtsfällen im Zusammenhang mit sexualisierter Gewalt (vgl. Kap. 3.12). haben Lehrkräfte Anspruch auf Beratung durch eine insoweit erfahrene Fachkraft des Jugendamts (vgl. § 4 Abs. 2 KKG). Das Jugendamt ist verpflichtet, zeitnah Rückmeldung darüber zu geben, ob der Verdacht sich erhärtet hat und inwiefern Maßnahmen getroffen wurden (vgl. § 4 Abs. 4 KKG).

Festzuhalten ist, dass Sie als Lehrkraft grundsätzlich zunächst das Gespräch mit den Erziehungsberechtigten suchen sollen. Nur wenn auf diesem Weg keine positive Veränderung zu bewirken ist oder Sie Anlass zur Sorge haben, dass die Transparenz gegenüber Erziehungsberechtigten negative Folgen für deren Kind haben könnte, dürfen Sie sich auch direkt ans Jugendamt wenden. Als Klassenlehrkraft sollten Sie in diesen Fällen in Absprache mit der Schulleitung agieren.

Darf ich meine Schüler:innen fotografieren, um ihre Namen leichter lernen zu können?

Auch wenn in der Schule oder bei schulischen Veranstaltungen Fotos nur für den persönlichen Gebrauch angefertigt werden, fallen sie unter den Datenschutz. Anders als Pflichtdaten wie Name, Adresse, Geburtsdatum und Religionszugehörigkeit, die aufgrund eines Gesetzes bzw. einer Verordnung erhoben werden, handelt es sich hier um freiwillige Daten. Deshalb benötigen Sie eine Einwilligung der Betroffenen, also der Erziehungsberechtigten. In diesem Fall empfehlen wir: Erläutern Sie kurz, für welchen Zweck die Fotos gemacht werden, und fragen Sie die einzelnen Schüler:innen, ob sie mit einem Foto einverstanden sind. Das gilt auch für andere Gelegenheiten, bei denen Sie Schüler:innen fotografieren wollen. Je nach Situation kann es sinnvoll sein, die Einwilligung schriftlich einzuholen.

Manchmal bekomme ich Geschenke von Kindern oder Eltern – was darf ich (nicht) annehmen?

Lehrkräfte sind verpflichtet, uneigennützig zu handeln (vgl. § 34 Abs. 1 S. 2 BeamtStG). Das bedeutet: Sie dürfen keinen persönlichen Vorteil aus ihrer beruflichen Tätigkeit ziehen. Warum eigentlich? In einer Verwaltungsvorschrift des Landes Hessen wird dies so erläutert:

> »Eine uneigennützige und auf keinen persönlichen Vorteil bedachte Führung der Dienstgeschäfte ist eine der wesentlichen Grundlagen des öffentlichen Dienstes. Beschäftigte, die in Bezug auf ihr Amt oder ihren Beruf Belohnungen oder Geschenke annehmen, gefährden das Vertrauen der Allgemeinheit und ihrer Behörde in ihre Zuverlässigkeit und setzen das Ansehen des gesamten öffentlichen Dienstes herab« (ABl. 06/2018).

Als persönlicher Vorteil wird auch ein Geschenk der Klassenelternschaft oder des Tutoriums bei der Schulabschlussfeier angesehen.
Deshalb haben die Bundesländer eine Bagatellgrenze festgelegt, die bei Zuwendungen durch eine Lerngruppe meistens bei € 10,-, auf Antrag bei der Schulleitung bei maximal € 50,- (Hessen seit 2018: maximal € 150,-) liegt. Die Annahme von Geld oder Gutscheinen ist grundsätzlich untersagt, Geschenke mit eher symbolischer Bedeutung, deren Gebrauchswert gering ist (etwa: Blumen, Selbstgebasteltes), sind unproblematisch (vgl. Hoegg 2021, S. 51).

Andere grundlegende Verpflichtungen, die Fach- und Klassenlehrkräfte gleichermaßen betreffen, sind unter anderem die

- Folgepflicht für dienstliche Anweisungen,
- Aufsichtspflicht,
- Neutralitätspflicht,
- Pflicht zur Ersthelferausbildung.

Auch sind Schüler:innen und Erziehungsberechtigte durch die Lehrkräfte über alle wichtigen Schulangelegenheiten – Lernentwicklung, Arbeits- und Sozialverhalten, Probleme bei der Lern- und Leistungsentwicklung, Fehlzeiten, Versetzung – zu informieren.

12.2 Erziehungs- und Ordnungsmaßnahmen

Wenn Schüler:innen in einer Weise gegen Regeln und Pflichten verstoßen, die die Erfüllung des Erziehungs- und Bildungsauftrages schwierig macht, sind Erziehungs- und Ordnungsmaßnahmen zu erwägen. Sie dienen unter anderem dem Schutz beteiligter Personen und müssen in angemessenem Verhältnis zum Fehlverhalten stehen. Es handelt sich nicht um Strafen – diese sind nicht (mehr) erlaubt. Entwürdigende Maßnahmen sind dabei – wie grundsätzlich in der Schule – nicht zulässig.

Pädagogische bzw. Erziehungsmaßnahmen, je nach Bundesland auch erzieherische Einwirkung oder Erziehungsmittel genannt, haben immer Vorrang vor Ordnungsmaßnahmen. Sie können von einer einzelnen Lehrkraft oder der Klassenkonferenz angewendet werden. Ihre Funktion besteht darin, eine:n Schüler:in durch eine pädagogische Konsequenz zu einer Verhaltensänderung zu veranlassen. Zu den Erziehungsmaßnahmen gehört auch die Einbeziehung von Beratungslehrkräften und Schulsozialarbeiter:innen. Es gibt keinen abgeschlossenen Katalog von pädagogischen Maßnahmen; vielfach werden Maßnahmen ergriffen wie

- Ermahnungen, auch schriftlich (den Eltern zur Kenntnis);
- zeitweiliges Wegnehmen von Gegenständen einschließlich der erforderlichen Kontrolle in Kleidung oder Taschen;
- Auferlegung besonderer Aufgaben für die Schule (z. B. Säubern eines verschmutzten Raums);
- die Wiedergutmachung eines angerichteten Schadens;
- die Teilnahme an Trainingsmaßnahmen und
- der kurzfristige Verweis aus dem Klassenraum in den Gruppenraum oder aus dem Erzählkreis an den Platz.

Die Wahl der Erziehungsmaßnahme muss in einem inhaltlichen Zusammenhang mit dem Verstoß stehen. Es darf beispielsweise kein Kind vom Sportunterricht ausgeschlossen werden, weil es im Kunstunterricht dauerhaft gestört hat.

Da es sich bei pädagogischen Maßnahmen um »leichte Steuerungsmaßnahmen« handelt, die »nur gering in die Rechtssphäre der Schüler eingreif[en]« (Hoegg 2021, S. 183), ist ein Widerspruchsverfahren nicht möglich. Bedeutungsvolle Erziehungsmaßnahmen sollten in der Schülerakte des betreffenden Kindes dokumentiert werden, insbesondere für den Fall, dass sich das störende Verhalten der Schülerin, des Schülers in Zukunft wiederholt und verstärkt. Die möglichst genaue Dokumentation – auch von Mitteilungen an die Eltern und Gesprächen – mit Datum ist als rechtliche Grundlage für den Fall einer Ordnungsmaßnahme wichtig. Im Regelfall müssen zunächst Erziehungsmaßnahmen erfolgt sein, bevor eine Ordnungsmaßnahme verhängt werden kann.

Ordnungsmaßnahmen können ergriffen werden, wenn eine grobe Verletzung von Pflichten vorliegt und die Möglichkeit pädagogischer Mittel ausgeschöpft ist. Dabei kann es sich z. B. um den Verstoß gegen rechtliche Bestimmungen, nachhaltiges Stören des Unterrichts, ausgeprägte Leistungsverweigerung, Sachbeschädigung oder Gewalt gegenüber Mitschüler:innen oder Lehrkräften handeln.

Häufigkeit und Ausmaß der Pflichtverletzungen sind relevant für die Frage der zu wählenden Ordnungsmaßnahme. Einen Versuch der Systematisierung unternimmt Günther Hoegg; er differenziert vier Stufen:

1. »Störung des ordnungsgemäßen Ablaufs (z. B. ständiges Dazwischenrufen)
2. Angriffe gegen die Ehre (rassistische/sexistische Beleidigungen)
3. Wegnahme oder Beschädigung von fremdem Eigentum
4. Angriffe gegen die körperliche Unversehrtheit« (Hoegg 2021, S. 195).

Die Funktion von Ordnungsmaßnahmen besteht darin, Schüler:innen zu einer Verhaltensänderung zu veranlassen und die schulische Ordnung zu sichern, mitunter auch: die Sicherheit von Menschen und den Aufrechterhalt des Schulbetriebs zu gewährleisten. Anders als bei Erziehungsmaßnahmen handelt es sich um »erhebliche Eingriffe«, die »Verwaltungsakte [darstellen] und somit durch Widerspruch und Klage« (Hoegg 2021, S. 195) angreifbar sind.

Ordnungsmaßnahmen können je nach Landesregelung nur durch eine Disziplinarkonferenz unter Vorsitz der Schulleitung beschlossen werden. Der:die betroffene Schüler:in und die Erziehungsberechtigten erhalten die Gelegenheit, sich zu den Vorwürfen zu äußern. In den meisten Bundesländern haben sie das Recht, sich von einer Person ihres Vertrauens (Mitschüler:in; Lehrkraft, in der Regel ist auch eine Anwältin, ein Anwalt zulässig) begleiten und unterstützen zu lassen.

Im Gegensatz zur pädagogischen Maßnahme ist im jeweiligen Schulgesetz genau definiert, welche Ordnungsmaßnahmen möglich sind. Diese sind in der Regel:

- schriftlicher Verweis;
- Ausschluss vom Unterricht und anderen schulischen Veranstaltungen wie z. B. von einer Schulfahrt (befristet, die maximale Länge wird durch das Schulgesetz des jeweiligen Bundeslandes festgelegt);
- Überweisung in eine Parallelklasse (Zustimmung der Schulleitung erforderlich);
- Überweisung an eine andere Schule derselben Schulform in zumutbarer Entfernung (Genehmigung der Schulbehörde erforderlich).

Das Schulrecht der Länder ist nicht vereinheitlicht und weist im Detail Unterschiede auf. Deshalb ist es erforderlich, sich vor der Entscheidung über eine Erziehungs- oder Ordnungsmaßnahme über die Regelungen des eigenen Bundeslandes zu vergewissern.

Download-Materialien

Zu vielen der in diesem Buch angesprochenen Themen haben wir Materialien für Sie erstellt. Sie finden die Materialien auf unserer Internetseite *www.beltz.de*, und zwar auf der Buchdetailseite unter der Überschrift »Downloads & Leseproben«.

Verzeichnis der Materialien

	Titel	Kommentar	siehe
M 1	Adressliste der Klasse	mit Einverständniserklärung	S. 183
M 2	Abholliste	Wer geht wohin nach der Schule? Wer wird von wem abgeholt?	S. 184
M 3	Aufteilungsplan der Klasse		S. 184
M 4	Schüler:inneninformationen	wichtige Grundinformationen, auch für Notfälle: Telefonnummern, ggf. Angaben zu Gesundheit und Verhalten	S. 183
M 5	Beobachtungsbogen für Schüler:innen		S. 184
M 6	Ämterliste		S. 186
M 7a	Gesprächsregeln		S. 30
M 7b	Regeln für unser Klassenleben		S. 117
M 7c	Regeln für das Arbeiten in der Klasse		
M 8a	So leitest du den Klassenrat		S. 44 f.
M 8b	Ämterkarten I	Leiter:in und Assistent:in	
M 8c	Ämterkarten II	Protokollverleser:in und Protokollant:in	
M 8d	Ämterkarten III	Zeit- und Regelwächter:in	
M 8e	Klassenratsregeln		
M 8f	Wandzeitung		
M 8g	Protokollvorlage		

	Titel	Kommentar	siehe
M 9a	Die Geschichte von den beiden Eseln (Anfang)		S. 158
M 9b	Die Geschichte von den beiden Eseln (Ende)		S. 158
M 9c	Die Geschichte von den beiden Eseln		
M 10a	Arbeitsplan Deutsch (Klasse 1)		S. 60
M 10b	Arbeitsplan Deutsch (Klasse 4)		S. 60
M 11a	Lerntagebuch (Klasse 1/2)		S. 56
M 11b	Lerntagebuch (Klasse 3/4)		S. 56
M 12a	Mein Portfolio	Brief an das Kind und Erklärung zur Vorgehensweise, beides zum Besprechen auch mit den Eltern	S. 57
M 12b	Inhaltsverzeichnis »Mein Portfolio« (Klasse 1/2)		S. 57
M 12c	Inhaltsverzeichnis »Mein Portfolio« (ab Klasse 3)		S. 57
M 13	Selbsteinschätzungsbogen		S. 54
M 14a	LEG – Meine Lernziele		S. 35
M 14b	LEG – Selbsteinschätzung (Klasse 1)		S. 35
M 14c	LEG – Überfachliche Kompetenzen		S. 35
M 14d	LEG – Vorbereitung Eltern		S. 35
M 15	Einladung zum Elternsprechtag		
M 16	Elternbrief zum Klassenausflug		S. 178
M 17a	Klassenfahrt – Elternbrief 1		S. 176
M 17b	Klassenfahrt – Einverständniserklärung		S. 177
M 17c	Klassenfahrt – Merkblatt Schüler/in		S. 177
M 17d	Klassenfahrt – Packliste		
M 17e	Klassenfahrt – Elternbrief 2	kurz vor der Klassenreise	
M 18	Fantasiereise		S. 152
M 19	Entspannungsuhr		S. 151
M 20	Interreligiöser Kalender		S. 170
M 21	Schultütenbuch für die ersten Schultage		S. 121

	Titel	Kommentar	siehe
M 22	Einladungsbrief zum ersten Schultag		S. 117
M 23a	Streitschlichtungsformular		S. 163
M 23b	Streitschlichtungsformular (Beispiel)		
M 23c	»SÄM«		S. 164
M 24	Informationen sexualisierte Gewalt		S. 69
M 25a	Vierblättriges Kleeblatt		
M 25b	Vierblättriges Kleeblatt (Eltern)	für Elternabende	S. 195
M 26	Personensuche	für Elternabende	S. 195

Literatur

Adler, A. (1994): Kindererziehung. Frankfurt a. M.: Fischer.

Altenburg, M. (2005): Die Kunst, Konflikte produktiv zu lösen. Sensibilisierungsprogramm für die Klassen 7 und 8. Materialien zum Unterricht, Sekundarstufe I, H. 158. Frankfurt a. M.: Amt für Lehrerbildung.

Andresen, U. (1999): Versteh mich nicht so schnell. Gedichte lesen mit Kindern. Weinheim/Basel: Beltz.

Arnold, D./Preckel, F. (2011): Hochbegabte Kinder klug begleiten. Ein Handbuch für Eltern. Weinheim/Basel: Beltz.

Arnold, R. (2004): Erkennen und Erkanntwerden. Pädagogischer Konstruktivismus, Teil 1. www.uni-kl.de/paedagogik/Texte/Paed_Konstruktivismus.pdf (Abruf 20.1.2012).

Bäcker, A. u. a. (2020): Handreichung zum Umgang mit sexuellen Übergriffen im schulischen Kontext. 4. Aufl. Wiesbaden: Hessisches Kultusministerium.

Baisch-Zimmer, S./Petrig, G. A. (2011): Kinder-Mentaltraining. Kinder für das Leben stärken. Mit vielen Übungen und »Bärenstarken Gedanken«. Weinheim/Basel: Beltz.

Bartnitzky, H./Brügelmann, H./Hecker, U./Heinzel, F./Schönknecht, G./Speck-Hamdan, A. (2009): Kursbuch Grundschule. Frankfurt a. M.: Grundschulverband.

Bartnitzky, H./Christiani, R. (Hrsg.) (1995): Die Fundgrube für jeden Tag. Frankfurt a. M.: Cornelsen Scriptor.

Bartnitzky, J./Freitag, H./Klöckner-Hartstock, B. (2006): Mein Lernordner – Portfolio für die Grundschule. Braunschweig: Schroedel.

Bauer, J. (2006): Prinzip Menschlichkeit. Warum wir von Natur aus kooperieren. Hamburg: Hoffmann und Campe.

Bauer, J. (2008): Lob der Schule. Sieben Perspektiven für Schüler, Lehrer und Eltern. Aktualisierte Taschenbucherstausgabe. München: Heyne.

Becker, S. H./Cordes, O. (2008): »Hast du mich verstanden?!«. Der Weg zu einem guten Gespräch. In: Die Grundschulzeitschrift 22, H. 215/216, S. 4–7.

Bernstein, S./Lowy, L. (1969): Untersuchungen zur Sozialen Gruppenarbeit in Theorie und Praxis. 5. Aufl. Freiburg i. Br.: Lambertus.

Bielendorfer, B. (2011): Lehrerkind. Lebenslänglich Pausenhof. München: Piper.

Bodelschwingh, T. v. (o. J.): »Gemeinsam können wir das Gedankenkarussell kleiner machen«. https://www.hilfe-portal-missbrauch.de/geschichten/tanja-von-bodelschwingh (Abruf 9.04.2022).

Brunner, I./ Schmidinger, E. (2004): Gerecht beurteilen. Portfolio: die Alternative für die Grundschulpraxis. 2. Aufl. Linz: Veritas.

Buber, M. (2001): Frühe kulturkritische und philosophische Schriften 1891–1924. Bearbeitet, eingeleitet und kommentiert von Martin Treml. Martin Buber Werkausgabe, Bd. 1. Gütersloh: Gütersloher Verlagshaus.

Bundeskriminalamt (2021): Vorstellung der Zahlen kindlicher Gewaltopfer – Auswertung der Polizeilichen Kriminalstatistik (PKS) 2020. https://www.bka.de/DE/Presse/Listenseite_Pressemitteilungen/2021/Presse2021/210526_pmkindgewaltopfer.html;jsessionid=788E23EAEC8A0680 0128D0DE8D271F75.live2292 [Abruf 10.04.2022].

Bundesbeamtengesetz (BBG)

Bundeskinderschutzgesetz (BKiSchG)

Bundesministerium des Inneren und für Heimat (2021): Kriminalstatistik 2020: Mehr Fälle sexueller Gewalt gegen Kinder als im Vorjahr. https://www.bmi.bund.de/SharedDocs/kurzmeldungen/DE/2021/05/pks-gewalt-gegen-kinder.html (Abruf 10.04.2022).

Burk, K./Speck-Hamdan, A./Wedekind, A. (Hrsg.) (2003): Kinder beteiligen – Demokratie lernen? Frankfurt a. M.: Grundschulverband.

Cave, K./Riddell, C. (1997): Irgendwie Anders. Hamburg: Oetinger.

Christiani, R. (2009): Was ist erziehender Unterricht? In: Friedrich Jahresheft XXVII. Erziehen – Klassen leiten, S. 74–75.

Christiani, R./Metzger, K. (Hrsg.) (2007): Fundgrube Klassenführung. Berlin: Cornelsen Scriptor.

Cordier-Kanand, U. (1994): Was machen wir mit Mustafas Wut? In: Die Grundschulzeitschrift, H. 73, S. 43.

Couprie, K./Louchard, A. (2001): Die ganze Welt. Hildesheim: Gerstenberg.

Czisch, F. (2005): Kinder können mehr. München: Kunstmann.

Damm, A. (2003): Ist 7 viel? 44 Fragen für viele Antworten. Frankfurt a. M.: Moritz.

Deci, E. L./Ryan, R. M. (1993): Die Selbstbestimmungstheorie der Motivation und ihre Bedeutung für die Pädagogik. https://www.pedocs.de/volltexte/2017/11173/pdf/ZfPaed_1993_2_Deci_Ryan_Die_Selbstbestimmungstheorie_der_Motivation.pdf (Abruf 07.05.2022).

Deutsches Institut für Menschenrechte (2016): Online-Handbuch Inklusion als Menschenrecht. https://www.inklusion-als-menschenrecht.de (Abruf: 26.05.2022).

Deutsche Telekom-Stiftung (2020): »Schule sollte mehr an die Lebenswelt der Lernenden anknüpfen«. https://www.telekom-stiftung.de/themen/schule-sollte-mehr-die-lebenswelt-der-lernenden-anknuepfen (Abruf 09.06.2022).

Deutsche UNESCO-Kommission (DUK) (o. J.): Was ist inklusive Bildung? http://www.unesco.de/bildung/inklusive-bildung/hintergrund-inklusive-bildung/inklusive-bildung-inhalte.html (Abruf 27.05.2022).

Diepold, S. (Hrsg.) (2010): Fundgrube Klassenlehrer. Neue Ausgabe. 3. Aufl. Berlin: Cornelsen Scriptor.

Dinkmeyer, D. Jr./Zgonc, Y. (2002): Kursleiterhandbuch für STEP-Elterntraining. Düsseldorf: InSTEP Weiterbildungsinstitut.

Dinkmeyer, D. Sr./McKay, G. D./Dinkmeyer, D. Jr. (2004): STEP – Das Elternbuch. Kinder ab 6 Jahre. Hrsg. von Kühn, T./Petcov, R./Pliska, L. Weinheim/Basel: Beltz.

Dinkmeyer, D. Sr./McKay, G. D./Dinkmeyer, D. Jr. (2011): STEP – Das Buch für Lehrer/innen. Wertschätzend und professionell den Schulalltag gestalten. Hrsg. von Kühn, T./Petcov, R. Weinheim/Basel: Beltz.

Dräger, J. (2012): Leistung trotz Handicap. In: Hamburger Abendblatt, 19.1.2012, S. 8.

Dreikurs, R./Grunwald, B. B./Pepper, F. C. (1995): Lehrer und Schüler lösen Disziplinprobleme. Hrsg. von H. J. Thymister. 8. Aufl. Weinheim/Basel: Beltz.

Edelstein, W. (2009): Zur Demokratie erziehen. In: Friedrich Jahresheft XXVII. Erziehen – Klassen leiten, S. 7–11.

Eichhorn, C. (2011): Classroom-Management. Wie Lehrer, Eltern und Schüler guten Unterricht gestalten. 4. Aufl. Stuttgart: Klett-Cotta.

Enders, U. u. a. (2010): Zur Differenzierung zwischen Grenzverletzungen, Übergriffen und strafrechtlich relevanten Formen der Gewalt im pädagogischen Alltag. http://www.zartbitter.de/gegen_sexuellen_missbrauch/Fachinformationen/6005_missbrauch_in_der_schule.php (Abruf 10.04.2022).

Erlbruch, W. (2004): Die große Frage. 5. Aufl. Wuppertal: Peter Hammer.

Faller, K. (1998): Mediation in der pädagogischen Praxis. Mülheim: Verlag an der Ruhr.

Friedrichs, B. (2020): Die Bewegungsuhr. Geistige und körperliche Bewegung im Schulalltag verankern. In: Klasse leiten, H. 10. Velber: Friedrich, S. 20–21.

Friedrichs, B. (2002a): Gemeinschaft fördern durch Rituale. Klassengemeinschaft stärken, Schulkultur entwickeln, Schulzeit rhythmisieren. In: Lehrerhandbuch, 21. Lieferung. Berlin: Raabe.

Friedrichs, B. (2002b): Mit Ritualen Unterricht verbessern. Lernzeit strukturieren, Ruhephasen schaffen, Konflikte bearbeiten. In: Lehrerhandbuch, 22. Lieferung. Berlin: Raabe.

Friedrichs, B. (2009): Praxisbuch Klassenrat. Weinheim/Basel: Beltz.

Friedrichs, B./Padva, E./Römer, C. (2021): Interkultureller Klassenkalender. Religiöse Feste und Feiertage aus aller Welt. In: Klasse leiten. Hannover: Friedrich.

Friedrichs, B./Poitzmann, N. (2021): Chancengerechtigkeit und inklusive Bildung ist ein Menschenrecht. Warum Inklusion alle Menschen betrifft. In: Klasse leiten, H. 14. Hannover: Friedrich, S. 4–7.

Garlichs, A. (1987): Schwierige Schüler und ihre Lehrer. Reflexion von Fallbeispielen aus der Praxis. In: Friedrichs Jahresheft V, S. 123–127.

Gebauer, K./Fittkau, B./Krause, C. (2006): Lernen braucht Vertrauen. Düsseldorf: Patmos.

Glasl, F. (2010): Konfliktmanagement. Ein Handbuch für Führungskräfte, Beraterinnen und Berater. 9. Aufl. Stuttgart/Bern: Verlag Freies Geistesleben.

Grabbe, B. (2003): Dennis: »Ich bin hier der Schulschreck!«. Wie die pädagogische Arbeit die Unterrichtsqualität verbessert. Donauwörth: Auer.

Großmann, C. (1996): Projekt »Soziales Lernen«. Mülheim: Verlag an der Ruhr.

Großmann, C. (2002): Soziales Lernen und Gruppenentwicklung. Ein Praxishandbuch zur Förderung von sozialen Kompetenzen in Schule und Unterricht. Göttingen: Institut für berufliche Bildung und Weiterbildung e. V.

Grundschulverband e. V. (Hrsg.) (2010): Wege zur inklusiven Schule. Grundschule aktuell. Zeitschrift des Grundschulverbandes, H. 111.

Grundschulverband e. V. (Hrsg.) (2011a): Gut für wen und kompetent für was? Gute Aufgaben und Kompetenzorientierung. Grundschule aktuell. Zeitschrift des Grundschulverbandes, H. 113.

Grundschulverband e. V. (Hrsg.) (2011b): Schulanfänge 2011. Grundschule aktuell. Zeitschrift des Grundschulverbandes, H. 115.

Grundschulverband e. V. (Hrsg.) (2011c): Zugriff oder Zutrauen? Wie das Bild von Kindern den Umgang mit ihnen bestimmt. Grundschule aktuell. Zeitschrift des Grundschulverbandes, H. 116.

Hardeland, H. (2017): Lernentwicklungsgespräche in der Grundschule. Ein Praxisleitfaden. Weinheim/Basel: Beltz.

Hardeland, H./Berger, M. (2017): Kompetenzorientierte Gespräche mit Schülerinnen und Schülern. 28 Dialogkarten für die Grundschule. Weinheim/Basel: Beltz.

Hänsel, D. (Hrsg.) (1997): Handbuch Projektunterricht. Weinheim/Basel: Beltz.

Heller, K. A. (Hrsg.) (2001): Hochbegabung im Kindes- und Jugendalter. 2. Aufl. Göttingen: Hogrefe.

Hentig, H. von (1996): Bildung. München/Wien: Hanser.

Hessisches Amtsblatt (2018): Verwaltungsvorschrift für die in den Schulen als Lehrkraft tätigen Beschäftigten des Landes über die Annahme von Belohnungen, Geschenken und sonstigen Vorteilen, ABl. 6/2018, S. 414 (zit.: ABl. 6/2018).

Hessisches Kultusministerium (26.02.2021): Sexualisierte Gewalt. Neue SPEAK!-Studie zu sexualisierter Gewalt an beruflichen Schulen vorgestellt. https://kultusministerium.hessen.de/Presse/Neue-SPEAK-Studie-zu-sexualisierter-Gewalt-an-beruflichen-Schulen-vorgestellt (Abruf 28.03.2022, zit.: HKM 2020).

Hoegg, G. (2021): SchulRecht! Aus der Praxis – für die Praxis. 6. Aufl. Weinheim/Basel: Beltz.

Holthoff-Stenger, M. (2011): »Herr Lehrer, jetzt hören Sie mir doch endlich mal zu!« In: Fokus Schule, H. 2.

Huser, J. (2007): Lichtblick für helle Köpfe. 5. Aufl. Zürich: Lehrmittelverlag.

Irion, T./Kucharz, D. (2011): Kleine & große Übergänge. Zwischenzustände in Bildungsprozessen. In: Die Grundschulzeitschrift 25, H. 250, S. 34–37.

Jäger-Flor, D./Jäger, R. S. (2010): Bildungsbarometer zur Kooperation Elternhaus – Schule. Ergebnisse, Bewertungen und Perspektiven. vep-landau.de/Bildungsbarometer/Bildungsbarometer_2009_4.pdf (Abruf 18.7.2011).

Jannan, M. (2008): Das Anti-Mobbing-Buch. Gewalt an der Schule – vorbeugen, erkennen, handeln. Weinheim/Basel: Beltz.

Jefferys-Duden, K. (2008): Das Streitschlichter-Programm. Mediatorenausbildung für Schüler:innen der Klassen 3 bis 6. 3. Aufl. Weinheim/Basel: Beltz.

Johnson, D. W./Johnson, R. (1991): Teaching students to be peacemakers. Edina/Minnesota: Interaction Book Co.

Kaiser, A. (2000): 1000 Rituale für die Grundschule. Baltmannsweiler: Schneider Verlag Hohengehren.

Kaletsch, C. (2001): Wege zu einer konstruktiven Klassengemeinschaft. Das Eingangsprogramm für die Klassen 5 und 6. Lehrerhandbuch, 15. Lieferung. Berlin: Raabe.

Kaletsch, C. (2003): Konstruktive Konfliktkultur. Förderprogramm für die Klassen 5 und 6. Weinheim/Basel/Berlin: Beltz.

Kiwit, R. (2003): Traumstunden für Kinder. Erde – Feuer – Wasser – Luft. Musik zur Entspannung und Gestaltung von Traumreisen. Münster: Ökotopia (CD).

Klaffke, T. (2009): Führungskräfte im Klassenzimmer. Gute Klassenlehrer sind der Schlüssel zum Erfolg. In: Friedrich Jahresheft XXVII. Erziehen – Klassen leiten, S. 55–59.

Klein, K. (2006): KlassenlehrerIn sein. Das Handbuch. Strategien, Tipps, Praxishilfen. Mülheim: Verlag an der Ruhr.

KMK 2003 = Sekretariat der ständigen Konferenz der Kultusminister der Länder in der Bundesrepublik Deutschland (2003): Erziehung als Auftrag von Elternhaus und Schule. Informationen der Länder über die Zusammenarbeit von Eltern und Schule. Beschluss der Kultusministerkonferenz vom 4.12.2003. www.kmk.org/fileadmin/veroeffentlichungen_beschluesse/2003/2003_12_04-Elternhaus-Schule.pdf (Abruf 20.06.2022).

Koch, M. (2007): Fiete Anders. Hildesheim: Gerstenberg.

Kultusministerkonferenz (2013): Handlungsempfehlungen der Kultusministerkonferenz zur Vorbeugung und Aufarbeitung von sexuellen Missbrauchsfällen und Gewalthandlungen in Schulen und schulnahen Einrichtungen (Empfehlungen der Kultusministerkonferenz vom 20.04.2010, i. d. F. vom 07.02.2013). https://www.kmk.org/fileadmin/Dateien/veroeffentlichungen_beschluesse/2010/2010_04_20-Handlungsempfehlungen-Vorbeugung-sexueller-Missbrauch_2013.pdf (Abruf 9.04.2022; zit.: KMK 2013).Langmaack, B./Braune-Krickau, M. (2000): Wie die Gruppe laufen lernt. Anregungen zum Planen und Leiten von Gruppen: ein praktisches Lehrbuch. 7. Aufl. Weinheim/Basel: Beltz.

Largo, R. H. (2010): Lernen geht anders. Bildung und Erziehung vom Kind her denken. Hamburg: edition Körber Stiftung.

Largo, R. H./Beglinger, M. (2009): Schülerjahre. Wie Kinder besser lernen. München: Piper.

Lobel, M./Michels, T. (2003): Das große Buch von Frosch und Kröte. 3. Aufl. München: Deutscher Taschenbuch Verlag.

Maierhofer, L./Kern, R./Kern, W. (2005): Sim Sala Sing. Das Liederbuch für die Grundschule. Esslingen: Helbling.

Mietzel, G. (1989): Wege in die Entwicklungspsychologie. Kindheit und Jugend. München: Psychologie Verlags Union.

Miller, R. (2005): 99 Schritte zum professionellen Lehrer. Erfahrungen – Impulse – Empfehlungen. 2. Aufl. Seelze: Kallmeyer.

Miosga, M./Schele, U. (2018): Sexualisierte Gewalt und Schule. Was Lehrerinnen und Lehrer wissen müssen. Weinheim/Basel: Beltz.

Mitteilungsblatt der Behörde für Schule und Berufsbildung (2020): Regelung über Ausnahmen vom Verbot der Annahme von Belohnungen und Geschenken bei der Behörde für Schule und Berufsbildung vom 23. Oktober 2020. MBlSchul Nr. 8/2020, S. 68–71.

Mosley, J./Sonnet, H. (2011): 101 Spiele für ein positives Lernklima. Ein Praxisbuch für die Grundschule. 4. Aufl. Buxtehude: Persen.

Müller, E. (2009a): Auf der Silberlichtstraße des Mondes. Autogenes Training mit Märchen zum Entspannen und Träumen. Frankfurt a. M.: Fischer.

Müller, E. (2009b): Inseln der Ruhe. Ein neuer Weg zum Autogenen Training für Kinder und Erwachsene. 4. Aufl. Frankfurt a. M.: Fischer.

Pädagogisches Landesinstitut Rheinland-Pfalz(Hrsg.) (o. J.): Mediation, Streitschlichtung in der Schule. http://www.verantwortung.de/fileadmin/user_upload/stiftung/werkzeuge/Mediation-Streitschlichtung-IFB.pdf

Poitzmann, N. (2019): Schule als sicherer Ort. Schutzkonzepte gegen sexuelle Gewalt als Schulentwicklungsaufgabe, Teil 1. In: Schule leiten. H. 18, Hannover: Friedrich, S. 48–50.

Poitzmann, N. (2020): Schule als sicherer Ort. Schutzkonzepte gegen sexuelle Gewalt als Schulentwicklungsaufgabe, Teil 2. In: Schule leiten. H. 19, Hannover: Friedrich, S. 50–55.

Prengel, A. (1999): Vielfalt durch gute Ordnung im Anfangsunterricht. Opladen: Leske + Budrich.

Riegel, E. (2004): Schule kann gelingen. Frankfurt a. M.: Büchergilde Gutenberg.

Roggatz, C. (2009): Auf das Können kommt es an. In: Hamburg macht Schule, H. 2, S. 12–15.

Rohlfs, C. (2008): Lob der Demokratie. Über die Vereinbarkeit von Selbstbestimmung und Disziplin in der Schule. In: Die Grundschulzeitschrift 22, H. 214, S. 15–18.

Roth, G. (2011): Bildung braucht Persönlichkeit. Stuttgart: Klett-Cotta.

Schaarschmidt, U. (2005): Halbtagsjobber? Psychische Gesundheit im Lehrerberuf – Analyse eines veränderungsbedürftigen Zustandes. 2. Aufl. Weinheim/Basel: Beltz.

Schmoll, E. (2009): Auf Augenhöhe. Erziehungsseminare für Eltern fördern das gegenseitige Vertrauen. In: Friedrich Jahresheft XXVII. Erziehen – Klassen leiten, S. 66–68.

Schratz, M. (2010): Teamarbeit – ein Mythos wird entzaubert. In: Friedrich Jahresheft XXVIII, S. 105–109.

Schwarz, H. (1994): Lebens- und Lernort Grundschule. Frankfurt a. M.: Cornelsen Scriptor.

Selbstlaut – Fachstelle gegen sexualisierte Gewalt an Kindern und Jugendlichen (2020): Achtsame Schule – Leitfaden zur strukturellen Prävention von sexueller Gewalt. https://selbstlaut.org/wp-content/uploads/Selbstlaut-Leitfaden-2020_korr_20210205.pdf (Abruf 11.04.2022).

Singer, K. (1981): Maßstäbe für eine humane Schule. Mitmenschliche Beziehung und angstfreies Lernen durch partnerschaftlichen Unterricht. Frankfurt a. M.: Fischer.

Standpunkt Inklusive Schule. Die Unterschiede von Kindern respektieren. Standpunkt des Grundschulverbands vom 12. Mai 2010. https://grundschulverband.de/wp-content/uploads/2019/09/T178_GSV_2013_Standpunkt_Inklusive_Schule_Verschiedenheit_der_Kinder_respektiven_Grundschule_fuer_alle_Kinder_oeffnen.pdf (Abruf 3.2.2022)

Steenbuck, O./Quitmann, H./Esser, P. (Hrsg.) (2011): Inklusive Begabtenförderung in der Grundschule. Konzepte und Praxisbeispiele zur Schulentwicklung. Weinheim/Basel: Beltz.

Steinhöfel, A. (2008): Rico, Oskar und die Tieferschatten. Hamburg: Carlsen.

Stundenbilder 1984 = Deutsche Verkehrswacht e. V. (Hrsg.) (1984): Stundenbilder für den Verkehrsunterricht in der Sek. I. Band III: Aggressionen im Straßenverkehr. II/13 Med 6. Bonn: Deutsche Verkehrswacht.

Tuckman, B. W. (1965): Developmental sequences in small groups. In: Psychological Bulletin 63, S. 348–399.

Unabhängiger Beauftragter für Fragen des sexuellen Kindesmissbrauchs (2022): Sexuelle Gewalt gegen Kinder und Jugendliche. Zahlen und Fakten. https://beauftragte-missbrauch.de/fileadmin/user_upload/Materialien/Publikationen/Zahlen_und_Fakten/Fact_Sheet_Zahlen_und_Fakten_UBSKM-2022-02.pdf (Abruf 10.04.2022, zit.: UBSKM 2022).

Vester, F. (2018): Denken, Lernen, Vergessen. Was geht in unserem Kopf vor, wie lernt das Gehirn, und wann lässt es uns im Stich? 38. Aufl. München: dtv. V. I. E. L. Coaching + Training (2004): Teamentwicklung. Coaching-Letter 2004. http://www.viel-coaching.de/letter/letter0904.pdf (Abruf 15.1.2012).

Wegerer, J. (2021): Psychische Verletzungen versorgen. Traumatisierte Kinder im (gemeinsamen) Unterricht. In: Klasse leiten. H. 14, Hannover: Friedrich, S. 26–29.

Weinert, F. E. (2001): Vergleichende Leistungsmessung in Schulen – eine umstrittene Selbstverständlichkeit. In: Weinert, F. E.: Leistungsmessungen in Schulen. 2. Aufl. Weinheim/Basel: Beltz, S. 17–31.

Winebrenner, S. (2007): Besonders begabte Kinder in der Regelschule fördern. Praktische Strategien für die Grundschule und Sekundarstufe I. Donauwörth: Auer.

Zimmermann, P. (2004): Bindung und Beziehung. In: Aufwachsen. Jahresheft »Schüler« 2004. Seelze: Friedrich Verlag, S. 52–54.

Zimpel, A. (2021): Neurodiversität ist mehr als ein Verhaltensproblem. Autismus-Spektrum-Störung. In: Klasse leiten. H. 4, Hannover: Friedrich, S. 24–25.